社会科学译丛

文明论概略

〔日〕福泽谕吉 著
〔日〕伊藤正雄 日译
梁云祥 汉译

北京大学出版社
PEKING UNIVERSITY PRESS

著作权合同登记号　图字：01-2024-1803

图书在版编目(CIP)数据

文明论概略 /(日)福泽谕吉著；(日)伊藤正雄日译；梁云祥汉译. -- 北京：北京大学出版社，2025.4
(社会科学译丛)
ISBN 978-7-301-31452-4

Ⅰ.①文⋯　Ⅱ.①福⋯ ②伊⋯ ③梁⋯　Ⅲ.①文明—研究—日本—近代　Ⅳ.①G131.32

中国国家版本馆 CIP 数据核字(2023)第 197149 号

GENDAIGOYAKU BUNMEIRON NO GAIRYAKU: AN OUTLINE OF A THEORY OF CIVILIZATION
by Yukichi Fukuzawa, translated by Masao Ito
Copyright © 2010 Jun Ito
All rights reserved.
Original Japanese edition published by Keio University Press Inc., Tokyo.

This Simplified Chinese language edition is published by arrangement with Keio University Press Inc., Tokyo in care of Tuttle-Mori Agency, Inc., Tokyo through Hanhe International (HK) Co., Ltd.

书　　　名	文明论概略 WENMINGLUN GAILÜE
著作责任者	〔日〕福泽谕吉　著　〔日〕伊藤正雄　日译　梁云祥　汉译
责 任 编 辑	贺怡敏　梁　路
标 准 书 号	ISBN 978-7-301-31452-4
出 版 发 行	北京大学出版社
地　　　址	北京市海淀区成府路 205 号　100871
网　　　址	http://www.pup.cn
新 浪 微 博	@北京大学出版社　　@未名社科-北大图书
微信公众号	北京大学出版社　　北大出版社社科图书
电 子 邮 箱	编辑部 ss@pup.cn　　总编室 zpup@pup.cn
电　　　话	邮购部 010-62752015　　发行部 010-62750672 编辑部 010-62753121
印 刷 者	大厂回族自治县彩虹印刷有限公司
经 销 者	新华书店
	890 毫米×1240 毫米　A5　12.75 印张　267 千字 2025 年 4 月第 1 版　2025 年 4 月第 1 次印刷
定　　　价	79.00 元

未经许可，不得以任何方式复制或抄袭本书之部分或全部内容。
版权所有，侵权必究
举报电话: 010-62752024　电子邮箱: fd@pup.cn
图书如有印装质量问题，请与出版部联系，电话: 010-62756370

名师点评

日本近代启蒙思想家福泽谕吉在其《文明论概略》一书中提出了国家走向文明和获得独立的路径,其中一些论断直到今天还在发挥作用。比如,他认为:引进文明的"外形"较为容易,但追求文明的"精神"则比较困难,所以应该先具备文明的"精神",然后再构筑文明的"外形",如果顺序颠倒,将贻害无穷;"只偏重政府,不偏重人民"会阻碍一个国家文明的实现,只有培育出具有权利意识的国民,才会有国家的文明。

——王新生(北京大学)

《文明论概略》刊行于将近150年前,有学者称之为"近代日本黎明期的著作""东西方文明初次交会的路口一个醒目路标"。它是19世纪日本乃至亚洲面对历史重大变动之机,福泽谕吉为日本转向以西方文明为师建设近代国家所设计的方案。今天,当世界再次走到百年变局的十字路口,再读重译版本,反思日本的现代化道路,对于中国的现代化建设也具有一定的启发意义。

——李寒梅(北京大学)

读完《文明论概略》，才真正理解了福泽谕吉的头像为何会出现在日本的万元纸钞上。作为东亚国家的中国与日本，在同样面临西方殖民扩张的情形下，其迈向文明的现代化进程却迥然不同。日本在经历严重挫折之后，最终进入发达国家行列，在一定程度上要归功于以福泽谕吉为代表的近代日本知识精英。他们当年孜孜不倦地进行思想启蒙活动，提高了日本社会的文明程度。一个国家只有在社会开放的条件下，才会懂得如何借鉴外来文明，促进本国的革新改良。

——王缉思（北京大学）

福泽谕吉主张，国家在推进近代化和促进文明的过程中不应该仅仅追求文明的外在形式而忘记其内在精神。按照福泽的看法，文明的精神就是国民的风气，所谓文明，就是要彻底抛弃自古以来形成的一些习惯并提高人们的智慧与道德水平。福泽用一些具体的事例通俗易懂地阐述了如何在一个混乱的时代促进国家的文明并使其保持独立。《文明论概略》是日本近代思想的典籍，眼下的中国在现代化的过程中同样面临一些问题，福泽此书中的有些观点或许可资借鉴。

——〔日〕高原明生（东京大学）

译者前言

福泽谕吉（1835—1901）是日本近代启蒙思想家和学者。他出生于日本德川幕府末期关西地区一个下级武士家庭，幼时与当时一般武士家庭子弟一样也曾攻读儒学，其18岁时正值西方列强开始染指东亚社会之际。1853年的"黑船事件"迫使日本打开了国门，一时间日本民众深感国家民族危机，一些人通过抵抗甚至暗杀等极端行为反抗西方列强，而福泽却意识到了东西方文明的区别，开始接受近代西方思想，并在19世纪60年代多次随团遍访欧美进行实地考察，痛感在日本普及"洋学"及学习西方社会之迫切，归国后遂通过积极创办学校讲学及著书立说来启蒙日本国民。1868年，福泽等人创办庆应义塾，后来即发展成为著名的庆应义塾大学。与此同时，福泽还创办了《西洋事情》等杂志，翻译介绍西洋知识。19世纪70年代，福泽开始从译介转向著述，1875年出版《文明论概略》，1880年出版《劝学篇》。福泽所做的这一切，对日本的现代化和国民的启蒙开化起到了巨大的作用，使得日本很快适应了西方列强制定的国际新规则，成为亚洲少数几个没有被西方殖民的国家，甚至后来成为列强之一。

福泽在其著作《文明论概略》中，主要阐述了两层含义，即社会发展需要文明，而文明则需要国民的智慧和道德进步，在此基础上民族和国家才能够获得独立。他认为，文明是相对的和发展的，在当时西方文明是优于日本文明的一种文明，因此日本必须全面学习西方，促进国民智慧与道德的发展，并在此基础上维护日本的国家独立。

《文明论概略》一书是在一百五十年前出版的，具有一定的历史局限性，里面的一些观点也有所偏颇。不过，在一定程度上，这本书有助于我们了解那段历史，同时，其对文明本质的深刻洞察和对社会进步的积极倡导，至今仍具有重要的参考价值。

本书是根据日本庆应义塾大学出版会2010年9月出版的伊藤正雄译注的现代日语版本翻译的，书末附有他对福泽及《文明论概略》的全面介绍与评价。伊藤先生出生于1902年，1927年毕业于东京帝国大学文学部国文学科，曾于日本神宫皇学馆、甲南大学和神户女子大学担任教授，后又担任甲南大学名誉教授，1978年去世。

梁云祥
2025年3月

目 录

序 言 / i

第一章　确定议论的标准　/ 001

第二章　以西方文明为目标　/ 014

第三章　论文明的真正含义　/ 051

第四章　论一国国民的智慧与道德（一）　/ 070

第五章　论一国国民的智慧与道德（二）　/ 098

第六章　智慧与道德之辩　/ 119

第七章　论应该运用智慧与道德的时间与空间　/ 168

第八章　西洋文明的由来　/ 198

第九章　日本文明的由来　/ 215

第十章　论我国之独立　/ 279

伊藤正雄的说明　/ 325

序　言

一、文明论即民众心智开化论

本书所说的"文明论",是指对人类精神发展问题的讨论,然而其目的却并不是论述某一个人的精神发展状态,而是将某一社会整体民众的精神发展状态作为对象来进行综合性的研究。因此,这里所谓的"文明论",也可以称为"民众心智开化论"。

不过,在这个世界上,人们往往被狭隘的本国中心论所左右,而难以对文明做出正确的判断。对于一个国家古老的风俗习惯,人们也几乎不能够分清它们究竟是源自自然的力量(气候风土等)还是由于人为的作用而形成的。某些被认为是不可抗拒的自然力量的东西往往只不过是人为的一种习惯,而某些被认为是人为习惯的东西实际上却是自然力量的结果。文明论,既要面对如此复杂的问题,还需要确立正确的理论,因此我们不能不说这是一项非常困难的研究。

二、东西方文明的差异

现代西方文明是从西罗马帝国灭亡（公元 476 年）之后至今一千余年发展的结果，其历史可以说已经非常悠久。而我们日本虽然自建国以来已历经两千五百年并形成了自己独特的文明和达到了一定的程度，但是这一文明与西方文明相比较却迥然不同。自从嘉永年间（嘉永六年，即 1853 年）美国人佩里乘船来到日本（黑船事件），紧接着日本同西方各国缔结了友好通商条约，我国民众才知道有西方世界的存在。并且，对东西方文明比较后得知的二者之间的巨大差异，一时间引起了社会的巨大震动，恰似发生了一场精神上的革命。当然，在我国两千五百年的历史里，每逢天下治乱兴衰，也曾经有震动人心的情形出现，不过能够从根本上动摇人心并引起巨大社会变动的冲击性事件，就只有古代儒学和佛教从中国传来，以及近年来与西方的接触。

而且，儒学和佛教对我国的影响，是将原本属于亚洲的精神移植于同样属于亚洲的日本。当时的日本与中国之间仅仅是文明程度不同，因此日本人接受起来并不困难，甚至还会感到亲切。中国文明对我国民众而言，虽然也是一种全新的文明，但我国民众并不会觉得它是一种难以想象和不可思议的文明。而面对最近的西方文明，却绝非同样的感觉。二者不仅地理上距离遥远，且文明精神根本不同，其精神发展的历史和程度也完全不同。面对如此异质的文明，却突然不得不与之接近，我国民众当然对所见所闻无一不感到新奇，甚至还会感到有些不可思议。这种情形，就像炽热的烈火碰到了冰冷的水一样，在我国民众的精神和心理上掀起了巨大的波澜，我国民众的内心深处发生了翻天覆地的大动荡。

这种人心的变化，导致的结果就是几年前发生的"王政维新"以及之后的"废藩置县"（1871），而且直至今天，人心变化所带来的政治变革仍然不可能停止。武力冲突虽然经过几年前的维新战争已经结束而不再可能，但是人心变化之剧烈却应该说日甚一日。那么，这种人心的变化究竟意味着什么呢？就是全体国民日益向着文明的努力，即不能再满足于日本的文明，积极学习和吸收西方文明的热情。因此，人们期待着最终我国的文明能够同西方文明处于同等地位甚至能够超越西方文明。不过，西方文明本身目前也处在发展过程中，并正在日益改善和进步，因此我国的人心也要同西方文明一同进步而不能止步不前。如此看来，嘉永年间美国人打开我们的国门就恰如在我国国民心中放置了一枚火种，这一火种一旦被点燃，就再难熄灭。

人心的巨大变化导致日本目前出现了各种想象不到的复杂情况。在这样的时代，要对东西方文明进行比较并理解其真谛，对我们学者而言应该说是一件极其困难的事情。即使在西方各国，学者们也在持续提出各种新的学说，并不断地让世界震惊。但是无论如何，他们都传承了（西罗马帝国灭亡之后）千余年历史的悠久传统，只不过是在继承祖先们的文化遗产的基础之上，将传统文化发扬光大。因此，无论多么新奇的学说，都产生于本来具有同质性的精神之中，而不可能凭空创造出一个全新的学说。然而，在目前的日本却完全不是如此。今天的日本文明所经历的就是所谓将火变为水或从无到有的一种剧烈变化。这种情形，与其说是一种文明的进步，还不如说是一种文明的创造。因此，目前我们在探讨文明时所遇到的巨大困难，就不足为奇了。

三、敢于著述日本文明论的原因

我们今天的学者们，当然面临着这些困难，不过同时我们也是幸运的，因为自从我国的国门被打开以来，学者们热心地学习西学，研究虽然难免有些浅薄粗疏，但是毕竟还是发现并学到了一些西方的文明。不过，这些学者在二十年前（嘉永之前）还完全生活在日本的封建文明之中，他们不但耳濡目染于这一文明，而且也是按照这一文明的固有方式来决定自己的行事风格的。因此，在论及过去的情况时，他们一般不会陷入模糊暧昧的想象或推断，反而具有凭借自己的切身体验而对封建文明与西方文明进行比较的优势。从这个意义上来说，我国学者的体验较之西方学者更为真实，而西方学者则往往只是站在已经大致形成一体的欧美文明的立场上来看待和批评其他国家的文明（就像英国的学者去批评法国的文明一样）。日本学者的幸运就在于拥有这一难得的切身体验，而且这一体验为我们这一世代人（三十年为一世代）所特有，下一代人再难获得，所以应该说，目前是一个非常难得的机会。

当前在日本研究西学的学者过去都是研究汉学的学者，而且也都信仰神道与佛教，他们或者是封建时代的士族，或者是封建时代的平民。因此，对这些人来说，他们现在就像是经历了两次人生，或者像一个人拥有了两具身体。比较前后两次人生经历，即比较前半生所经历的封建文明和后半生所获知的西方文明，那么这两种文明各自对我们的思想形成会产生什么影响，我们又会得出什么结论呢？我想，不论谁都不能不承认西方文明的优越性吧。现在，我之所以不顾自己学识浅薄，仅以自己微薄的西学知识写作此书，而不是单纯满足于直接翻译西方学者的著作，就是想要尝试汲取西学的大意并勇于同日本文明进行比较。也就是说，利用目前只有我们可以经历而后人则难以重新体验的千载难逢的机会，将我的观察和看法写下来并留给后人作为参考。不过，在这里感到惭愧的是，本人的议论并不充分，而且错误多多，所以希望后来的各位学者能够不断深入研究，认真博览西方群书，更加了解日本的情形，进一步增长见识，建立起更加精密的理论，并写出可以称得上完整的文明论的著作，从而使日本全国的面貌为之一新。我还不算太过年老，因此在期待着后来学者们的研究取得巨大成果的同时，仍然会不断地学习，以尽自己的微薄之力。

四、引用文献

本书引用了西方的众多著述,其中按照原文直接译出的部分,会举出作者名并注明其出处。不过,如果只是取其大意,或者参考若干著述而综合取其各自精神并将这一精神变为我自己议论的部分,那么当然就不可能一一标明其出处了。这就如同我们摄取食物并将其消化一样,本来是外在的物质,一旦进入自己的体内,便变成了自己身体的一部分。因此,如果说本书中的议论有什么可取之处,那么也并不是我有什么创见,而只不过是所参考的著述杰出和优秀的缘故。

我在写作本书的过程中,曾多次同庆应义塾的各位同仁相谈,或者征求他们的意见,或者聆听他们讲解过去读过的书中的各种学说,这些都使我获益匪浅。特别是小幡笃次郎先生,不辞劳苦和不厌其烦地对本书的初稿进行了审阅和修改,为本书的理论价值增色不少。对此,在这里深表谢意。

福泽谕吉

明治八年*三月二十五日

---

* 1875年。——译者

第一章　确定议论的标准

一、评价事物必须有轻重缓急的比较

轻重、长短、善恶、是非等词，都是通过比较而产生的一些相对概念。如果没有轻的概念，也就没有重的概念；如果没有善的概念，也就没有恶的概念。因此，所谓轻就是相对于重而言的轻，所谓善就是相对于恶而言的善，如果没有这两方面的比较，也就不可能对轻重或者善恶进行论述。如此进行比较后所确定的重或善就被确定为论述的基本标准。日本有谚语称"背部不能替代腹部"（轻重缓急）或"以小虫济大虫"（舍小取大）就是这个意思。也就是说，以人类的身体来说，腹部要比背部更为重要，如果要在这两者之间进行选择，那么即使让背部受伤也要保护腹部不要受到伤害。如果拿动物来说，仙鹤是比泥鳅既大又珍贵的动物，因此我们可以将泥鳅作为仙鹤的饲料来使用。再来看日本的例子，在封建时代，诸侯武士过着不劳而获、骄奢淫逸的生活，然而在如今的制度之下，原本那些富裕的诸侯武士却被推翻并陷入了贫困的境地，但是如果我们以日本整体的利益同各藩的利益来进行比较，那么无疑是日本的利益重要而各藩的利益就没那么重要了。所以说，废除藩镇就如同以伤害背部为代价来保护腹部，剥夺诸侯武士的俸禄就如同以牺牲泥鳅来为仙鹤提供饲料一样。

二、研究事物必须探究其本质

研究所有事物都不能仅仅局限于其细枝末节，而必须彻底探究问题的根本或者根源。只有这样，才能够将需要讨论的问题一点一点地解决，越来越清晰地发现问题的本质。例如，自从牛顿发现万有引力定律，确立"所有物体，动者恒动，静者恒静"这一运动规律之后，世界上所有的运动理论无不以之为依据。像这样的一些规律，我们也可以将它们称为基本的道理。如果我们探讨运动的规律时没有前面所说的这一定律，那么肯定就会出现众多分歧，莫衷一是，比如可能会围绕船的运动建立一套定律，围绕车的运动再建立一套定律，很随便轻率地建立众多理论而难以建立一套统一的理论，而没有一个统一的理论也就不可能探究清楚事物的本质。

三、进行论述必须首先确定基本态度

在对事物进行议论时,首先必须确定基本态度,否则就无法对其善恶好坏做出评价。例如,一座城堡,对于守卫者而言就是有利的,但是对于攻城者而言就是有害的,即敌人的利益就是我方的损失。还有,一条坡路或者河流,对往者而言的便利则肯定是对来者的不便。所以,在论述所谓利害得失的时候,首先要确立是谁的利害得失,是对守卫者而言还是对攻城者,是对敌方而言还是对我方。

不论在什么时代,之所以会出现众说纷纭而难以取得一致意见这种现象,就在于最初各自的态度和立场完全不同却试图在最终的结论上强求一致,矛盾自然产生。例如,神道教和佛教二者就常常不一致,它们的主张听起来似乎都很有道理,但是如果我们再进一步探究其根本,就会发现神道教关心的问题是人们现世的幸福与不幸,而佛教关心的主要问题是人们来世的祸福。正因为二者论述的问题根本不同,所以二者最终不可能得出一致的结论。还有,汉学家和国学家之间也常常会有各种激烈的争论,不过他们之间最根本的分歧是汉学家承认易姓革命的政体而国学家则主张万世一系的国体。让汉学家感到最为难的也恰恰是这一点。也就是说,如果不首先将问题的根本点弄清楚而仅仅去争论一些细枝末节，那么神道教也好儒学也好佛教也好，它们之间的争论就不会有任何结果，这就如同在进行战争的情形下去争论究竟是弓箭有用还是刀枪有用一样没完没了而毫无结果。

为了消除这些神道教、儒学和佛教之间的争论，就需要提出一个比这些学说主张层次更高的新学说（西学），并让这些旧的学说自己去进行新旧学说之间的优劣对比。例如，前面所说的弓箭同刀枪之间的争论，虽然也曾喧嚣一时，但是自从洋枪被使用以来，就再也没有人去争论弓箭和刀枪的问题了。

四、避免只看结论而忽视论据

甲乙二人，即使议论问题的根本点并不相同，也有可能得出相同的结论。不过，如果追溯双方各自的论证过程就会发现，双方的论据并不相同，其出发点常常完全不同。因此，在论述事物的利害关系时，虽然双方在这方面得出了相同的结论，但是在叙述其理由时，双方的主张就会不同，也不会有相同的论据。例如，一般来说，不论士族还是平民，都同那些顽固的保守派一样厌恶外国人，即使在一些稍有见识的研究外国的学者中间也同样有看到外国人的举动而感到不愉快的人。也就是说，在厌恶外国人这一点上，这些人似乎都能够得出相同的结论，但是如果要让他们说出厌恶外国人的理由，那么就会有不同的看法了。比如，前者会仅仅由于认为外国人都是异类的野蛮人而加以轻视，即不是就事论事而只是一味地厌恶外国人。然而对于后者来说，因为这些人具有更广的见识，所以他们并非只是简单地厌恶，而是（觉得这些外国人处于优势地位）担心外国人很容易在外交上给日本带来利益损害，他们尤其厌恶那些自认为属于文明人的西洋人在对待我们日本人时随意傲慢的态度。总之，虽然双方在厌恶外国人这一点上是相同的，但是由于其原因不同，所以他们在对待外国人时的态度也不可能一样。因此，对于攘夷论者和开国论者来说，他们得出的结论是相同的，但是他们进行论证的过程是不一样的，即出发点不同。也就是说，人们的兴趣爱好以及细微的生活习惯从表面上看即使一样，其各自内部的动机也往往是不一样的，如果仅仅从表面现象来做出判断，那么就不可能获知其真实的意图。

五、避免陷于极端论

在很多情形下，人们在论述事物的利害关系时，往往因为双方持有极端的看法，所以从议论一开始就发生分歧而难以取得一致。例如，一些持有保守思想的人，他们一听到有人在倡导人权平等的新学说，就立刻认为这是一种共和政治理论，于是就表示担心，认为如果眼下在日本主张共和政治学说，那么日本的国体不知道会成为什么样子，甚至有可能带来难以预测的灾难，就好像眼下会立刻陷入无君无政府的巨大混乱之中。这些人总是从一开始就担心未来，既不想知道如此重要的人权平等究竟是什么样的学说，也不问其宗旨是什么，而只是一味地排斥和反对。而那些接受了新思想的人也是先入为主地将这些保守的人视为眼中钉，只是简单生硬地否定旧思想，最终双方处于敌对状态，而难以达到相互了解对方思想的目的。这就是因为双方都过于极端，所以难以协调。

如果用身边的事例来说明，就好像一个喜欢喝酒的人和一个不喜欢喝酒的人之间的争论，喜欢喝酒的人讨厌年糕，而不喜欢喝酒的人却讨厌酒，双方各举出年糕和酒的害处，企图说服对方。首先不喜欢喝酒的人或许会驳斥喜欢喝酒的人："如果说年糕有害，那么是不是就可以破除掉我国数百年来吃年糕的这一习惯，在正月元旦也吃茶泡饭，卖年糕的商家也可以歇业，连糯米种植都要在全国禁止呢？这当然是不可能的。"当然，喜欢喝酒的人无疑也会反驳不喜欢喝酒的人的论调："如果说酒是有害的，那么是不是从明天开始就将日本所有的酒屋都关闭，喝醉酒就严刑处罚，医用的酒精也用甜酒代替，在举行婚礼时也以水代酒呢？这样做显然是不可能的。"

就像这样，如果双方都提出自己极端的意见，势必会导致冲突而难以取得一致，最终就会造成人与人之间的不和甚至酿成大祸，从古到今，不论东方还是西方，这样的例子并不罕见。这种不和，如果发生在学者、有识者之间，就会引起笔争舌战，他们会通过辩论或著述滥发空论蛊惑世人之心。如果是一些不学无术的文盲，他们虽不会笔争舌战，但会诉诸暴力，以致不断发生斗殴暗杀等事情。

六、应开阔眼界寻找别人之长处

论战中的双方往往都是相互攻击对方的缺点而不愿意接受对方的长处。所谓缺点，其实就是伴随着长处而同时存在的一种不足。例如，乡下的农民虽然正直憨厚但却有些愚昧顽固，城里的市民虽然聪明伶俐但却未免有些轻浮浅薄。正直憨厚和聪明伶俐无疑是人类的美德，但愚昧顽固与轻浮浅薄这些人性的不足却也常常会相伴而生。如果听听这些农民与市民之间的争论，引起他们之间争论的原因一般会是这样：农民视市民为轻浮浅薄之徒，市民也会指责农民为愚昧顽固的家伙。这种争论中可以说双方都是片面的，对对方的优点视而不见而只能看到对方的缺点。如果他们将双眼睁开，既看到对方的优点也看到对方的缺点，就会更加公平全面，彼此的争论也就自然会消除。甚至有可能出现这种情况，即争论双方看到的对方的优点遮盖了其缺点，那就不仅没有了争论，反而两人会很快成为朋友，有可能彼此都会获得利益。

世间一般的学者也同样如此，比如在眼下的日本，如果将思想家进行分类，可以分为传统派与革新派两类。革新派对所有的事情都表现得精明机智，富有进取精神，而传统派却比较稳重踏实而趋于保守。作为保守的人，其缺点在于极易陷于顽固，而具有革新思想的人又免不了流于轻率。不过，具有稳重踏实作风的人未必就会顽固，具有进取精神的人也未必就会轻率。试看这人世间，既有饮酒而不醉者，也有众多喜食年糕而并不会吃伤胃口者。也就是说，酒和年糕并非一定是使人酩酊大醉或伤人身体的原因。醉与不醉，是否伤身，只是在于饮食是否有所节制。由此看来，传统派没有理由憎恶革新派，革新派也不应该蔑视传统派。

　　现在我们假设有四个人，其中甲是一个稳重的人，乙是一个顽固的人，丙是一个精明的人，丁是一个轻率的人。如果让甲同丁相处，让乙同丙相对，必然会出现相互冲突和蔑视对方的情况。不过，如果让甲同丙相处，彼此必然会意气相投，无疑会成为好朋友。如果能够成为朋友，那么彼此的才能就都会显示出来，渐渐地彼此也就不会存在敌意了。

　　在过去的封建时代，在各个藩主的家臣中，居住在江户藩邸的人和居住在各藩采邑中的人之间总是存在着意见的对立，虽然为同一个藩主的家臣，但他们却常常视对方如仇敌，这也是彼此都没有充分认识到对方的才能的一个例子。随着人类在知识方面的进步，人与人之间的这一问题自然会逐步消失，不过消除这一问题最有效的方法就是人与人之间的接触。这种接触可以通过商业行为或学问上的交流来进行，也可以通过在一起游乐或参加酒会宴会，甚至可以通过诉讼、打架斗殴或战争的方式来进行，即所谓"不打不相识"。（正如雨后的土地会变得更加坚固。）也就是说，只要有机会接触以及通过语言行动了解彼此内心所想，就可以增进感情，也就有可能"睁开双眼"去发现别人的长处。近来一些有识之士之所以提倡民选议会、志愿演讲会、便捷交通及出版自由等，就是因为这些方式可以促进人与人之间的接触。

七、不要惧怕舆论，要充分表达自己的思想

所有议论都是不同的人对各自思想的一种表述，当然不可能完全相同。如果思想崇高深邃，其议论会具有远见，如果思想浅薄，其议论同样会显得肤浅。思想浅薄的人，缺乏充分理解议论的能力，会很轻率地反驳那些思想崇高深邃的人的主张，这就会导致双方的意见分歧。

比如，目前在议论对外关系的利与弊的时候，甲是开国论者，乙也是开国论者，乍一看双方的主张是一致的，不过当甲渐渐展开自己的观点后，随着一些具有远见的议论出现，甲的主张会同乙的主张出现分歧，最终双方会发生争执。也就是说，乙只不过是世间的所谓庸俗之人，仅仅是跟随着舆论在简单地附和拥护开国论，但其认识肤浅，并不理解问题的本质。因此，当乙突

然听到甲具有远见的议论时，就会感觉到困惑。世间还有很多这样的例子，比如不加考虑地给胃病患者提供营养食物而使其消化不良，甚至可能加重病情。因此，考虑到这种情况，有远见的议论短时间看起来似乎对社会有害无益，但其实绝不是这样。如果没有有识之士提出具有远见的议论，那些落后的人就无法被引导进入更高层次的文明。这就如同因为担心患者的胃病而不为其提供营养食物，患者很快就会死亡一样。由此看来，世上这种排斥具有远见之议论的陋习导致古今各国发生了多少可悲的事情。

在任何国家的任何时代，如果我们来审视一下各种人，就会发现，特别愚昧和特别聪明的人都很少，绝大多数的人都是既不特别愚昧也不特别聪明的人。这些人随着世道变迁（正所谓不焚沉香不放屁，即"平平淡淡与世无争"），顺应社会潮流而终其一生。这些人就是世间最为普通的人。所谓"舆论"，其实就是在这些人中产生的议论，而且这些议论恰恰代表了当时流行的主张。不过，这一世俗的舆论既不会怀念过去而主张努力回到从前，也缺乏面向未来的先见之明，可以说舆论的本质就是满足于维持现状。所以，（眼下就有一些有权力的人认为，）这样的人在社会上占绝大多数，由这些人所形成的舆论就成为社会的主流舆论，因而想要将全社会的议论都纳入这一主流舆论。这样一来，对于那些稍微超出这一舆论框架的新思想，他们就立即将其作为危险思想而加以打压，强迫其融入现有舆论，试图使天下的议论全部整齐划一。这究竟是为了什么呢？如果真是如此，那么那些社会上真正的有识之士还能为国家做什么呢？最终依靠什么人的力量来引领国家展望未来，去开辟新的文明之路呢？应该说，（那些居于权力宝座上的人）压制有识之士的创新思想的这种行为极端缺乏远见。

自古以来文明的进步，无一不是源于所谓危险的思想。亚当·斯密最初提出其经济理论的时候，世人不是也都将其视为异端邪说而加以攻击吗？伽利略提出"地动说"时不是也被当作异端而遭到教会惩罚吗？因此，所谓对异端邪说的争论在经历一段时间之后，世间大众就会逐渐受到这些先行者的影响，在不知不觉中接受了他们的知识和思想。在发展至如今的文明时代，连学校的儿童都不会再怀疑经济学的理论和地动说的真理了。甚至，岂止是不再怀疑，如果有人怀疑这些理论，反而会让人们感觉到此人是一个缺乏常识的人，从而都不愿意与之为伍。

在这里，再举最近日本的一个例子。距今仅仅十年前，在日本有三百名藩主都在各自的领地建立了一个政府，而且规定了等级森严的君臣上下身份制度，藩主对人民的生命财产拥有生杀予夺的权力。如此不合理的制度曾经被认为是千古不变的，然而一朝崩溃就变成了眼下的这般模样，在今天已经没有人会对这种变化感到奇怪。但是，如果十年前在各藩藩士中有人提出"废藩置县"等主张，就会出现什么情况呢？无疑这些藩士很快就会招来杀身之祸。

因此，昔日的危险思想也会成为现代的一般理论，过去的所谓奇谈怪论也会成为今天的常识。如此看来，今天的危险思想也必定会成为未来的正统理论。因此，有志于做学问的学者不必担心舆论的反对，也不必恐惧所谓危险思想的毁谤，而是应该勇敢地宣扬自己相信的主张。同时，世上的人们听到学者们的新思想时，即使认为这些新思想不符合自己的主张（不要简单随便地加以反对），也要认真地去理解对方真正的意思，采纳那些应该采纳的部分，即使对于那些不能够接受和采纳的理论主张，也要暂时允许对方自由地去论述，以待日后双方的主张自然取得一致。只有到那时，才能够说双方的议论完全取得了一致。也就是说，决不应该强将学者们的思想主张都纳入自己旗下而让天下的言论都归于一统。

八、天下之事胜于一己私利

如前所述，我们在提出一些关乎利害得失的重要问题时，首先必须考虑这些问题的重要程度及是非对错，而且要能够准确无误地做出判断。（之所以必须如此，是因为自己的得与失同作为道理的对与错可能并不一致。）人们在主张自己的利益得失的时候，（由于人类的本能和情感的作用）会比较容易和简单，但是要判断重要程度和是非对错的道理时，（因为需要更为高级的理性活动发挥作用）就会非常困难。因此，决不能仅仅以自己一人的利害得失来轻易地判断天下大事，也不能仅仅以眼前的利害得失而耽误国家的未来大计，而是应该去了解吸收古今各种经典的论述学说，广泛研究世界各种大事，公正冷静地认定一个最高的目标，（一旦下定决心）就要有自信超越所有的阻碍，不被世俗舆论所束缚，以具有远见的态度去学习历史，以高瞻远瞩的未来眼光去思考后世人们应有的生活方式。

九、本书的宗旨

虽然笔者以下的论述基于对西方文明的吸取之上，但是这并不意味着要阐明那些具体的方法，并要求天下人都按照我的想法去做，因为这并非仅仅依靠我的微薄之力就能够办到的。在这里，我只是斗胆想向读者提出一个问题：在眼下的时代，诸君是想要以向前的姿态成为一个文明的国民，还是要以相反的路径倒退成为一个野蛮的国民呢？也就是说，未来在于进退两途。如果各位读者想要向前走，那么本书的论述就多少会有些参考的价值。至于如何才能具体地建立起这一向前求取的精神，则并非本书的目的，这一点就只能依靠读者自己的努力了。

第二章 以西方文明为目标

一、世界文明的三个阶段

上一章论述了事物的轻重是非具有相对性,因此文明开化这一概念当然也具有相对性。目前,在论述世界的文明状况时,欧洲各国及美利坚合众国一般被认为是最发达的文明国家,土耳其、中国、日本等亚洲各国为半开化国家,非洲国家及大洋洲澳大利亚等国则被视为野蛮国家。而且,这样的分类已经成为世界上通行的认识,不仅西洋各国的人们自豪于本国的文明,那些半开化国家和野蛮国家的人也承认这一点,即心甘情愿承认自己的半开化或野蛮之名,无人敢于夸耀本国的现状胜于西洋各国。甚至,不仅无人敢有如此想法,而且一些明白事理的人越是知理就越是能够深刻地认识到本国的实际情况,越是能够认识到本国的实际情况,也就越是痛感落后于西洋各国并感到忧虑。因此,这些人中的一些人就会去努力学习并尽量效仿西洋各国，而另外的一些人则试图通过自己的努力去抗衡西洋各国。亚洲各国有识之士的终生烦恼，应该说就是纠结于该如何对待西洋各国。（比如，连固执保守的中国人近来也向西洋派遣了留学生，可见其忧国之情之深。）

由此看来，文明、半开化、野蛮的分类排列，已经是世界上通行的认识，已经被世界上的人们所承认。那么，为什么会这样呢？当然是因为人们看到了明确的事实和确凿的证据。下面我们就来表明这些事实。也就是说，这些是人类应该自然经过的发展阶段，或者换言之，也可以称之为文明的不同发展阶段。

二、文明三阶段的特点

第一，所谓野蛮人，是指那些居无定所且难以温饱的人。这些人即使为了生活便利而形成群体，也会因生活受阻而立刻作鸟兽散。或者，这些人虽然有一定的居所，从事农业或渔业，暂且可以满足一时的衣食之用，但是缺乏使用和改造工具的智慧，即使有文字也没有能够称得上学问的东西。而且，这些人对自然的力量充满恐惧，仰赖统治者的恩惠与威严，只是等待偶然来临的祸福，却没有人想要通过自己的力量去改变现状。这种状态就被称为野蛮，或者被认为是一种远离文明的状态。

第二，所谓半开化国，是指那些农业之路已经开启，温饱问题已经基本解决，人们居有定所，也形成了城市与村落，从形式上看应该说已经具备了一个国家状态的群体。然而，其内部却仍然并不完备，即虽然也存在着繁荣的文学、历史等学问，但却很少有人研究实用性科学。在这样的社会中，人们在进行社会交往时，往往对他人具有强烈的嫉妒心和猜疑心，但是在探究学问上的真理时，却反而没有了提出疑问和探究明白的勇气。这里的人，虽然比较擅长模仿的工艺，但是却缺乏创造性精神，只是墨守成规而不思改善。虽然存在规范社会的一定规则，但是社会却仍然由根深蒂固的旧有习惯所支配，缺乏构建科学法则体系的创造性意识。这种状态就是所谓半开化状态，即还未达致文明境界的一种状态。

第三，所谓文明人，是指那些遵从科学法则（但又不唯科学法则是从），能够自在地认识天地间各种现象，在其中又能够充分按照自由意志活动的人。这些人朝气蓬勃而不拘泥于陈规陋习，自主独立，既不仰赖他人的恩惠，同时也不惧怕权力的威严。他们能够自觉地培养自己的人格，不断地探讨钻研知识，既不盲目地执着于过去，同时也不满足于眼前，不沉溺于暂时的安乐而心系未来的远大目标，勇往直前而毫不后退，即使一时达到了目的也仍不停息。而且，他们研究学问是以实际用途为目的，培育发现真理的基础，促进工商业的日益进步，使其成为国家繁荣的源泉。在知识运用上，既充分灵活，又在某种程度上期待后人未来的继续开拓及更上一层楼。这就是今日文明国家的状态，应该说这种状态已经远远地脱离了野蛮或半开化的状态。

三、当今的西方文明也并非理想的世界

通过以上三个阶段的区别，就可以明确划清文明与半开化及野蛮之间的边界，不过这些名称本来也是相较而言的（未必能够区别得非常清晰）。在未达致今日文明之前，也可以说半开化的国家就是当时文明程度最高的国家。半开化国家只有在面对文明国家时才被称为半开化国家，即使同样的半开化国家，如果同野蛮国家比较，那么也可以说就是文明国家。例如，如果拿眼下的中国同西洋各国进行比较，中国无疑属于半开化国家，但是如果拿中国同南部非洲国家进行比较，或在当下我们日本也一样，如果拿京都、大阪等近畿地方即比较开化地区的人同北海道的阿伊努人相比较，中国人和日本近畿地方的人就都可以称为文明人了。

另一方面，虽然将西洋各国称为文明国家，但也只能说在目前的世界上是如此，或者严格而言，其实也并不是完全如此。例如，战争是世界上最大的灾难，但西洋各国之间却经常发生战争；偷窃和杀人是人世间的一大恶事，但即使在西洋各国，偷窃

和杀人的事也并不罕见。此外，在西洋各国国内，既存在着结党营私和争权夺利者，也存在着因为失去权力而高呼社会不公者。至于在外交等方面，西洋各国就更是不断地采取欺骗或权谋等各种手段。只不过一般而言，西洋各国的文明是向着进步和改善的方向发展的，而绝不意味着这些国家目前的状态就是理想状态。再经过千百年，人类的智慧道德都会有巨大进步，如果能够实现和平的理想境界，再回过头来看今天西洋各国的情况，也会感叹这些国家曾经是如此野蛮。由此看来，文明是无止境的，从根本上来说不应该满足于目前西洋各国的文明程度。

四、西方文明仅仅是目前所能够达到的最高文明

如上所述，西洋各国的文明也并非应该使人感到满意的一种状态。如果我们舍弃而不学习这一文明，那么日本应该处于什么样的状态呢？不言而喻，当然不应该处于半开化状态，更别说野蛮的状态了。既然并不想处于这两种状态，那么就必须探求别的出路。不过，让我们遥想千百年后的未来，梦想建立一个太平安乐的理想世界，其实都仅仅是空想。而且，文明并非一成不变的东西，而是在不断发展变化，必然是一步一步地经历一定的发展阶段。也就是说，从野蛮走向半开化，从半开化走向文明，而且今天的文明也处在不断发展进步的过程中。如果我们探寻欧洲各国文明的发展路径，欧洲文明无疑也是经历了这些发展阶段才达

到目前的状态。欧洲今日的文明，应该说是目前人类智慧所能够达到的最高程度。正因为如此，在目前的世界上，不论是野蛮国家还是半开化国家，为了推动本国的文明进步，就必须以欧洲文明为目标并以此来确定自己价值判断的标准。同时，也必须按照这一标准来考虑本国的利害得失。因此，本书全篇主要论述我们日本的利害得失，不过实际上是以欧洲文明为尺度的，将按照"这个问题符合这一尺度，所以是日本的利益"或"那件事情与这个尺度相矛盾，所以并非日本的利益"这样的标准来做出判断。但愿读者诸君能够理解本书的这一根本精神。

五、文明的外在形式

与此相对，或许有些人会说："世界上各个国家相互分立构成了彼此独立的国家，自然其风土人情和生活习惯各异，其国家体制和政治状况也各不相同。因此，在推动本国文明的进步时，完全以欧洲为标准来考虑利害得失，岂不是不合适呢？在学习汲取西洋文明时也必须顾及我国的风土人情和生活习惯，必须尊重自己国家的国家体制和政治状况，只有从西洋文明中选择那些适合日本的东西才是合适的。"对于这样的说法，我想做如下的回答。

诚然，学习和汲取西洋文明并将其运用于处于半开化状态的日本，当然必须取舍适当。不过，我们还应该知道，文明既包括外在表现的现象，同时也包括其内部蕴含的精神。外在的物质文明容易汲取，而内在的精神文明则不易学习和汲取。因此，为了推进本国的文明，要紧的是采取先难后易的步骤。也就是说，要充分根据所汲取的精神文明的深浅程度来获取与之相适应的物质文明，即物质文明必须严格同精神文明的深浅程度相一致。如果这一顺序被错误颠倒，即将难的东西放在后面，首先汲取那些容易的东西，那么不但不会有效果，反而会有很多危害。

那么，究竟什么是外在的文明现象呢？其实就是诸如服装、饮食、器械、居所乃至政令法律等可以耳闻目睹的东西。如果只是将这些外在的事物视为文明，那么当然应该按照本国的风土人情和生活习惯来进行取舍。在西洋各国，即使国境相邻的国家，其国情也未必完全一样，更何况距离欧洲遥远的亚洲各国，自然不可能完全效法西洋的风格。或者说，即使完全效法西洋，也不会成为文明的国家。例如，近来在日本流行的西洋风格的衣着、饮食、居所等，是否可以视为文明的象征呢？或者，剪去头发不再蓄发的男子是否就可以称为文明人呢？以及食用牛肉的人是否就可以称为已经开化了的人呢？绝非如此。此外，日本的城市近年来建造了众多西洋风格的石造建筑（主要是砖砌）以及铁桥，中国人也在急速地进行军事改革，即效法西洋国家建造巨型战舰及购买大炮，为此而不顾国家财政状况滥用钱财。这些事情也绝非我们所赞成的。这些有形物都可以靠人力制造或用金钱购买，而且即使在有形物中，这些东西也是最为典型和最容易见到的。

在采用这些有形物时,当然必须考虑先后缓急,而且一定要顾及本国的风土人情、生活习惯和强弱贫富。有些人所说的"体察风土人情和生活习惯"可能就是指这种现象。

六、文明的精神(国民的风气)

对此,我自然不会有什么异议,不过这些人只是论述了文明的外在形式,而并未将其精神作为一个问题来对待。那么,文明的精神是什么呢?其实就是所谓"国民的风气"。这一"风气"既不可能出卖给他国,也无法从他国买来,更不可能依靠人力顷刻间创造出来。这一精神,存在于一个国家广大的民众中,并反映在这个国家各种事物上。因为这是一种看不到的东西,想要了解其真谛是非常困难的。

现在我就试着来论述一下这种国民风气事实上的存在。读者诸君在广泛阅读世界历史的过程中,最好对亚洲和欧洲进行一下比较。我们暂且不论两地之间的地理和物产、政令和法律、学术之优劣及宗教之不同,如果进一步寻求两地之间的根本不同点,就会发现其中存在着一种无形的东西。这种无形的东西很难用语言来加以表述和形容。比如,这种无形的东西(就好像大气一样),如果扩张开来,就会膨胀乃至覆盖整个世界,如果对其进行压缩,它就会缩小乃至变得无影无踪。总之,这种无形物会随意变幻并永远处于动态变化之中。尽管这一无形物是一个不可思议的存在，但是实际观察一下亚洲和欧洲两地各种各样事实所显示的一些现象，就会承认这一无形物的实际存在。在此，我将这一无形物命名为一个国家的"国民的风气"。如果从时代的角度来看，可以将此视为不同国家存在着的"时势"（"风潮"），对其国民而言可称之为"国民性"，对一个国家而言则可称之为"国家传统"或"国民舆论"等。所谓文明的精神，就是指这些无形物。欧洲与亚洲两地的性质之所以根本不同，其实就是"文明的精神"不同。因此，文明的精神也可以说就是一个国家的风土人情或生活习惯。

如此看来，上述有些人所说"采纳西洋文明时首先应该考虑本国的风土人情和生活习惯"这句话，虽然语言稍显暧昧而难以理解，但是如果仔细体会其意，应该就是"不能仅仅采用西洋文明的外在形式，而必须首先将其精神学到手，并让其同外在形式的文明相协调"。如果是这样，眼下我所主张的以欧洲文明为目标的意思就是通过学习西洋而使文明的精神成为我们的精神。因此，两种看法实际上是完全相同的。只不过，这些人在学习汲取文明时首先想到的是其外在形式，所以很容易立刻就会同"东西方民众生活水准与文化素质不同以及双方政情不同"这些外在形式的矛盾发生碰撞，于是自我就陷入了如何解决这些矛盾的烦恼之中。而我的思路却与此相反，我们应该首先通过重视精神的方法来防止出现上述矛盾，这样就可以为学习汲取外在形式的文明排除障碍。在这里，存在着两种不同的思考方法。从根本上来说，这些人并非厌恶西洋文明，但是却不能像我一样具有挚爱这一文明的精神，对文明的认识还不够透彻。

七、首要的是人心的变革

在前面，我们曾经认为"学习汲取文明的外在形式容易而学习汲取其精神则较难"，为了强调这一见解，在这里需要更进一步来阐明其道理。服装、饮食、器械、居所乃至政令法律等皆可耳闻目睹，不过政令法律同服装、饮食及居所相比较，也稍有不同，即并非能够以手把握和用金钱来购买之物。因此，相较于服装、饮食和居所的情况而言，学习汲取政令法律的方法也稍微困难。所以，模仿西洋的铁桥或砖石建筑相对容易，而改革政令法律则自然非常困难。在我们日本，虽然铁桥或砖石建筑已经逐渐建造出来，但是政治法律的改革却还没有进行，国会至今还没有召开就说明了这一点。如果再进一步改变全国国民的风气，那更是难上加难的事，而绝非仅仅依靠一朝一夕的偶然机会就可以奏效的。也就是说，既不可能依靠政府的一个命令来强制改变国民风气，也很难利用宗教的力量来说服国民，更不可能仅仅依靠改变衣食住等从外在形式来引导改革。唯一可行的方法，就是释放人们（追求自由独立）的本性，消除（人为束缚压抑的）障碍，使国民的一般性智力和道德自然得到发展，逐渐地提高国民素质。如此一来，如果能够奠定使天下人心为之一变的社会基础，那么政令法律的改革就会很快实现，其他的社会弊端也就不会发生。只有改变人心以及进行政治法律的改革，才能够真正确立文明的基础。而衣食住等有形物质自然会不招自来，不求而得。因此，我在这里想要再三强调的就是，在学习汲取欧洲文明时要先难后易，首先改变人心，然后及于政令，最后才是有形物质。当然，按照这一顺序推进文明，虽然实行起来并不容易，却是一条消除社会弊端而能够达到文明真谛之路。如果按照相反的顺序去推进文明，虽然做起来可能会比较容易，但是在推进的过程中会突然遇到障碍，犹如碰到高大的墙壁一样，难以继续下去，或者在困难面前手足无措，甚至会更容易前进一步反而倒退两步。

八、文明的关键在于创造一个多元活跃的社会

不过，以上只是论述了追求文明的顺序，有形的文明当然并非绝对无用。不论是有形还是无形，也不论是舶来品还是日本造，都不应该成为文明的差别所在。只不过是在采用这一文明时，必须注意其先后缓急，而决不是要禁止有形的文明。（甚至，不但不是要禁止，更是希望存在多种多样的文明。）从根本上来说，人类的活动是无界限的，即既有身体的活动，也有精神的活动，其范围非常广泛，而且人类的欲望也多种多样。这些人类本来就具有的欲望是自然趋向于文明发展的，所以丝毫不应该被压制。追求文明最为重要的，就是要充分地利用上天赋予人类的所

有这些身心功能来满足各种需要。

例如，在文明未开的时代，人们都重视身体本身的力量，支配社会的力量仅仅是身体之力，权力也只属于那些身体强壮的有力量者，而能够运用人的能力的范围则非常狭窄。然而，随着文明的逐渐进步，人类的精神活动也渐渐地得到发展，智力自然就变得越来越重要。于是，智力与体力并存，二者相互制约平分秋色，开始改变和纠正过去那种力量不平衡的现象，应该说人类运用自我能力的范围也逐渐扩大。

不过，即使体力与智力并存，但起初二者并用的范围仍然极为狭窄，体力专门为战斗而用，一般无暇顾及其他方面。为获取衣食住所需物质的活动，只不过是利用战斗之外的余力来进行。也就是说，当初存在的是一种所谓武力第一的尚武的风气。当然，与此同时，智力也终于开始发挥作用了，不过却主要用在了统治仍处于野蛮状态的民心之上。智力活动未能用于和平文化的事业，或者只是作为统治人民的政治策略来被使用。因此应该说，智力的使用也仅仅是伴随着军事与政治能力的共同使用而扩大了人类活动的范围，而（学问或工商业等方面的）智力仍然没有取得独立的地位。

试看当今世界，不仅在野蛮国家，即使在半开化的国家，也都是由那些智力和道德相对优秀的人以某种形式组成政府并利用其权力来统治人民。即使与政府没有关系而独立谋取生计的少数人，也只是在研究那些落后于时代的古典学问，或者沉溺于那些没有实用价值的诗歌文章之中。因此，必须承认人们运用自身能力的范围还不是十分广泛。

然而，人类社会的活动越来越繁多复杂，随着身心的欲望追求不断增加，发明创造也会出现，工商业也会活跃，学问也会越来越多样化，人们对过去那种简单的状况也变得越来越不能满意。于是，战斗或政治以及古典学问或诗歌等活动都只不过是人类社会的一部分活动而已，已经不可能垄断权力了。也就是说，众多的活动同时兴起，在相互竞争中成长。最终，各种力量之间保持适当的平衡，相互碰撞，相互竞争，从而逐渐使人们得到锻炼并提高其文明水平。只有如此，智力才能拥有充分的权威，文明才能取得明显的进步。

总之，人类的活动越单纯其精神就自然不得不有所偏向，精神越偏向于一方，其权力也会越偏向于一方。我们可以试想一下，在过去人们的活动很单纯，其运用能力的机会也很少，因此权力就会有所偏向，而随着时代的进步，过去那种单纯平静的社会发生了巨大变化，成为一个复杂多样的社会，也为人们的身心打开了一个新的活动天地。如今的西洋各国，应该说就是这样一种复杂多样的社会。因此，为促进文明进步，最为重要的就是，要努力创造一个具有多样性及拥有各种愿望和追求的人类社会。也就是说，不论事情的轻重大小，都要尽可能扩大社会活动的范围，使国民的精神活动更加活跃。如此一来，只要决不再妨碍人类固有的自由本性，社会就会越来越成为一个活跃且复杂多样的社会，人们的愿望和追求自然也会多起来。社会的这一变化，是已经被世界古今的实例证明了的，所以只有这条路才是向着人类文明前进的必由之路。甚至应该说，这实际上也是神的旨意。

九、中国元素为定于一尊

如果我们进一步探讨以上的这些议论，可以发现其中的一个事实，即中国同日本之间的文明差异。一般而言，在纯粹的专制政治（autocracy）或神权政治（theocracy）中，存在君主所具有的尊严被认为是依靠天命神授的说法。因此，君主集"至尊的权威"和"绝对的权力"于一身，统治社会、严厉地控制人们的精神并决定其发展方向。处于这种专制统治之下的人民，必定缺乏独立的思想和自由的精神，头脑单纯。（没有充分活跃的精神活动。）然而，当这样的社会发生了变革，原有的机构只要稍稍被打破，先不论其好坏，其结果必定是人民的心里产生一种自由的风气。

在中国周王朝末期（公元前8世纪至公元前3世纪），诸侯林立，其势力及于中国全境，在数百年间民众并不知道有周王室的存在。当时虽然天下大乱，但（王室所带来的）专制政治的气氛却非常淡薄，民众的心情相对宽松，自然就会产生一些自由的思想。可能是因为这个原因吧，虽然中国文明经历了三千多年的历史，但是各种不同学说可以自由争论，甚至完全相反的言论学说都可以存在于世的时代，应该说首推周王朝末期。（例如，这一时代出现了老子、庄子、杨朱、墨子等诸子百家的学说。）这些学说在孔子、孟子等儒家学者看来，可能就属于异端邪说了，但正因为如此，孔子、孟子的学说无疑也会被这些学说视为异端邪说。在今天，当时的经典书籍留存下来的已经很少，所以我们已经无缘详细知晓百家学说，不过并不难推测和想象当时那种思想活跃以及自由风气兴盛的样子。

在此之后，秦始皇（公元前3世纪）统一天下之后大规模焚书，但他并非独恨孔子和孟子的学说，在孔孟学说之外，杨朱和墨子的学说（利己主义与博爱主义哲学思想），也同其他诸子百家的思想言论一样遭到了禁止。当时，如果只有孔孟的学说在世上流传，想必秦始皇也不一定会焚书。其证据就在于，后世也多有暴君，其残暴程度甚至不亚于秦始皇，但实际上从来没有出现对孔孟学说的压制。之所以如此，就是因为只有孔孟学说不会成为妨碍暴君实施专制统治的工具。那么，秦始皇为什么要对当时的言论进行严厉的镇压呢？就是因为当时天下有着各种各样非常活跃的学说和议论，妨碍到了秦始皇的专制统治。也就是说，妨碍专制统治的不是别的，恰恰就是在诸子百家各种学说的争论中所自然产生的自由精神。（这对秦始皇而言是一种阻碍。）

当天下人仅仅守护着单一思想的时候，无论这一思想有多么纯粹和美好，也绝不会从中产生自由的风气。也就是说，自由风气只有在各种各样议论的相互争论中才能够产生。当秦始皇消灭了自由议论的社会土壤之后，天下再度一统，重新恢复到了长时间的专制政治的统治之下，即使王朝频繁更替，但普遍的社会风气却从未改变。历代的皇帝都将至尊的权威与绝对的权力集于一身而统治天下。儒学最适合维持这一专制的社会秩序，所以自然只有孔孟的学说被推崇和普及至后世。

十、日本元素为一分为二

或许有人会说："中国虽然是专制政府，但其王朝总在变化，而日本的国家精神却是万世一系，日本民众的思想自然更加受到束缚。"其实，这种说法只是看到了表面现象，而没有看到其实质。如果我们仔细想一想，就会发现事实上恰恰相反。也就是说，我们日本过去曾经是以神权政治的方式进行统治，民众的思想也比较单纯，坚信天皇集至尊权威与绝对权力于一身，因此其思想精神单一从根本上来说同中国人并没有什么差别，不过到了中世时期的武家政治时代，社会制度终于发生了巨大变化，至尊的天皇未必是最强的统治者，而最强的统治者则未必拥有至尊的权威。因此，民众自然而然地形成了两种不同的观念，即面对至尊者的观念和面对强权者的观念，可以说民众的心中被嵌入了两种观念，而且他们允许这两种观念同时存在和发挥作用。既然允许如此对立的两种思想自由存在，当然多多少少会促进一些合理的批判精神发展。因此，在尊重神权政治的精神与服从武家政治的精神之外，又增加了一些合理的批判精神。正是因为这三者各自不断出现强弱变化，所以其中任何一股势力都不具有无限的权力。如此一来，当然就比较容易产生一种自由的风气。这种情形同中国人那种仰慕专制的皇帝并相信至尊的皇帝即强权统治者的观念相比，难道不是有着很大的不同吗？从这一点来看，可以说中国人思想贫乏，而日本人却具有丰富的思想，中国人单纯，而日本人的精神世界却丰富多彩。在精神和思想丰富多彩的人面前，迷信自然就会销声匿迹。

例如，在专制的神权政治时代，如果皇帝因为对日食恐惧会移席而坐或利用日月星辰等天体现象来占卜命运吉凶，那么民众自然会尊崇这一风尚并更加将皇帝视为神圣，其结果就是变得更加愚昧。眼下的中国等国，就是这种情形，而日本却未必如此。当然，日本的民众也非常愚昧和迷信，但这种愚昧和迷信只是个人的一种愚昧和迷信，而甚少受到神权政治贻害的影响。比如在武家时代，如果遇到日食，天皇（与中国的皇帝一样）也会移席而坐，或者也通过观察天文现象来祭祀天地诸神。虽然至尊的天皇并非最有权力者，但并没有任何民众会因此而无视朝廷举行的这些活动。而拥有最大权力的将军，尽管其武力和权力绝对强大，以至于足以威慑天下，但在民众看来其身份仍然难以同至尊的天皇相提并论，即不能以同将天皇视为神一样的态度来看待将军。如此，民众面对至尊者的观念和面对强权者的观念之间保持了相对的平衡，二者之间保留了一定的自由空间，因此就会稍稍产生一些自由的思想，并成为发展理性的一个契机。这不能不说是我们日本偶然的一个幸运。

当然，在目前的情势之下，并不应该希望再回到武家政治的时代，不过假如在过去的七百年间皇室持续拥有同幕府一样的武力和权力，或者将军幕府取代皇室的神圣地位，至尊的权威同最强的权力合为一体并且以此全面统治民众的身心，那么会出现什么样的情况呢？无疑就不会有今天开放的日本。或者，眼下如果仍然是以那些国学家所主张的所谓政教一致的原则来进行统治，那么恐怕未来日本的进步将是非常困难的。不过事实并非如此，应该说这是日本民众之万幸。

因此，作为结论，中国是各个朝代一直存在着专制的神权政府，而日本则是在有着神权政府精神的同时也允许武家政权存在。正因为如此，中国人的思想意识是一元性的，而日本人的思想意识却是二元性的。对于这一点，我们在思考文明进步的程度时，就必须认识到，中国如果不进行一次脱胎换骨的改造，就不可能进入像今天的日本一样的状态。因此，在学习汲取西洋文明时，日本人比中国人要容易一些。

十一、何谓"国体"

如前所述，一些人曾有"各个国家都应该在保持自己国体的基础上学习汲取西洋文明"这样的议论。尽管这一章的目的并非论述国体，不过在面对学习汲取西洋文明的问题时，首先影响和阻碍日本人心理的就是其同国体的关系。甚至有极端言论认为，日本的国体同西洋文明难以并存。而一旦涉及有关这个问题的议论，连世间的众多理论家也往往噤若寒蝉，不敢表明意见。这种情形，就如同战争爆发之前双方就各自收兵一样，无论如何都没有取得一致意见的意思。其实，如果我们能够详细地阐明道理，就不再需要争论而可以明确地相互理解。我没有理由对此避而不谈。因此，下面我将使用大量的篇幅对上述问题提出自己的看法。

第一，究竟何谓"国体"呢？我们暂且不管社会上一般人所给予的解释，按照我的理解，所谓"体"就是"集体"或者"体制"的意思，即物体集合而完全成为一体并具备了与他物相区别的风格或体制。因此，所谓"国体"不外乎就是一个种族的人聚集在一起形成一个集体并且能够在一起同甘共苦。同其他国家的人有明确的我群和他者的区别，同本国人的交往要比同其他国家的人更为亲密，本国人之间也要更努力地去相互帮助。这样就会形成一个政府，利用国民自己的力量来管理国家，而不受其他国家的统治，本国的祸福也都由国民自己来承担责任，由此维持国家的独立。这就是国体，也就是西洋语所说的"nationality"（具有国家独立性或作为独立国家的资格）。因此，在这个世界上，只要建立了国家，就必然会存在国体。比如，中国有中国的国体，印度有印度的国体，西洋各国也各自具有自己独特的国体，而且都会尽力去保护自己的国体。

如果来探讨产生这一国体意识的原因，在不同的情况下其原因也并不相同，比如有可能是因为相同人种或相同宗教，也有可能是依靠相同语言或一定地理条件等。不过，最为根本的原因，是（像日本一样）人种相同又具有同样的历史且崇拜同一祖先。当然，也有同以上这些条件无关而同样可以保持同一国体的国家。例如，瑞士这个国家就具有稳固的国体，同时也是一个管理卓越的独立国家，但是其国内各州的人种（严格来说是民族）各不相同，使用语言也不同，甚至信仰的宗教也各不相同。不过，如果人种、语言、宗教等要素全部相同，无疑其国民间会产生亲近和谐感。例如，德意志各邦虽然各自具有独立的形式，但是却有共同的语言和文学等，甚至还具有怀念祖先所缔造历史的共同情感，因此直至今天，德国人都保持着整体德意志联邦的国体，并以此来同其他国家相区别。

然而，一个国家的国体也并非始终不变，有时也会发生非常大的变化。也就是说，一个国家或者合并或者分裂，或者领土扩大或者领土缩小，甚至有时还有可能完全消亡。不过，看一个国家是否消亡，不能以其语言或宗教等是否还存在来进行判断。即使一个国家的语言和宗教还存在，但是如果该国的国民丧失了自己的政权，处在了外国人的统治之下，那么其国体也已经不存在了。例如，英格兰同苏格兰合并（1707），形成了统一的英国政府，双方的国体合二为一，而并非双方丧失了国体。此外，荷兰同比利时分离（1830），形成了两个政府，其国体被一分为二，不过这种情形并不是被外国人所征服或统治。而与此相反，在中国，宋朝末期（1279），其国体被蒙古人建立的元征服而丧失，即华夏的初次消亡。其后（1368年），明又推翻元，重新统一天下，应该说是恢复了华夏。但是，在明末（1616）*，满族夺取政权并建立了清朝，华夏的国体再度丧失，而清的国体却兴盛起来。直至今日，虽然汉族还保留着祖先留下来的语言和风俗，其中一些优秀的人物也成为清朝政府的高官，表面上看起来清朝和明朝似乎并没有什么不同，但是实际上南方的华夏已经被来自北方的满族所征服。此外，印度被英国所统治，或美洲的原住民被白人所驱逐，都是国体丧失的极端例子。因此从根本上来说，一个国家的国体存亡与否，应该看其国民的政权是否丧失。

十二、关于政治正统性

第二，国家还存在"政治正统性"的问题，西洋语言中以 political legitimation 来表达，前一个单词即"政治"之意，后一个单词则是"正统"或"合法"之意。在这里，我们暂且将其翻译为"政治正统性"，即一个国家实施并得到国民广泛承认的正统合法的政治形态。世界上各个国家的政治正统性，由于其不同的国情或不同时代而有所不同，有的国家以君主政治的形态为正

---

* 1616年努尔哈赤建立后金政权。——译者

统，有的国家则以封建制度为正统，或者有的国家承认共和政治为正统，有的国家则以宗教政治为其正统，等等。

从根本上来说，如果我们追溯各国政治正统性的渊源，就会发现，某一政治形态之所以能够在该国占据统治地位，一般而言一开始都免不了诉诸武力。不过，当其取得统治权之后，就不再需要采用武力，为政者不愿意甚至禁止人们说其权力来源于武力。不论什么样的政府，当询问主权者其权威的来源时，必定都会说"我所获得的权力是基于正确的社会发展规律，而且这一权力具有悠久的历史基础"。随着时间的推移，为政者渐渐地不再依靠武力，而是将社会发展规律作为政治的原则。本来，厌恶武力和崇尚秩序或规律就是人类的天性，所以一般的国民如果看到政府的统治能够符合社会发展规律，就会感到满意，并且随着时代变迁，就会渐渐地认为这一政治形态是正确的，甚至忘记了过去自己的祖先曾经被武力压制的历史，从而变得喜欢当前的政府，对其政治也没有任何不满意。这就是一个国家的政治正统性。

如上所述，政治正统性最初的改变，大部分都是通过战争来实现的。比如在中国，秦始皇在周朝末年（公元前3世纪）通过战争将封建社会统一了起来，并开始改行中央集权的郡县制度。在欧洲，随着罗马帝国的衰落（公元4—5世纪），来自北方的蛮族日耳曼人入侵欧洲，其后形成了封建社会。不过，随着文明的逐渐进步，有识之士的言论变得具有影响力，以及某些国家在条件相对较好的情况下，即使不使用武力也可以平稳地实现政治正统性的变革。例如，在英国，如果拿目前的立宪政治同18世纪（实为17世纪）初期的专制政治相比较，二者具有天壤之别，甚至几乎感觉不到是同一个国家的政治。在英国，围绕政权之争而发生革命，是在17世纪中叶到末叶，1688年威廉三世通过"光荣革命"即位之后，英国国内就再也没有围绕政权问题发生的流血事件了。因此，英国的政治正统性，虽然经历了近代一百六七十年的巨大变化，但是在此期间从来没有使用过武力，其政治形态也逐步得到了改善。由此看来，英国的国民过去曾认为国王的专制政治就是政治正统，但是现在已经丝毫不怀疑并且坚信立宪政治才具有当然的政治正统性。

此外，在更加久远的未开化时代，其实也存在不使用武力而改变政治正统性的情形。比如在过去（大约7世纪、8世纪）的法国，加洛林家族的君主最初虽然作为臣子服务于法国国王，但实际上却一直掌握着政权。在日本，也有藤原氏曾取代皇室实施摄政关白政治，以及北条氏曾取代镰仓幕府将军掌握大权。这些都是不通过武力改变政权的例子。

不过，政治正统性的改变，与国体的存亡之间并不存在相关关系。不论政治形式如何变化，或者发生多少次变化，只要是本国人执政，其国体就不会被损害。比如，过去实行共和政治的荷兰，目前实行的是君主政治，还有像近代的法国那样在百年间曾经改变了十多次政体的国家，但其国体仍然没有改变。正如我们前面所说的那样，维持国体的最基本条件，就是其政权不能被外国人所掌控。在美利坚合众国，其总统必须是从出生在本国的人中选出，就是基于这种由本国人行使本国政治权力的自然心理。

十三、关于血统（皇统）

第三，国家也具有所谓"血统"，即西洋语言中的"line"一词，也就是君主地位由父亲传给儿子以使其血脉不致中断。按照世界各国的传统习惯，有的国家的君主血统只限于男性继承，有的国家则没有男女的限制。继承的方式也并不限于父子之间，如果没有儿子，也可以由兄弟继承，如果没有兄弟，其继承范围会更大，习惯上会选择其亲戚中血缘关系最近者作为继承人。实行君主政治的西洋各国，极为重视血统，因此在历史上曾经发生过多次由继承问题引发的战争。此外，若甲国的君主死后没有子嗣，而乙国的君主又恰好是其近亲时，则乙国君主就有可能兼任两国的君主，即两国共同拥戴一个君主。这一习惯只是在欧洲存在，在中国和日本都没有这样的例子。不过，即使两国共同拥戴一个君主，各自的国体及其政治正统性也不会受影响。

上述的国体、政治正统性及血统，彼此独立而没有关系，即使国王的血统没有改变，其政治正统性也有可能已经发生变化。比如前述之英国政治的变迁，以及法国加洛林家族的兴起等，就是这方面的例子。或者，世界上还有很多虽然政治正统性发生改变，但国体即国家的独立性并没有丧失的例子。相反，也有虽然血统没有改变但国体却发生变化的情形。例如，英国人和荷兰人将东亚的一些国家据为殖民地，过去那些酋长的血统虽然仍然存在，但是却由英国或荷兰建立的政权对土著居民进行统治，同时那些酋长也同样受到殖民者的统治。

然而在日本，有史以来还从来没有改变过国体，天皇家族的血统也从来未曾中断，但其政治正统性即政治形式却屡次发生巨大变革。最初是天皇亲政，紧接着是作为外戚的藤原氏以摄政关白的形式掌控政权，后来政权转移到了源氏的将军手里，但是权力很快就又落入了作为陪臣的执政北条氏的手中，再后来政权又被足利和德川两个幕府将军所控制，并且逐步形成了封建制度，一直延续至庆应末年*。由此看来，在政权离开皇室以后，天皇就只不过保持一个虚位而已。恰如赖山阳**评价执政北条氏的政治时曾说"在北条氏看来，天皇不过就像是一头猪而已"（《日本外史》），这正是当时天皇状况的一个真实写照。然而，虽然政治正统性的变革如此剧烈，但其国体却并未丧失，原因何在呢？就是因为无论如何变化都是由具有共同语言风俗的日本人自己来实施自己的政治，而从来没有将政权交给外国人来控制。

---

* 庆应为日本的年号之一，使用时间为公元 1865 年至 1868 年。——译者

** 赖山阳（1780—1839），日本著名汉学家。——译者

十四、维持国体要难于维持皇统

不过，在这里有一个非常令人不解的问题，即一般的社会舆论只是关注皇统而将国体混同于皇统，而且在面对二者时甚至有些重视皇统而轻视国体。在我们日本，皇统与国体自最初就共同延续至今，而在其他国家则没有这样的例子。正因为这种模式罕见，或许会有人说这是一种独特的国体。不过，按照一般的情况来说，皇统能够延续，应该说恰好证明了国体没有丧失。如果以人的身体来比喻的话，国体就相当于身体，而皇统则类似于眼睛。看到眼睛有光，就明白身体还有生机，但想要保持全身的健康，就不可能只是注意保护眼睛而不顾及身体整体的健康。如果身体整体的精力衰弱了，眼睛自然就会失去光明。或者有时我们会看到身体已经死亡、生命已经完结但眼睛还睁着的死尸，会误以为其还是一个生命。就像英国人对东亚各国进行统治时我们所看到的那样，国家的身体已经被杀死，只有眼睛还残留着。（也就是说，国家的独立已经丧失而成为殖民地，但从形式上来看国王或酋长等职位仍被承认并保留下来。）

回顾历史，就会明白，延续和保持皇统并不是非常困难的事情。例如，看看从北条执政的时代到南北朝时期所发生的事情就可以明白。在那个时代，存在着皇位继承顺位及谁是正统的问题，围绕这一问题时常发生争论，不过在这些争论早已平息的今天看来，继承顺位及正统与否等不再成为问题，即这些问题都只是当时的问题，在后世的人看起来，不论谁即位无疑都是日本天皇家族的血统，所以应该满足于这一皇统并没有断绝。因此，皇统顺位及其是否正统，尽管在当时是最为重大的事情，但是如果超越那个时代而以今天的眼光来看过去，只是重视皇统的存续而不管其皇位继承上的那些具体做法，那么就并非什么忠与不忠或义与不义的问题，当然也就没有必要在楠木正成*与足利尊氏**之间做出所谓忠臣与叛臣的区别了。

不过，如果认真地来思考一下那个时代，即使是楠木正成，其实也并非仅仅是为了皇统正统性而战，实际上也是为了政治正统性而战。也就是说，试图将天下的政权从武家手中夺回而重新归还皇室。对于楠木而言，最为困难的其实是如何确立政权及其正统性的问题，其次才是所谓皇位或皇统的问题。（然而，最后的结果是，皇统一直顺利地延续至今，而试图推翻武家政权并重塑政治正统性的目的却没能实现。）通过这个例子就可以明白，保持皇位或皇统与保持政权及其政治正统性哪一个更

---

* 楠木正成（？—1336），镰仓时代的武士，在后醍醐天皇发动的讨伐幕府的战争中立下战功而被任命为地方守护之职，但其后不久被另一武士足利尊氏追讨，战败身亡。——译者

** 足利尊氏（1305—1358），本为镰仓幕府属下的武士，但在接受幕府执政北条氏授权率军与后醍醐天皇的讨幕军战斗过程中却倒戈反对幕府，直接导致了镰仓幕府的覆灭，其后以巨大战功干预政治，驱逐后醍醐天皇并击败新田义贞和楠木正成等武士，于1336年建立了日本历史上的第二个幕府政权——室町幕府。——译者

为困难。

（当然，较之皇统与政治正统性更为重要且未来需要更为艰难地加以保持的是国体。）自古以来，日本人只要一开口，就会很得意骄傲地认为日本有着所谓金瓯无缺的国体，号称世界无比。然而，所谓的世界无比，难道就仅仅是夸耀其皇统从未发生过改变吗？使皇统得以延续并非难事，连北条、足利那样的叛臣不是也使皇统得到延续了吗？那么，如果说我国的政治正统性不同于其他国家，如前所述，我国的政治正统性自古以来就多次发生变革，其状况与其他国家并无什么不同，因此这一点也并不值得夸耀。其实，所谓的金瓯无缺，最终只是体现在了我们一直保持着国体并从来没有被外国人夺取和控制政权。由此看来，国体为一国之根本，而政治正统性和皇统则是随着国体的盛衰而共同盛衰。中古时代以来，皇室丧失了政权，在皇位继承上也有是否正统的争斗，但这些事情都只是国内事务而与外敌没有丝毫关系，所以即使在今天我国国民还依然为此而洋洋自得。假如过去曾经有俄国人或英国人这些外国人来到日本，同源赖朝*一样对日本进行了统治，那么即使皇统在其后得以延续，眼下的日本人也绝不会有丝毫的骄傲和得意。在镰仓时代，幸好俄国人或英国人都没有来到日本，但是在今天，这些令人恐惧的对手已经蜂拥

---

* 源赖朝（1147—1199），1192 年，在打败当时另一武士集团首领平清盛后建立日本第一个武士政权镰仓幕府。——译者

而至，环绕在日本四周，所以我们必须深刻意识到目前已经大大不同于过去了。

因此，眼下日本人唯一的任务其实就是保护我们的国体，这里的保护国体也就是不要让我们国家的政权丧失于外国人之手。为此，首先必须提高国民的智力水平。提高智力水平的方法固然可以有很多，但是最为重要的就是完全摆脱自古以来人们"沉溺"其中的一些陈规陋习的束缚，学习汲取西洋的文明精神。也就是说，如果不破除所谓阴阳五行等东洋的迷信，就无法进行科学的研究。在社会生活中也同样如此，如果不能将封建时代的陈规陋习彻底一扫而光，人与人之间的关系就难以改革和进步。如果能够摆脱陈规陋习的束缚，国民的精神就会充满活力，全体国民的智力就会提升，并以此来维护国家的独立和进一步巩固国体的基础，那么我们就不会有任何担心了。若果真如此，那么就像想要延续皇统一样，岂不是极其容易的事吗？因此，在此我想对天下有识之士提出一个问题："诸君真是只考虑忠义二字吗？"诚然，对天皇尽忠尽义无疑是对的，但是所谓尽忠尽义必须是尽大忠大义，即如果想要维护皇统的延续，就必须努力为其延续出力增光。然而，如果不能首先使国体巩固，那么皇统也难以增光。就如同我们前述所比喻的那样，如果全身失去了活力，眼睛当然也会失去光明。如果想要珍视眼睛，就必须重视全身的健康，只是胡乱地一味上眼药，并不会让眼睛变得更亮。由此看来，学习西洋文明就应该是巩固我国国体的唯一手段，同时也是为皇统增光的唯一手段。所以,学习汲取西洋文明,难道还需要犹豫吗?必须坚决地学习汲取西洋文明。

十五、沉溺于固有习惯只会增加政府的表面权威

前面我们论述了必须摆脱过去"沉溺"其中的迷信。至于迷信这一说法,其使用范围则非常广泛,人们对世间的众多事物都存在着各种各样的迷信。不过,在此只是列举政治上的迷信,对政府的"实际权威"和"表面权威"进行区分并加以论述。一般来说,在讨论事物对错或利害的标准时,如果不确定其目标就无法做出决定。例如,就像房屋是用来遮风挡雨的,衣服是用来防风御寒的一样,人类的所有活动都是有目的的。但是,如果时间一久形成习惯,就常常会忘记了这些事物的实际效用,只是一味看重这些事物本身,对其进行粉饰和赏玩,甚至极端的情况是不顾其带来的害处而一味沉溺其间。这就是迷信,同时这也是世上产生虚伪和掩饰的原因。

例如,在日本的战国时代,武士都佩带双刀,但其实这一行为并非法律规定,而只是保护自身所必需的。然而,长期习惯的结果是,即使到了江户时代的和平时期,这一带刀的习惯仍然没有被废弃。不但如此,一些武士反而更加重视这一习惯,甚至不惜花费大量钱财去装饰双刀,只要是士族,不论老幼,就没有不佩刀的。实际上这些刀是否发挥了其效用呢?当然没有发挥任何

效用，因为人们只是在刀鞘或刀把上面镶嵌金银，而里面却是一把小小的并不锋利的钝刀。不仅如此，这些佩刀的武士中实际上十之八九根本不懂剑术。如此看来，佩刀最终是有害无益的，但是为什么眼下废除这一习惯的主张仍然遭到士族的反对呢？其实，这些士族早已忘记了刀的实用价值，只不过长期以来形成了看重刀剑本身的习惯而已。这一习惯，就是迷信。在今天，如果对已经处于明治文明社会的士族追问仍然要佩刀的理由，他们可能会辩解说这是祖先留下来的习惯，刀是武士的一个标志，而难以举出其他更明确的理由来。谁又能够讲清楚佩刀的实际好处，并回答前面提出的追问呢？既然说这仅仅是自古以来的一个习惯，不过是一个标志而已，那么当然就可以将其废除。如果佩刀还具有实用价值，那么也应该改变其形式（比如放弃那些无用的装饰，只是将其中的刀好好磨快），即真正把功夫用在刀刃上。总之，无论找什么样的借口，认为佩刀就是士族与生俱来的特权这一理由是不能成立的。

在政治上也同样如此。世界上任何国家在最初建立政府及其国家体制时给出的理由，都是为了维持国家的政权和国家的独立。为了维持政权，政府必须具有权威，这种权威就是政府的"实际权威"。政府的重要作用其实就只是实施这一实际权威。不过，在人智未开的时代，民众都缺乏理性，容易只对外在事物及其表面现象产生恐惧和盲从，因此在对民众实施统治时也自然会按照这一情形而使用不加解释直接实施的权威，这种权威就是政府的"表面权威"。当然,使用这种权威也是为了维持当时的民心而不得已采取的一种简单权术。即使从国民的角度来考虑,因为这是其刚刚摆脱同类相残的丛林状态及开始初步学习如何遵守秩序的阶段,所以对此也不必过多指责。不过,按照人的本性,一旦握有权力自然会沉溺于权力之中,因此也就免不了会恣意妄为而给社会带来灾难。

例如,酗酒者每次饮酒都要喝醉,但醉后反而酗酒更甚,结果就会使人感觉似乎是酒之力使然。那些有权力的人也是如此,一旦利用表面权威掌握了权力,就会对这一权威爱不释手,并越发地要显示自己的这一权威,结果就会让那些有权力的人越来越难以离开表面的权威。如果这样的习惯长时间延续,最终政府就会以这一表面权威来强化自己的形象,并对其进行各种各样的粉饰。这一虚幻不切实际的粉饰越多,就越会迷惑无智民众的精神,以至于忘记了政府实际的作用,似乎认为粉饰外在形式就是唯一重要的事情。为了像对待命根子一样维护这一外在形式,对其他的利害得失问题置之不顾,或者将君主与国民视为完全不同的人,强行规定其差别,以至于就等级地位、服装、文章写法乃至说话用语等都规定了上下尊卑不同的礼仪规矩。比如,中国周朝和唐朝的所谓礼仪,就是这样的一些东西。或者,有些政府倡导毫无道理的神秘说,主张君主直接受命于天,或者说其祖先曾攀登灵山与神交谈,或者说曾在梦境中得到神的嘱托等,毫无顾忌地编造这些荒唐的故事。所谓神权政府,就是这样的一些政府。这些政府虽然在形式上可以被称为政府，但是却早已忘记了自己应该保持的实际权威的精神，不得不说只是在滥用不应该有的表面权威来做唬人之态。这就是实际权威与表面权威的区别所在。

十六、应该依靠提升文明来增加王室的实际权威

上述有些政府采取的唬人之态，在通用这一做法的上古时代，还不失为一种暂时的便捷统治方法，然而随着民智的逐渐开化，这种统治方法及其政策已经不再适用了。在今天的文明社会，无论统治者衣冠如何漂亮美丽，其衙门建筑如何高大威严，都难以欺骗世人的眼光，反而徒招有识之士的耻笑。即使那些并非深刻了解近代文明，但在现实中能够见识到现代文明事物的民众，也会随着对自然知识的逐渐了解而绝不会被过去那些唬人的说法所欺骗。因此，要对这样的国民进行统治，只能通过制定合乎道理的规则并以政治法律的实际权威来使国民遵守规则。在今天，民众已经懂得，如果连续七年大旱，即使天皇设置祭坛去祈求降雨，天也未必会降雨。即使国君亲自去祈求五谷丰登，也丝毫不会改变科学规律。如果（不使用肥料）只是依靠祈祷，连一粒米都不会增加，这个道理连小学生都明白。在古代，曾经有这样的故事，一位著名将军将剑投入海中祈祷海神退去潮水，但现在人们都知道海潮涨落的时间是一定的，祈祷与否其实都不会改

变它。古时候，当人们看到紫云悬挂在天边时，就以为将会有英雄出现，但今天人们都知道从云端是找不到伟人和英雄的。这种变化并不是由于时代不同而自然规律发生了变化，而是证明了古今人们智力水平的不同。民众的素质逐渐提高，国家整体的知识水平也在提高，政府也可以得到实际的权威，这对于国家来说，难道不是值得庆贺的事情吗？

然而，如果政府仍然舍弃实际权威而执着于表面权威，一味粉饰外在形式，进一步对国民采取愚民政策，那就太不明智了。如果要显示表面权威，那最好的办法就是让国民愚昧，使他们再回到过去未开化的野蛮时代。不过，如果让国民再回到愚昧状态，国家的政治力量必定会不断衰弱。而政治力量的衰弱，就会使国家的独立难以保障。如果国家失去了独立，那么国体之本也将不复存在。这种情况最终是政府想要维护国体却反而自己破坏了国体。这难道不是目的与结果之间相互矛盾了吗？

例如，在英国，如果按照古代国王的遗志继续维护专制君主国家的旧有形态，那么其王统在今天必定已经灭绝了。而现在英国王室之所以仍然兴盛，就是因为减少了王室的表面权威而扩展了国民的权利。通过这一变化，国家的政治实力得以增加，在国力增强的同时，王室的地位也得到了加强。所以应该说，只有这样才是保护王室最好的方法。因此，（在我们日本也同样如此，）国体绝不会由于接受西洋文明而遭到损害。文明的力量反而会增加皇室的威望与光彩。

十七、世间事物并非仅仅以旧论价

世界上无论哪个国家的国民，之所以被旧习惯所束缚和困扰，必定是因为其自豪并喜欢夸耀自己国家的传统具有的悠久历史，而且这一历史越是悠久，尊崇的方式就越是极端，就如同古玩家珍爱古董一样。比如，据说在印度的历史上，有位梵天王，他是一位非常圣明的国王，其即位时已经二百万岁，在位六百三十万年后将王位传给了王子，又过了十万年这位国王才去世。此外，据说印度还有一部被称为《摩奴》的法典，这部古代法典被传授到人间的时间大约是距今二十亿年前，自然是一部非常古老的经典了。不过，就在印度人沉醉于崇尚古代经典与维持古国风尚的惬意享受中时，不知何时其国家政权已经被西洋人夺走，如此神圣的一个大国竟然成为英国经济的美味佳肴，梵天王的子孙们也成了英国人的奴隶。

而且，上面这些古代传说中所夸耀的所谓六百万年或二十亿年这些几乎与天地同寿的悠久历史，当然都是一些毫无根据的自我吹嘘而已。即使是《摩奴》法典，其历史实际上也不超过三千年。或者，即使可以暂且承认印度人的这一吹嘘，对于印度的六百万年，如果有人说非洲有七百万年前的东西，对于印度人的二十亿年，可能会有人说我们发现了三十亿年前的东西，这时印度人自然就无话可说了。也就是说，印度人的这些说法其实就如同小孩子的戏言一样。此外，我们还可以用简单的一句话来使他们的这种自负立即崩溃："宇宙之大是永恒无边的，以有限的人类社会的所谓古典又如何能够与之一争长短呢？造化之神一眨眼的瞬间，就是世上的亿万年。即使真有所说的二十亿年的岁月，也不过是神一眨眼的瞬间。争这瞬间历史的长短毫无意义，反而忘记了人类文明的重要大事，岂非不懂事物轻重之人？"如果听到这样的话，任何印度人都不会再吹嘘这些事了吧。所以说，世上的事物并非只是因为陈旧古老就有价值。

因此，如前所述，我国的皇统确实是同国体联系在一起得以延续的，而且在其他国家并无类似的现象，因此可以说这是一种君主与国家构成紧密一体的独特国体。不过，即使将其作为日本独特的国体，也不应该仅仅保守地维持现状，而是应该使国民充分运用这一国体并使之得以进步。如果能够充分运用这一国体，在不同的情况下，这一国体就能够发挥出巨大的效能。这种君国一体的可贵之处，并非因为这是自古以来我国固有的一种现象。通过维持这一国体，维护了我国的政权，以及可以为将来的文明进步发挥作用，这才是其最可贵之处。而且，国体自身并不可贵，而是其效用可贵。就如同房屋一样，房屋并非因为其形状而可贵，而是因为其遮风挡雨的效用而可贵。如果因为是祖先流传下来的建筑式样而仅仅尊崇房屋外形，那么用纸做一个房屋的式样岂不是就可以了？因此，如果君国一体的国体存在难以适应现代文明的地方，那么这也必定是积习日久而生出的虚骄粉饰所导致的不合理结果。所以，应该去除其中那些虚骄粉饰的不合理内容，留下那些实际有用的内容。如果我们能够逐步改革政治形态，使国体与政治正统性及皇统三者相互协调而避免矛盾，那么我们就能够同现代文明共存。

例如，今天的俄国，如果立即进行政治改革，明天就效仿英国实行英国式的自由政治，那么不仅行不通，而且会立刻招致巨大的灾难。其理由就在于俄国与英国两国文明进步的程度不同，两国国民的智力水平也存在差异，目前俄国的专制政治恰恰适合于其目前的文明程度。当然，我并非希望俄国总是因守旧有的虚荣心，无视文明的益处，继续坚持其专制政治，而只是希望其了解文明的进展程度，只要文明前进一步，政治形态也要随之前进一步，即要使文明与政治步调一致。关于这个问题，还会在下一章的最后部分有所论述，希望能够作为参考。

第三章　论文明的真正含义

一、什么是文明？

如果我们延续前一章的内容，在此就应该论述西方文明的由来。不过，在论述这一问题之前，首先必须明确究竟什么是文明。从根本上说，所谓文明其实很难用一句话来说清楚。不仅仅是难以说清楚，在日本，甚至西洋文明的是与非本身都成了问题，人们为此而争论不休。不过，如果来探讨一下引起这一争论的原因，却同如何理解文明这一词语的含义有关。也就是说，文明这一用语，既可以从广义上来理解，也可以从狭义上来理解。如果从狭义上来说，可以只是理解为人为地满足人类需求，使其衣食住等物质生活更加丰富优越。而如果从广义上来说，就不仅仅是追求衣食住的安定享乐，还可以理解为提高智力及修养德行，也就是使人类达到更为高尚的境界。明确了文明有广狭两层含义，如果从广义的含义上理解，那么其利益就是显而易见的，自然不需要特意去进行那些毫无意义的争论了。

当然，文明只是一个具有相对性和比较性的概念，其所包含的范围是无限的，或者总体而言，其实就是一种摆脱野蛮状况并逐渐获得进步的状态。相互交往本来就是人类的本性，如果处于各自孤立的状态，人的才智就难以得到发展。如果只是家庭成员聚集在一起，还不足以称为完整意义上的人际交往。只有社会交往与人际接触这类交际日益扩大，以及人们交往方式日益完善，人们的感情才会越来越密切和睦，知识也会日益开放和增进。文明一词，用英语说，就是"civilization"，是从拉丁语的"civitas"一词而来，也是国家的意思。因此，文明一词就是用来形容逐渐改进人类关系并使其向着美好方向进步的一种状态，即意味着摆脱无法无天、野蛮的孤立状态并具备了国家形态的一种状态。

文明的范围无限宽广，其重要性难以估量，人间万事莫不以文明为其目的。在制度、学问、经济、工业、战争、政治乃至所有领域，如果说在对其进行比较和计算其利害得失时应该以什么为标准，就只能以是否促使文明进步来作为标准，即能够促使文明进步的就是有利，使文明退步的就是损失。文明可以说就如同一个大剧场一样，制度、学问、经济等内容就像是其中的演员。演员们各自在表演自己得意擅长的技艺，演出一幕剧，如果能够很好地反映剧情、表演逼真并得到观众喜爱，就堪称优秀的演员。相反，如果演出动作不协调，台词也总说错，笑声似乎刻意，哭泣缺乏感情，无法表现剧目主题，那么就是一些拙劣的演员。或者，虽然在表演中哭笑逼真，但却选错了时间和地点，该哭的时候笑了出来，该笑的时候却哭了出来，这些演员也不得不说是一些拙劣的演员。

甚至，文明就如同大海，制度、学问等内容就如同河流，能够向大海注入大量水的河流就是大河，注入少量水的河流就是小河。文明还像是一个仓库，人类生活所必需的食物和服装、经济所需之资本或者是国民的生存与生活能力等，无一不在这一仓库之中。社会现象中也存在一些让人不喜欢的弊病，但是只要有助于促进文明进步，也可以暂时视而不见。例如，内乱或战争就是如此，甚至更为极端的，独裁与暴政也有可能成为推动社会文明进步的原因，而且在后世，即这一进步所带来的结果能够显著地表现出来的时代，世人往往会忘掉过去的这一社会弊病，谁还会去对此进行责难和追究呢。这种情形，就如同出钱购物，即使价格过高，但只要使用该物能够获得较大的便利，购买时的痛苦心理几乎就已经忘掉了。这本是人之常情。

二、不文明未开化的四种形态

现在，我们假设几种不同的社会形态，来考察文明究竟为何物。

第一，假定这里有一群民众，他们的生活看起来充满和平，赋税也很轻，劳作也不多，审判也公平，对罪犯的处罚也比较公正。一言以蔽之，对于人们的衣食住等情况的应对管理合适，应该说不存在任何问题。然而，这里只是有着衣食住的安定享乐，统治者从根本上压制了这些民众发展智力和道德的机会，不给其自由，将民众视为牛羊一般来饲养和统治，只是注意这些民众不会因为饥饿与寒冷而死即可。这种社会的压制之严酷，不仅仅有自上而下的压制，同时还有四面八方彻底的压制封锁，比如就像过去松前藩对阿伊努人的统治一样。这样的社会难道可以被称为文明开化吗？在这样的民众中间，不可能看到智力与道德的进步。

第二，假定这里有另外一群民众，从其外在形式的安定享乐程度来看不及上一种情形的民众，不过也并无难以忍受的劳作与痛苦，而且虽然缺少一些安定享乐，但是其提高智力与道德的路并没有完全被堵塞。如果在民众中间也有人倡导高深的哲学等学问，那么社会的宗教和道德的思想也会获得某种程度的进步。不过，在这里民众的自由权利完全得不到承认，统治者总是积极地去阻止民众的各种自由。在民众中虽然并非没有具备一定智力与道德的人，但是这些人获得智力与道德就像贫民得到救助的衣服和食物一样，并非自己主动获得的知识，而只不过是依靠统治者之力以及只能够接受和获得符合统治者需要的知识。即使去研究和探求事物的规律，也不能去探求那些能够给民众自身带来幸福的事物之道，而只允许研究那些能够服务于统治者利益的学问。比如，亚洲各国的民众，就是被神权政府束缚了自由，完全丧失了充满活力的精神，陷入了像蝼蚁一样极端卑贱的地位。这种情形,仍然远离文明开化,在民众间丝毫看不到文明进步的痕迹。

第三,这里再假定有另外一群民众,他们的生活自由自在,但是却根本不存在社会秩序,也不存在人类应该权利平等的精神,支配社会的规则只是依靠暴力的弱肉强食和优胜劣汰,就如同(日耳曼人入侵时)欧洲的情形。这难道能被称为文明开化吗?当然,(主张自主自由的)西洋文明的源头是这里,但是这种情形的社会显然绝不可能被称为文明。

第四,我们再假定另外一群民众,他们完全自由,没有任何东西可以妨碍他们的自由,每个人都能够充分地发挥自己的能力,而且没有大小强弱的差别,基本是欲行则行欲止则止,每个人的权利也一律平等。不过,这些民众还不懂得社会交往,只是为了自己而发挥各自的能力,全然不关心社会整体的利益,甚至不知国家和社会为何物,世世代代生老病死周而复始,其社会状态没有丝毫进步,即使经历若干世代,在其土地上也没有留下人类活动的痕迹。在今天,这样的社会就被称为野蛮人的社会,尽管这种社会并不缺乏自由平等的气氛,但是这种社会形态也无缘文明开化。

三、文明就是人类智力与道德的进步

上述四种社会形态,都不应该称为文明。那么,什么样的状态应该称为文明呢?应该说,所谓文明就是使人们的物质生活安乐的同时也能够使其精神生活有所提升。或者换句话说，就是在衣食获得满足的同时也要让人格有所提升，即仅仅有物质生活的安定享乐还不能说是文明，因为人生的目的并非只是满足衣食的需要。如果只将满足衣食需要作为人生的目的，那么人类就如同蝼蚁和蜜蜂一样了，而且这也不是上天赋予人类的使命。那么，反过来是否可以说提升精神生活就是文明了呢？如果这样，那么天下的人就都会像孔子的高徒颜回一样身居陋巷饮水度日了，所以这也并非上天赋予人类的使命吧。因此，如果不能为人们提供身心两方面充实的生活，就不能称为文明。不过，物质生活的安定享乐和人格的提升都是无止境的，所以只能以眼下这二者正在变化中的状态来对此加以定义。也就是说，文明意味着目前物质和精神都正在逐步提高的一种状态，而且带来这一安定享乐和精神提升的，就是人类的智力与道德，因此所谓文明说到底就是人们的智力与道德的进步。

可见，文明至关重要，它包含了人类社会的方方面面，而且永远难以穷尽，目前也只不过是处在进步的过程之中。如果不明白这个道理，就会产生误解，比如就像有些人所说的那样："既然文明是人们智力和道德的表现，可是看看眼下西洋各国的人，反而有许多不道德的人，既有商业诈骗者，也有威胁他人贪图利益者，无论如何也不能说这些人是有道德的国民。还有，处于被认为应该是最发达文明国家的英国统治之下的爱尔兰民众，生活困苦，像蝼蚁一样无能为力，一年到头仅以马铃薯为食，这样的民众怎么能称为智者呢？如此看来，文明也未必就等于智力与道德。"

然而，这一论调是在看待当今世界的文明时将其视为已达致完美而并不知道其实文明仍然处于不断进步的过程之中。今天的文明，其实还未达致其一半的进程，期待目前就立即实现完全的文明是没有道理的。上面所列举的那些无智无德的人，应该说就属于今日文明国家的弊端部分。在今天的世界上，要求达到文明的高度完善，可以说就如同要求一个完全无病的健康人一样。世界上人口众多，但是身体上没有丝毫毛病以及从生到死从来不曾生过任何病的人恐怕没有。如果从医学的观点来看，即使看起来非常健康的人，实际上也不过是带有一定疾病的健康体。国家也同人体一样，即使被称为文明国的国家，也会存在一些缺陷和弊端。

四、政治形态未必要完全一致

有些人还会提出如下的疑问："文明至关重要，世间万事都不能与其背道而驰，而文明的根本精神不就在于上下权利平等吗？可是来看西洋各国的情形，改革的第一步都是推翻贵族，比如来观察英国和法国及其他国家的历史，都可以明显地发现这一事实。近年来在日本，也实施了废藩置县，士族已经失去了权力，皇族也不再地位荣耀，这些变化就应该是文明的精神吧。如果沿着这个方向继续前进,是不是文明国家都不再拥戴君主了呢?"现在,我就来回答这一疑问。

这一议论就如同是以片面的眼光来看待广阔的天下(其实应该睁开双眼,以更为广阔的视野去看待这个世界)。文明不仅至关重要,而且极其广泛和宽容,即文明广泛无垠而又具有无限包容性。因此,并非文明国家就没有包容君主的余地,而是既有可能拥戴君主,也有可能保留贵族。其实,没有必要拘泥于上下具有平等权利等说法而产生这种毫无意义的怀疑。正如法国人基佐在《欧洲文明史》中所说:"君主政治既可以在等级制度森严的印度那样的国家实行,也可以在与此完全不同的国民权利平等以及没有明显阶级差别的国家实行。或者,既可以在独裁专制的国家实行,也可以在开放自由的国家实行。可以说,君主就如同极其珍贵的大脑,国家的政治及其习俗等就如同其躯体,同一个大脑当然可以同各种不同的躯体相连接。或者也可以说,君主就如同一种珍稀的果实,政治及其习俗就如同树木,即使相同的果实,也可以在各种不同的树木上结出。"

世界上所有的政府,都是为了国家的利益而设立的。只要有助于推进国家的文明进程,那么所谓政府的体制不论是君主政治还是共和政治,这些名称都无关紧要,只看其实际结果就好。从最初的人类社会直到现在,世界上经历过的政府体制中,有专制君主制,有立宪君主制,有贵族政治,也有共和政治。不过,如果只是从其形式来看,并不能确定哪种体制更好或更不好,即不能仅仅从一个方面来决定。应该说，君主政治未必就不好，共和政治也未必就好。例如，1848年（二月革命后）法国建立的共和政治，虽然声称公平，但实际上却是一个残暴的政权。（19世纪上半叶）奥地利弗朗茨二世时代，实施的是专制独裁政治，但是实际上却非常宽容。此外，今天美国的共和政治确实比中国的君主政治要好，但是墨西哥的共和政治却无论如何不及英国的君主政治。由此看来，即使奥地利和英国的君主政治很好，也不应该因此而去学习中国的君主制度，即使美国的共和政治很好，也不应该将法国或墨西哥的共和政治作为学习的榜样。因此，考察政治应该以其内容来论，而不能仅仅以体制而论。国家政体没有必要完全一样，所以在进行议论时要心胸宽广，眼界开阔，而不要被局部现象所束缚。古往今来，都有很多拘泥于形式、无视实质而带来错误的例子。

五、君臣伦理并非天性

中国和日本等国家将君臣伦理关系称为人类的天性，认为人遵守君臣之道就如同其遵守亲子、夫妇关系伦理一样，君臣之不同乃是来自人们与上天的约定。甚至连孔子等人也难以摆脱这种偏见。孔子一生的心愿，似乎是想要辅佐周天子施政，然而其志向难申，只好不论是诸侯还是地方官员，只要有人肯任用他，就会欣然前往以尽其力，总之他只能借助统治一定疆土和民众的君主之力来实施其政治理想。最终，孔子也没能懂得深入探究人类天性的方法，而只是注目于当时的社会环境，仅仅关注当时的民众风尚，不知不觉被时代所左右。因此，孔子也只能够主观武断地认定建立国家就一定要有君臣之分，而且将这一教诲流传后世。当然，儒家学说对君臣之道进行解释的精神实为可嘉，如果只是对君臣关系的认可，看起来似乎也无可指责，甚至的确像是人类的最高道德标准。然而，从根本上来说，君臣关系只不过是在人类社会发展到一定阶段之后才出现的现象，并非人类的天性。也就是说，与生俱来符合人类天性的关系才是根本，而在人类发展过程中产生的关系只是其枝叶。不能因为在事物枝节末叶上存在一定的道理就以此来改变根本的真理。

例如，古人缺乏有关天文的知识，而只是相信天在动，于是就根据天动说，牵强附会地规定了四季循环的历法。这一天动说，看起来似乎也有一定的道理，但是其实这一学说是完全不懂地球根本性质而导致的错误。其结果就是产生了一些毫无道理的迷信，即认为天上的众多星座可以支配地上各个国家的命运。而且，连日食和月食等现象的科学原理也难以说明，以致出现了很多可笑尴尬的情况。古人之所以提出了天动说，是因为看到了太阳、月亮和许多星星在动，于是就随意地做出了天在动的判断，但是如果认真地想一想，就会明白地球与其他天体是相对存在的，所谓天动其实是地球转动而产生的现象，所以地动才是最根本的，天动的现象只不过是地动所产生的表面现象而已。如果将表面现象误认为是根本,并随便提出与事实相反的理由,是不合适的。不能因为天动说有一定的道理就强行主张其道理并否定地动说。其实,天动说的道理绝非真理,而是人们没有去探究物体自身的本来性质,只是从表面上看到了物体相互之间的关系,就比较随便地提出的看法。如果将这样的学说视为正确,那么从航行中的船上看到海岸似乎在移动,也会说不是船在航行而是海岸在移动,这岂不是荒谬至极的错误吗?因此,在谈论天文现象时,应该要预先研究地球具有什么样的性质,以及其是如何转动的,还需要弄清楚地球与其他天体之间的关系,才能够来解释四季循环的道理。也就是说,先要有物体存在,其后才可以弄清楚涉及这一物体的关系,而不是先有关系然后再产生物体。如果基于主观判断来解释物体之间的关系,并以这一关系为根本,就会错误地理解物体自身的客观规律。

(以上仅仅是一些比喻的说法,)君臣之道也可以说同样如此。君臣之道,其实就是人与人之间的关系。这一关系,自然是有一定的存在道理,不过这一道理也是世间偶然有了君主与家臣的关系之后才产生的。既然如此,就不能以这样的道理来推断出君臣关系是人类先天固有的关系。如果说这一关系是人类先天固有的关系,那么就必须承认世界上只要有人类居住的地方就一定有君臣关系,然而事实上却绝非如此。但凡在人类社会,都会存在父子、夫妇的关系,也会有长幼和朋友关系,这四种关系可以说是人类先天固有的关系,也可以说是人类的本性。而君臣关系却与此不同，因为世界上有些国家并不存在这种君臣关系，比如目前实行共和政治的国家就是如此。在这些国家，当然也不存在所谓的君臣之道，但是政府和国民都有各自的义务，有些国家的政治也很良好有效。孟子曾说过"天无二日，民无二王"*，不过目前却存在上述那些没有国王的国家。这些国家的政治状况堪称远超古代中国尧舜及夏殷周三代的治世之功，这又该作何解释呢？假如孔子和孟子生活在现代，他们将有何颜面面对这些民众呢？只能说，是他们这些所谓圣人（孔子）或贤人（孟子）缺乏见识。

所以，主张君主政治的人，必须首先明白什么是人类的本性再来谈论君臣之义。也就是说，这里所谓的义，究竟是基于人类的本性，还是在人类社会发展之后由于偶然的原因产生了君臣关系并对此加以规定而形成了君臣之义呢？应该依据事实来明确其先后顺序。如果我们冷静公正地来考察一下自然的规律，肯定就会发现，君臣关系只是偶然产生的，而且如果明白这一关系只不过是一项偶然的约定，那么紧接着就必须思考这一约定是否合理。如果对于某一事物可以随意地议论其是否合理，就说明有可能对其进行修正或改革。能够修正或改革的关系，就并非自然法则。例如，父母与子女之间的关系，不可能颠倒过来，要将女性变为男性也不可能，因此父子、夫妇关系无可置疑地是无法改变

---

* 《孟子·万章上》："孔子曰：天无二日，民无二王。"——译者

的自然法则。而与此相反，君主变为臣子的情形却是有的，比如汤武放伐导致的易姓革命就是例子。或者，也有君臣地位变为完全平等的情形，比如我们日本的废藩置县就是这样的例子。因此，君主政治并非不可以改变，只不过改变它究竟是好还是不好，要根据是否有利于文明来进行判断。

六、共和政治并非至善至美

按照上面的论述，君主政治未必不能进行变革。那么，如果对其进行变革，是否就应该以共和政治作为其最高理想呢？也绝不是这样。目前居住在北美地区的一群人，在两百五十年前（1620），他们的祖先由于苦于英国的暴政而拒绝向英国王室效忠，于是离开英国本土移民至北美大陆，历经千辛万苦，最后终于开始迈向独立之路。（这些人就是所谓的清教徒先驱者。）独立的发祥地是马萨诸塞州的普利茅斯市，至今在那里还留有遗迹。其后，众多怀有相同愿望的人也纷纷离开自己的国家慕名而来，开始居住在各地，并开发了新英格兰地区。此后，人口逐渐繁衍增多，财富也在增加，在（一个半世纪之后的）1775年已经占据了十三个州的土地，于是宣布脱离英国政府，经过八年艰苦的独立战争，最终获得胜利，（于1783年）开始奠定一个独立国家的基础，这就是今天的美利坚合众国。

美国能够获得独立，从根本上来说，并非（以华盛顿等人为代表的）民众的私心私欲或一时的野心所致，而是基于公正的天理，为了维护人类的权利以及实现天赋的幸福权利。这些追求的目标，读一下当时《独立宣言》的主要内容就可以明白。不言而喻，当最早的110名先驱者（清教徒）在1620年12月22日冒着风雪来到北美大陆并在海岸岩石上留下一个个脚印的时候，他们胸中没有丝毫的私心，只有所谓虚心坦荡和敬神爱人一个念头。现在，我们来探讨一下当时这些人的精神，当然他们是非常憎恨本国的暴君和贪官污吏的，此外他们还具有远大的理想，即废除世界上的政府，让整个世界变成自由的天地。他们在两百五十年前就有如此的思想，18世纪70年代的独立战争正是贯彻这一精神而取得了胜利。战争结束后所建立的共和政体，也无疑是基于这一正义精神的产物，其后美国国内工商业、政治、法律等所有相关社会活动也完全是以这样的民主精神为目的，向着其理想的目标前进。因此，人们可能就会认为，由于美国的政治是由自主独立的国民完全自由决定的，所以其政治风格一定纯粹无瑕，达到了人类追求的最高境界，显示出了一个真正的理想世界。然而，美国目前的实际情况，却并非如此。

首先，共和政治的弊端，在于有可能出现民众聚集在一起实施暴政。这一暴政从程度上来说，与专制君主所实施的暴政并无什么不同。二者的区别仅仅在于，前者是君主依据个人的想法实施的暴政，而后者则是经多数民众之手实施的暴政。此外，据说美国的风俗习惯是崇尚简单朴素，当然简单朴素是社会的一种美德，但是国民如果喜好简单朴素，就会导致出现一些以简单朴素推销自己甚至以此威胁世人以及傲慢无礼的人，就如同乡下人假装淳朴去欺骗人一样。此外，在美国虽然法律严厉禁止贿赂，但是越是严厉禁止这一问题就越是严重，就像过去日本曾经非常严厉地禁止赌博，但是却越禁越猖獗一样。

如果详细列举这些细微的问题，那就数不胜数，因此在这里我们暂且将其搁置不谈，（而去讨论一个不能忽视的问题）。在世间，人们之所以认为共和政治公平合理，就是因为这是依据全体国民的意愿来实施政治的，比如在一个具有百万人口的国度，将百万人的心愿集中起来决定国家的政治，被认为是公平的。但是实际上，却存在着巨大的矛盾。举例来说，在共和政治之下，选举议员要通过投票，得票多者当选。然而所谓的多数，即使只多一票也是多数。因此，假如将一个国家里的意见分为甲乙两方，在百万人口中持有甲方意见的有 51 万人，另外持有乙方意见的 49 万人即使投了票，当选人也必定只能够代表一方的利益，其他的 49 万人自然从一开始就失去了参与国家政治的可能。此外，假定当选议员数为 100 人，当这些人出席国会讨论重要的国事时，仍然使用投票的方式，如果仍然以 51 比 49 出现意见分歧，那么就还是以 51 人的多数来做出决议。然而，如此做出的决议并非按照全国民众中多数人（过半数）的意见来决定的，而仅仅是以极其微弱多数中的再次多数意见来决定的。因此，在双方票数差距非常小的情况下，就会出现仅以大约四分之一国民的意见来对其余四分之三国民实施统治的情形,这怎么能说是一种公平的方式呢?(这种看法是英国自由派思想家约翰·密尔在《代议制政府》一书中提出的。)此外,关于议会政治,因为其理论非常复杂,所以很难判断这一制度的利弊。

对于君主政治来说,其弊端在于使用政府的权力压制民众,而共和政治的弊端则在于民众的各种意见不断干扰政府。所以,政府难以忍受这种干扰时,就有可能动用武力并带来大的社会动乱。因此,并不能说只有共和政治少动乱。比如最近在美国,以1861年有关奴隶存废的议论为契机,分为南北两大党派,上百万的市民突然拿起武器,爆发了一场美国未曾有过的大规模战争。同一个国家的国民相互残杀,在内乱的四年时间里,造成了无数的国家财产损失和人员伤亡。从根本上来说,这场战争的起因,是美国国内一些有识之士厌恶奴隶制度的旧习并为了天理人道而诉诸武力,其动机其实应该受到称颂和褒奖。不过,一旦战争爆发,问题走向可能脱离主流而节外生枝,天理人道与私利私欲错综复杂地纠缠在一起,使人们很快就忘掉了战争的根本目的。其结果,如果从表面现象来看,自由国度美国的国民,也都是在争权夺利和追求私欲。这种情况,就像在天国里有众多恶魔在打斗一样。如果那些已经长眠于地下的祖先(曾经同英国战斗过)有知,看到自己的众多子孙在相互战斗,他们会作何感想?在这场战争中死去的人们在另一个世界又有何颜面见自己的祖先呢?

英国学者密尔在其所著的《政治经济学原理》一书中,如此说道:"有些人认为,人类的目的就在于不断获得利益,击倒并压制对手,相互冲突竞争,最终会达到一种对于提高生产效率最为理想的状态,因此所有的人都会将争夺利益作为人类最高的使命。不过,我却不希望这种状态成为现实。目前,世界上正在实现这种精神的地方就是美利坚合众国,那里的白人男子团结在一起,摆脱了自己的祖国——英国的不合理束缚,开辟了一个新世界,其结果是人口增加,财富也大幅增加,土地广袤,耕地无垠,国民享受着充分的自由权利,其生活优越乃至不知贫困为何物。不过,即使是生活如此美好的国度,如果来观察其社会习俗所表现出来的一些现象,也并非全部都令人钦佩。比如,那里的男子终年为赚钱而忙碌,妇女却看起来只是将生育这些崇尚拜金主义的男子作为其一生的任务。这些难道就是人类社会的理想吗?我并不这样认为。"由此也可以一窥美国的社会风俗。

七、各国政治目前正处于试验阶段

如果根据上述议论得出结论,那么不论君主政治还是共和政治,都不能说是最为良好的制度。不论何种政治形态,最终政治都不过是人类社会的一个方面而已,只取其中一个方面去看,不可能对其文明的价值做出判断。对于一个国家来说,如果其政治形态不合适,就进行改革,如果实际上并无什么妨碍,就没有必要改革。总之,人类的目的,在于建设文明社会,只要能够达到这一目的，当然用各种方法都可以。在尝试、改革及多次进行试验的过程中，文明才会进步，所以我们的思想绝不能走向偏激，而必须有极其宽容的精神。也就是说，世间所有的事情如果不经过试验就很难取得进步，或者即使经过试验获得了进步，也不一定能够达到最理想的状态。由此看来，自有人类社会开始直至今天，一切都还处于试验之中。因此，世界各国的政治目前也正处于试验之中，当然还很难立即判断其好坏。唯一可以得出结论的是，所谓好的政府，就是对促进本国文明有益的政府，所谓坏的政府，就是对促进本国文明没有什么益处甚至阻碍文明进步的政府。也就是说，评价一国政治的好坏，必须衡量其国民所能够达到的文明程度，以此做出判断（一个国家所实施的政治是与其文明程度相适应的）。正因为世界上还没有理想的文明国家，所以当然也还没有理想的政治形态。在未来世界文明进步达到顶点即极度发达之时，也许任何政府形态都会成为无用的存在。到那时，政治形态及其名称等问题就都不是问题了。不过，现在的世界文明，还正处在进步的过程之中，因此不言而喻，政治也同样处在进步的过程之中，只不过在各国之间稍微存在一些差别而已。

　　因此，以英国与墨西哥来进行比较，如果作为君主国的英国的文明较之作为共和国的墨西哥要更为进步，那么其政治也较为良好。此外，虽然美国的社会风俗并非使人钦佩，但是与中国的文明相比较却显然更为进步，作为共和国的美国的政治也比作为君主国的中国的政治要良好。所以，不论是君主政治还是共和政治，（比如像英国与美国一样，）如果说良好那么就都不错，（要是像中国与墨西哥一样，）如果说不好就都不好。（也就是说，只看政体并不能够对一个国家的文明进行评价。）

此外，如前所述，并非只有政治才是产生文明的源泉，甚至实际情形是政治伴随着文明而发生变化，并且政治同学术或经济等一样，只不过是构成文明的一个要素。打个比方，文明就像是一头鹿，政治与学术或经济等，就如同是追捕这头鹿的猎人，当然猎人不止一人，其射箭的方法也各不相同，只不过其共同目标都是射杀并捕获这头鹿。只要能够达到这个目标，不论是站立射箭还是端坐射箭，甚至有时是赤手空拳地去抓捕，都没有什么问题。如果拘泥于射箭方法，而没能射中鹿，眼睁睁地看着鹿跑掉，那么就不得不说这是一场非常拙劣的狩猎了。

第四章　论一国国民的智慧与道德（一）

一、一国文明即国民整体的智慧与道德

在上一章，我们曾论述了文明就是人类智慧与道德的进步。那么，这里如果存在智慧与道德兼备之人，是否能够将这样的人称为文明人呢？当然，应该将这样的人称为文明人。不过，是否能够将这样的人居住的国家也称为文明国家，则不得而知。也就是说，文明不应该以个人来进行判断，而应该以国民整体的情形来进行判断。因此，虽然目前的西洋各国被称为文明国家，亚洲各国被视为半开化国家，但是如果只是举出其中少数的人来看，西洋国家里也有非常愚昧的国民，亚洲国家里也有智慧与道德兼备之人。当然，之所以将西洋国家称为文明国家，将亚洲国家称为半开化国家，其理由就在于，在西洋国家，少数愚昧之民的愚昧难以发挥作用，而在亚洲国家，则是那些少数有识之士难以发

挥其智慧与道德。那么，出现如此不同的情形又是为什么呢？其原因就在于，决定一个国家文明程度的并非少数人的智慧与道德，而是国民整体的风气。因此，要想了解一个国家的文明，就应该首先去考察影响这个国家的风气，也就是其国民性。而且，这种风气也反映了该国国民整体所具有的智慧与道德，并且会随着时间的推移而有所进退或增减，但却永远处于变化之中。这应该说就是一个国家国民整体进行活动的原动力。因此，只要能够了解一个国家国民的风气，该国的社会整体特征（政治、经济和文化等要素），也就都能够了解，而且判断这些特征的利害得失也就如同探囊取物一样容易了。

因此，所谓国民的风气，并非一个人的风气，而是国家整体的风气，如果仅仅就某一现象来对此进行考察，则难以真正了解。或者即使偶然有所见闻，也会根据各自不同的经验，常常会做出错误的判断，从而难以了解真相。例如，要想知道一个国家的山脉河流湖泊状况，就需要测量分布在该国境内的山脉河流湖泊的面积，然后根据其总的统计数据才可判断该国为山地国家或水乡国家。也就是说，不能仅仅依据有山或有水就匆忙地判断其为山地国家或水乡国家。同样，在了解一个国家的国民风气以及探究其智慧和道德的程度时，也必须综合其各种活动，观察该国整体状况的表现。这种情形下的智慧和道德，与其说是国民的智慧和道德，也许称其为国家的智慧和道德更为贴切，因为在整个国家内部基本上都存在着智慧和道德。因此，只要能够观察并区分智慧和道德之多少及其进退增减，就不难了解其发展的方向。

从根本上来说，智慧和道德的活动，犹如大风一样，或者也可以说像河流一样。如果大风由北向南吹，河水由西向东流，其缓急和方向，通过从高处进行观察，就可以很清楚地了解。但是，如果进入房间，就会感觉不到风吹，如果只看堤岸边的河水，似乎也看不到河水的流动，甚至当水流遇到障碍物时，水都有可能会完全改变方向而逆向流动。不过，之所以出现逆向流动是因为有妨碍其流动的物体，所以只看到局部的逆流，并不能随意地判断河流的方向。因此，必须在宽广和较高的场所进行观察，才能够真正了解河流的方向。

（国家的智慧和道德也同样如此。）比如作为经济的原则，一般认为拥有财富必须具备诚实正直、努力学习和勤俭节约三个条件。眼下如果以西洋商人同日本商人各自的商业行为进行比较，日本商人并不一定不诚实，也并不一定懒惰，甚至其勤俭节约的风气西洋人根本难以企及。然而，如果就国家整体经济所显示的贫富程度来看，就会明白日本人的商业模式远不及西洋各国。此外，中国过去一直自称为礼仪之邦，虽然据说这是中国人自负的说法，但如果认为这全然不是事实，也就不会有这样的说法了。自古以来，中国确实存在非常讲究礼节的绅士，其行为有不少值得称赞的地方，即使在今天也有不少这样的人。不过，如果看其国家整体的状况,也有很多杀人偷盗的罪犯,尽管中国的刑法极其严酷,但是犯罪的人数却未见减少。中国这种风俗人情恶劣的状况,可以说完全显示出了亚洲国家的通病。因此,中国作为一个整体,并非礼仪之邦,而只不过是有礼仪之士居住的国家而已。

二、人心的进退变化是无穷无尽的

人的心理变化是不断发生的,朝夕感觉不同,夜晚与白昼也各不相同。今天的善良之人明天也有可能成为一个恶人,今年的敌人明年也有可能成为朋友。人心变化之快,其实是瞬息万变、无暇顾及的,即犹如幻影妖魔,难以把握。因此,自然难以推断他人之心,即使在夫妇父子之间,相互也难以体察各自的心理变化。甚至,不仅夫妇父子之间,其实自己也难以把握自己的心理变化,今天的自己往往不同于昨天的自己。这种情形,就像难以预测明天的天气一样。

例如,在旧时的日本,有个叫木下藤吉郎的人偷了主人(松下加兵卫)的六两黄金逃走,并将此黄金作为武家奉公的费用,侍奉于织田信长*,后来他逐渐得到提拔,因仰慕前辈丹羽长秀

---

* 织田信长(1534—1582),日本战国时期最有势力的武士集团首领,但1582年,在经历数次战争即将平定全国之际,却在一次下属武士的反叛中身亡。——译者

和柴田胜家两人的名声，（于是就各取了两人姓中的一个字，）将自己改名为羽柴秀吉*，并且成为织田信长的部将。其后，他又趁着天下的各种变动，虽然时有胜败，但最终很好地抓住了机会，统一了全日本，并以丰臣太阁之名义掌握了全国的政权。直至今天，人们都在颂扬称赞他的丰功伟绩。不过，即使是秀吉本人，在最初作为藤吉郎偷窃六两黄金逃走的时候，绝没有想到后来会统治日本吧。即使在侍奉织田信长之后，充其量也仅仅是仰慕丹羽和柴田的名声而改了自己的姓名，不难想象其当时其实并无雄心大志。偷窃主人的黄金逃走而没有被抓住，应该说是作为一个盗贼的意外幸运，后来又成为侍奉织田信长的部将，作为藤吉郎的身份也是一个意外的幸运。进而，历经若干年的胜败沉浮，最终能够统治整个日本，作为羽柴秀吉的身份，只能说更是一个意外的幸运。所以，秀吉在身居太阁的地位时，如果回想起自己过去偷窃黄金逃走时的情景，一定会感觉其一生的事业就是一个一个偶然的幸运，无疑都像是一场梦而已。然而，后世的学者们在议论丰臣太阁时，都只是看到其成为太阁之后的言行，并以此来评价其一生，所以就会出现很多错误。其实，不论是藤吉

---

* 羽柴秀吉（1537—1598），即丰臣秀吉，本为织田信长家臣，在织田被杀后继承了织田的地位并迅速平息了叛乱，其后又通过战争结束了日本战国的混乱局面，完成了全国统一，并以太政大臣的名义实施统治，在内外政策上都对当时的日本社会产生了重大影响。——译者

郎还是羽柴,或者是丰臣太阁,都只是显示了其生涯的一个时期,藤吉郎时期就有适合藤吉郎的想法,羽柴时期就具有羽柴的志向,成为太阁之后,自然会有作为太阁应有的抱负。也就是说,其年轻时和中年及晚年时三个时期的心理,自然是不同的。如果进一步详细分析,秀吉各个时期的心理无疑可以分解成千段万段,即具有无数的变化,然而古今的历史学家们却不懂这个道理,在评价历史上的人物时,作为一种通病,总是会说"某人从儿时起就胸怀大志""某人三岁时曾出此奇言""某人在五岁时就有此奇行"等。甚至更为过分者,会说其出生前有吉兆(日轮进入其母胎等)出现,或者在梦中有神佛之言等,记载一些荒唐无稽的说法,来作为所谓英雄伟人传记的一种装饰。不得不说,这是一种极大的错误。

不言而喻,人由于不同的天性与教育,其志向自然会有高低之分。志向高者有志于高尚的事业,志向低者则只想去做一般的事情。当然,这些人的志向有着大致的方向,不过在这里想要说的是,有大志者将来未必能够成就大业,成就大业者也未必从其幼时起就预先设计未来的成功。也就是说,即使确定了大致的志向,其计划和事业也会随着时间或机会而不断发生变化,在经历了无穷无尽的进退变化之后,有可能抓住一个偶然的机会,就会成就大业。当然,希望读者不要误解这里的意思。

三、据统计应该了解人心的变化存在一定规律

根据以上的论述，探究人心的变化并非人力所能及，但是否应该说最终这些变化都是基于偶然性而没有丝毫的规律呢？绝非如此。研究文明的学者，自然有观察这些变化的方法。如果根据这一方法加以探讨，就会知道人心的变化是有一定规律的。不但如此，这些规律之正确，就如同将物体区分为圆形或方形一样，或如同阅读刻板所印文字一样，明确无误，绝不会产生误解。那么，这一方法是什么呢？就是将社会上的人心作为一个整体来把握，以一个比较长的时间段作为考察单位，尽可能在广泛的范围内进行比较，以此来考察社会现象中所表现出来的情形。

例如，对晴雨天气的判断，一日中即使早晨是晴天，也难以判断傍晚是否会下雨，更别说想要寻找一定规律，在数十日间判断有多少日是晴天多少日是雨天，这是人类智慧所不及的。不过，如果对一年中的晴雨日子进行统计，加以平均，就可以明白，晴天的日子要多于雨天的日子。或者，如果不只是对一个小范围地区而是对更为广泛的一个州或一个国家进行统计，就会更加清楚地知道一年中的晴雨日数各占的比例。如果进而将试验的范围扩展到整个世界，并统计过去数十年与其后数十年的晴雨状况，比较其日数，就可以知道过去数十年间与其后数十年间世界上的晴雨日数是相同的，看不到几日之差。如果以一百年或一千

年为一个单位来计算,以前的一百年与其后的一百年,或以前的一千年与其后的一千年的晴雨状况会完全一致,无疑不会有丝毫的差异。

人心也同样如此。如果通过观察一个人或一个家庭来看社会变化,绝对不可能寻找到任何规律,但是如果广泛地观察一个国家的整体社会,就会发现必定存在准确的规律,就像对晴雨日数进行平均后发现前后不变且其比例关系相对稳定一样。在某个国家的某个时代,该国的智慧与道德会朝某个方向发展,或者由于某种原因进步到一定程度,或者由于某种阻碍后退到一定程度,就如同(通过统计方法)观察有形事物的运动一样清晰。

在英国学者巴克尔所著的《英国文化史》中,有着如下的论述:"如果将一个国家的人心视为一个整体来把握,就会惊讶地发现其中的变化具有一定的规律。例如,犯罪就是人心作用的结果,如果只看一个人的犯罪,当然难以发现其中的规律,但是在承认该国状况没有变化的前提下,其罪犯的数量每年也不会有大变化。就比如杀人案,一般都是因为一时愤怒所实施的行为,因此作为个人,自然不会有人预知要在明年的某月某日去杀某人。不过,根据对法国全国杀人罪犯的统计,每年的数字是一定的,甚至杀人所用的凶器种类每年也是相同的。更为不可思议的是自杀者的数字。自杀并非由于他人的命令或劝诱,也并非被欺骗或胁迫,即完全是本人自愿的行为,因此一般不会认为其数量具有什么规律。不过,从1846年到1850年,伦敦每年的自杀者数量,多时为 266 人，少时为 213 人，基本上平均每年为 240 人。"

再来举身边的一个例子。在进行商业买卖时，当然不能强迫顾客购物，买与不买完全都是顾客的自由。不过，商家却需要大致根据经济的景气情况来考虑进货量，从而避免进货过多造成积压。如果是粮食、布匹等不易腐烂的货物，即使进货多了一些暂时也不会造成损失，但如果是在夏天销售鱼类或蒸制点心等货物的商家，在早晨进的货物，到傍晚就必须销售完，否则就会造成损失。不过，可以尝试去东京的点心店买这种蒸制点心，会发现那里的点心销售一天就全部售罄，不曾听说有夜里还未销售完而腐烂的。这种供求相适应的情形，就好像店家与顾客事先已经有了数量的约定一样。傍晚购买最后一份点心的顾客，似乎并不是考虑自己是否需要，而完全像是担心点心店的点心剩下而去买一样。这难道不是很奇怪的事情吗？点心店的情况是如此，但如果再对一个市场中的每一个家庭进行访问，调查其一年吃多少这种点心以及在哪个店买多少这种点心，恐怕也不会有人能够回答吧。因此，购买点心者的心理作用，就个人而言，并不是很清楚，但是如果将市场中的人心作为一个整体来把握观察，就会发现购买点心的心理作用肯定存在规律，自然就会明白其需求动向或倾向。

因此，对于社会上的事情，不能仅仅就一事一物随意做出判断，而必须广泛观察事物的动向，观察其整体现象所表现出的各种状况，并且要进行比较研究，否则就难以弄清楚真相。这种广泛调查事物实际状态的方法，在西洋被称为统计学，这是观察人类社会各种事情及辨明其利害得失不可欠缺的一种方法。近来，西洋的学者们专门运用这种方法，通过调查取得了巨大成果，即制作了一系列由各种数据构成的表格，比如有记载土地人口数量、物价工资高低、结婚数量、出生人口数量、生病人数、死亡人数等的表格，相互比较对照，社会上一时难以明白真相的事情也变得一目了然。

例如，英国每年的结婚人数与粮食的价格形成了一定的比例关系。粮食价格高的年份，结婚人数就减少，粮食价格下降，结婚人数就增加，而且据说这一比例关系一直不变。在日本，尚没有学者利用统计方法去制作有关表格，所以我们还不知道这二者之间的关系。不过，结婚人数与粮食价格之间肯定存在比例关系。男女结婚是人生中的一件大事，社会上都非常重视婚礼，很少有人会轻率地对待此事。不论是本人相互倾慕的爱情，还是门当户对的结合，都必须听从父母之命，媒妁之言，除此之外还要具备和满足各种各样的条件，才能够结成良缘，因此这不能不说其实完全是一种偶然。所谓男女间的缘分，实际上源于一种无法预知的偶然幸运。世间的缘分不尽相同，所谓月下老人成全等说法也都证明了男女间的婚姻是偶然的现象。然而，实际上并非偶然。良缘既非本人志同道合的意向而缔结，也非父母之命所决定，无论媒人多么能说会道，以及月下老人如何成全，其实都难以左右世间的婚姻。完全超越本人意向、父母之命、媒妁之言及月下老人的意愿等因素，能够随意影响婚姻的关键因素，即促其结成良缘或者使其关系破裂的决定性要素，最终只能是粮食价格。

四、探究事物原因的关键在于由近因溯及远因

如果能够按照这一原则研究事物，就会有助于了解其发展变化的原因。任何事物的发展变化都一定有其原因。当然，原因可以分为近因和远因两种。所谓近因，比较容易发现，而远因则比较难以理解。近因各种各样，数量较多，而远因的数量则比较少。近因容易导致人们混乱迷茫，而远因则一旦理解，就会确定无误。因此，在探究事物的原因时，一定要从近因开始逐渐向前溯及远因。随着不断地向前追溯，原因的数量就会逐渐减少，一个原因就可以解释众多的现象。

例如，要将水煮沸需要薪柴，人们呼吸则需要空气，因此无疑空气就是呼吸的原因以及薪柴就是水沸腾的原因。然而，仅仅明白这些道理，其研究还不能说已经充分彻底。薪柴之所以燃烧，是因为薪柴中的碳与空气中的氧化合而产生热量。人之所以能够呼吸，是因为吸收了空气中的氧气，氧气与肺部血液中过剩的碳化合，人再将其呼出体外。因此，薪柴与空气都只不过是近因，其远因都是氧。所以，水的沸腾与人的呼吸，我们所看到的变化并不相同，近因也不尽相同，但是如果再进一步明白其远因

都在于氧的存在,那么就会得出确切的结论,即水沸腾和人呼吸的原因其实都是一样的。上述的婚姻状况也同样如此,其近因可能有本人意愿、父母之命、媒妁之言及其他各种各样的条件,这些导致某项婚姻关系确立,但仅仅看近因,还不足以详细了解事情的真实情况,甚至反而会混淆真实情况,使世人更加糊涂。因此,要将这些近因搁置一边,去进一步探究其远因,才能够了解到粮食的价格并明白决定结婚人数多寡的真正原因,也才能够发现确实稳定不变的规律。

在此再举一个例子来加以说明。假如有一个嗜酒的男子偶然从马上摔下伤了腰,导致半身不遂。对此,应该如何给予治疗呢?如果有医生说,因为其伤病是从马上摔下所导致的,所以应选择在腰上贴膏药,即按照专门治疗跌打损伤的方法,那么这个医生肯定是个庸医。其实,从马上摔下只不过是患病的近因,实际上真正的原因是常年嗜酒缺乏养生,其脊柱已经衰弱,恰恰在其发病之时,偶然从马上摔下使全身受到冲击,从而导致其半身不遂。所以,对其进行治疗,首先要令其禁酒,必须使作为疾病远因的脊柱衰弱的问题得到解决。也就是说,稍微具有一点医学常识的人,就会知道这一疾病的原因,也就能够很容易地进行处置了。不过,对于研究社会文明的学者来说,却很难做到这一点,因为这些人大部分都属于庸医之辈,只是被身边所见所闻的现象所吸引,而缺乏探明事物远因的见识,或只是被眼前纷纷扰扰的近因所困扰，提出一些无聊的议论，轻率随意地去实施一些重大的活动。这些缺乏远见的错误做法，就如同在黑暗中挥舞大棒一样。如果从其个人角度考虑，实在让人感到可怜，而如果从社会的角度考虑，则应该让人感到恐惧。所以，我们必须对此予以警惕。

五、世间的治乱兴衰并非少数人之所为

如前所述，所谓世界上的文明，就是在国民中广泛存在着的智慧与道德的现象，因此一个国家的治乱兴衰也同国民整体的智慧与道德有关，而非仅仅由几个英雄伟人的力量所左右。国民整体的发展变化趋势，并非可以随意阻碍或推进。下面再来举历史上的几个事例，来证明这一事实。本来，在解释理论的时候，如果引述历史使得文章变得冗长，可能会使读者感到无聊。不过，引述历史进行说明，就如同在喂小孩子吃药时加点糖就容易喝下去一样。对于初学者来说，无形的理论比较难以理解和消化，所以通过一些历史事例来说明就容易加快理解。

现在，就让我们来看看日本与中国的历史。自古以来，堪称英雄豪杰的大人物很少能够被时势所容纳，他们自己往往会感叹怀才不遇而愤愤不平，后世的学者们无不对他们表示同情而落泪。比如，孔子就常常受到冷遇，孟子也有同样的遭遇。日本也

有菅原道真*被流放九州，还有楠木正成被征讨而战死在凑川，这些悲剧性的事件数不胜数。所以不论古今，如果世间偶然罕见地出现了具有卓越功绩的人物，那也应该说是千载一遇，表示这是一件多么不容易的事情。

那么，所谓的"时势"究竟是什么呢？是否可以说，周朝的诸侯如果任用孔子和孟子来管理国政，那么必定能够治理得天下太平，因此没有任用孔孟就是当时诸侯的罪过呢？或者，菅原道真被流放，以及楠木正成的战死，是否也是藤原氏与后醍醐天皇的罪过呢？如果真是这样，那么所谓的"生不逢时"不就是不符合两三位统治者的心意，所谓"时势"也仅仅是由这两三个人的心意来决定的吗？如果周朝的诸侯能够任用孔子和孟子，使他们充分发挥自己的才能，或者如果后醍醐天皇能够听从楠木正成所献计策，那么孔孟以及楠木各自的计划就能够成功，就可能成就目前的学者们所想象的千载一遇的巨大功绩吗？所谓"时势"难道就是两三位统治者的意愿的同义语吗？所谓"生不逢时"是否就意味着只是这些英雄豪杰的意见不符合君主的意愿呢？

依我之见，则完全不是这样。孔子和孟子之所以没有被任用，并非周朝各诸侯的罪过，诸侯们不任用孔孟是有其原因的。楠木的战死，其实也并非因为后醍醐天皇的昏庸，而是有其陷于

---

* 菅原道真（？—901），日本平安时代的著名大臣，曾被天皇任命为右大臣治理国家，在史书编纂方面也颇有贡献，但在901年受到左大臣藤原时平迫害被撤职，不久即辞世。——译者

绝境的其他原因。那么，这些原因是什么呢？就是所谓"时势"，或者说是当时的人们所形成的一种"风气"，也可以说是那个时代的民众所具备的"实际的智慧与道德"。下面，我们就围绕这个问题进行论述。

天下局势恰如轮船航行，社会的统治者就如同航海者。假如有一艘一千吨的轮船配备五百马力的蒸汽机，一个小时可以航行五里*，那么十天就可以在海上航行一千二百里，这就是这艘轮船的速度。任何航海者不管如何努力，都难以将五百马力的蒸汽机增加至五百五十马力，也不可能依靠增加速度在九天时间里完成一千二百里的航行。航海者所能够做的，仅仅是保持机器的正常运转并使其充分发挥作用。有的时候，在同样的两次航海过程中，第一次用了十五天时间，第二次却只用了十天时间就完成了航行，这并非由于后面的航海者的航海技术高超，而只不过是由于前面的航海者的航海技术拙劣，没有充分发挥蒸汽机的作用。人的拙劣是没有限度的，即使使用相同蒸汽动力，既有可能花费十五天时间完成航行，也有可能花费二十天时间才能完成航行，甚至在极端情况下还有可能完全难以开动和完成航行。总之，不论人们的技术如何高超或如何想尽办法，也不可能创造出超过机器能力范围的动力。

世间的治乱兴衰也是如此。社会时势的转换，不可能由少数

---

* 日本长度单位的一里约等于四公里。——译者

几个统治国家的人左右民众的意愿来完成,更别说违背民众意愿而完全按照自己的意愿行事。这一困难,就如同乘坐船只却想像在陆地上行进一样。自古以来,英雄豪杰之所以能够成就丰功伟业,并不是以自己之力促进了民众的智慧与道德,而只不过是没有阻碍民众的智慧与道德进步而已。再来想想看,世间的商人,不都是在夏天卖冰冬天卖炭吗?这是符合自然人心的。如果有人在冬天开冰店或夏天卖炭团,人们肯定会觉得此人愚蠢吧。然而,对于那些所谓的英雄豪杰来说,他们往往不按照常理行事(总是想要逆转时势),偏要在风雪严冬去销售冰块,而如果没有人买,他们就会怪罪那些不买冰块的人,为自己感到愤愤不平。这是什么道理呢?岂不是太没有道理了吗?天下真正的英雄豪杰,如果是担心冰块难以销售,那么就会将冰块储存起来以待夏天,在此期间会努力地宣传冰块的用途以及让世人知道这些冰块的珍贵。如果这些冰块真的有用,那么在合适的季节来临时自然会有购买者。相反,如果任何用处都没有,最终也难以卖掉,那么聪明的做法就是干脆停止做这种生意。

六、孔子的怀才不遇是因为不合时宜

在周朝末期(春秋战国时期,公元前8—前3世纪),天下的人心都已经厌恶王室政治的束缚,随着这一束缚的渐渐松弛,诸侯们也不再忠诚于周天子,作为诸侯重臣的大夫试图控制诸侯,甚至大夫的家臣也开始左右国政，导致天下的政权分崩离析，全国各地的封建贵族都在争夺天下，没有哪个政治家还仰慕过去尧舜禅让的那种高尚品格和温文尔雅之风，天下只有众多的贵族在争权夺势，而民众却完全被忽视。因此，能够扶助弱小贵族、抑制强大贵族的实力者，就会得到天下民心，从而掌握时代的权力。（春秋时代的）齐桓公和晋文公所取得的霸业（前7世纪），就是如此。当时，只有孔子（前6—前5世纪）一个人仰慕尧舜时代的政治，提倡以道义治理天下的精神至上主义，不言而喻，这当然不可能实行。如果以当时孔子的主张和行为来进行比较，齐国的管仲辅佐桓公所实施的富国强兵的现实政治顺应了时势，由此获得了成功，而孔子的主张和行为则相形见绌。

到了孟子的时候，其面临的社会形势越发严峻。（当时，春秋时代已经结束，在公元前4世纪进入了战国时代。）封建诸侯贵族逐渐倾向于统一，扶助弱国抑制强国的霸道统治已经不再流行，反而进入了强国消灭和兼并弱国的时代。因此，苏秦和张仪这样的一些雄辩策士游说各国，辅佐或阻碍强国君主对天下的统一，忙于所谓合纵连横的竞争博弈之中，即使贵族们也难以保护自己身家的安全，民众之事就更加无人顾及，孟子理想中所谓"五亩之宅"的安定民生等愿望根本无法保证。各国都是集全国之力用于进攻或防守的战争，保护君主自身的安全成为各国全力以赴的事情。即使存在圣明的君主，如果听从孟子的主张哪怕去实施一点点仁政，恐怕也避免不了出现危机而使自身陷入危险境地。比如，当时有一个小国滕国，处于两大强国齐国和楚国之间，即使是孟子也苦于想不出保证滕国安全的办法，这就是一个明证。在这里，我并不是想要夸赞管仲或苏秦、张仪而故意丑化贬低孔子和孟子，而只是感叹如此著名的二位先生却并不懂得残酷现实的时势，竟试图将其学问运用于当时的政治，反而只是落得个被世人嘲笑的下场，而且对后世的政治也没有带来任何益处，岂不可悲。

孔子和孟子无疑是那个时代出类拔萃的学者，也是自古以来罕见的思想家。如果他们能够更进一步提出自己的真知灼见，超越那个时代的政治等因素的羁绊，在学问和思想方面开辟一个独特的领域，去论述人类的本分和教授永久的真理，那么必定功德无量。然而，遗憾的是他们终生被政治所束缚，丝毫没能从中摆脱一步，其学说也自然缺乏作为一门学问而应该具有的体系，与其说是纯粹的哲学，还不如说大部分的内容是有关政治的论述，所谓哲学的价值很低。因此，后世尊崇儒学的人，即使读万卷儒学经典，如果不能成为政府官员去从政，似乎就会感觉自己没有出息，只能私下抱怨自己愚笨。这实在不能不说是件卑劣丢人的事吧。如果这样的儒学广泛实施于世，那不是天下皆为从政的政府官员而没有处于政府之下受到政治支配的国民了吗？儒学者们的一个通病就是，随意地将人区分为智慧愚笨，认为人上下有别且只有自己为智者，一心一意想要去统治那些愚民，因此都极度关心政治。然而，这些人虽然整天都在为政治奔波忙碌（甚至包括孔子本人，也求官不得而不停地奔波于各国之间），但最后不可避免地被人们讥讽为就像是疲惫不堪的丧家之犬。我真为圣人感到羞愧。

此外，如果将儒学主张运用于政治，其本身也是非常值得怀疑的。本来，孔子和孟子学说的本质就是一些伦理性教诲，最终讨论的是一些抽象的仁义道德，所以也可以称其为"心学"。当然，如果是纯粹的道德，也是不能够轻视的，尤其对于个人的修养而言，具有极大的作用。但是，所谓"道德"（不同于"知识"），终归是个人内心的问题，在人同周围的社会接触时，未必能够发挥作用。只是在社会结构简单且人类还处于蒙昧的时代，因为没有什么大的社会性事件，所以借助儒学的道德去管理统治民众，会比较有效。但是，到了文明开化的时代，其作用就会逐渐丧失。如果在今天仍然将作为个人精神修养的道德广泛应用于社会的政治活动，或以古代的道德来处理眼下的事情，或以人情来统治民众，那岂不是太没有道理了吗？这种不考虑时代和场所的做法，就如同想要让船只在陆地上行进或在盛夏穿毛皮衣服一样，是根本行不通的。数千年以来的事实已经证明，迄今为止还没有依孔孟之道来实行政治而达到天下大治的事例。

因此，孔孟之所以未被任用，并非诸侯之罪过，而应该说是由当时的时势所决定的。对于后世的政治，儒学同样没有发挥有效作用，原因也并非学说本身的问题，而是因为提出和应用这一学说的时间和场所都不合适。也就是说，周代并非适合孔孟及其学说的时代，他们都并非那个时代中能够承担实际事业的人物，其学说也并非可以适用于后世政治的学说。"哲学"与"政治"二者是有很大区别的，今天的学者也不应该将孔孟学说视为政治之法。关于这个问题，后面还会有所论述。

七、楠木正成的失败也是因为不合时宜

楠木正成之死，也是时势使然。在日本，皇室大权旁落已经是很久之前的事情了，即从保元、平治（平安末期，12世纪后半叶）以前开始，军事的实际权力就已经完全掌握在了源氏和平氏两个家族手中，天下的武士也都分别从属于这两大家族。源赖朝继承了先辈的遗业起兵于关东地区，日本全国没有一个人敢于反抗源氏，皆因世人都畏惧关东势力，只知源氏武力强大而忽视皇室的存在。后来，虽然由北条氏执掌政权，但源赖朝以来的旧习之所以没有完全改变，也是因为要利用源氏的残余势力。紧接着，北条氏灭亡，足利氏崛起，但足利氏仍然是依靠源氏一族的权威而取得成功的。在北条和足利时代，各地的武士也曾打出勤王的旗号举兵造反，但是其真正的目的不外乎是反对幕府和获取个人功名。因此，这些喊着勤王的武士如果真成功了，也必定是第二个北条或第二个足利。对于天皇而言，只不过是前门拒虎后

门进狼而已。即使我们去看其后的织田信长、丰臣秀吉和德川家康*的所谓勤王，其实质也同样如此。镰仓时代以来，天下的举事者每个人都是以勤王为借口，但是在取得成功之后却没有一个人真正去落实勤王的承诺。因此，所谓勤王都仅仅是举事时的一个借口，而从来没有成为举事成功之后的事实。

一些历史学家常说："后醍醐天皇在消灭了北条氏之后，奖赏的第一有功者是足利尊氏，即将其置于勤王的诸将之上，将新田义贞作为仅次于足利尊氏的第二有功者，而忽视楠木正成及其他诸将的功绩，所以使足利尊氏居功自傲野心膨胀，导致皇室权力再次衰微。"直至今天，世间的一些学者在阅读这段历史时，仍然感觉非常遗憾，无不痛恨足利尊氏的野心和感叹天皇的昏庸。然而，这些议论其实是不懂得当时的形势。

当时，天下政权早已掌握在武士手中，武家的根据地也在关东地区。消灭北条氏的力量是关东的武士，能够让天皇复位的也是关东的武士。足利氏是关东地区的名门望族，一向有很高的名望。当时关西的一些家族虽然提出了勤王的主张，但是如果没有足利氏倒戈站在天皇一边，所谓的"建武中兴"就不可能成功。在中兴之业成功之时，天皇将足利尊氏作为头功者给予奖赏，也并非奖赏其军功，而是顺应时势，对足利家族的名望给予回报。

---

* 德川家康（1542—1616），日本第三个也是最后一个幕府即江户幕府的创立者。在丰臣秀吉死后经过同其他诸侯大名的争斗，于1603年被授予征夷大将军称号，在江户即今日的东京设立幕府对全国进行统治。——译者

观此一事，即可推测知晓当时的情形。其实，足利尊氏从无勤王之意，其权威也并非来自勤王，而是足利家族所固有的。虽然在推翻北条氏的过程中足利尊氏出于利益考虑选择了勤王的立场，但是在推翻北条氏后即使不再主张勤王，也并不担心失去自己的权威。这也可以说明为什么足利尊氏的态度总是多变，以及在镰仓时代得以独立存在。

然而，楠木正成却并非如此。楠木出身于河内一个贫穷的农家，虽然打出了勤王的旗号，却仅仅聚集了数百士兵，即便历经千难万险建立了意想不到的功劳，但是不论怎么说总是缺乏名望，不可能同关东的望族比肩而坐。从足利尊氏的角度来看，楠木就如同自己的部将一般。天皇当然不可能不知道楠木的功劳，但是也不可能违背天下民意，将首功给予楠木。也就是说，足利尊氏才是能够左右皇室的实力者，楠木只不过是由皇室支配的一个部将而已。这就是当时的形势，也是无论如何都难以改变的现实。

而且，楠木正成本来也只是作为勤王的一面旗帜而获得了权力。因此，如果当时天下的风气是主张勤王，那么就会助长楠木的威望和势力，否则自然就会使其陷入困境。当然，最早提出勤王的人是楠木，但是他却甘于屈居足利尊氏等人之下，天皇对此也无可奈何，恰恰说明了当时的社会缺乏勤王的风气。那么，为什么会这样呢？肯定不是后醍醐天皇的昏庸之罪。

让我们来看看保元、平治以来的历代天皇，其实有众多昏庸无道者。不论后世的历史学家如何舞文弄墨歪曲历史，也不可能掩饰包庇当时这些天皇的罪恶。比如，在皇室不断出现父子相争或兄弟相残的现象。他们之所以依靠武家，也只是想要利用武士消灭自己的至亲骨肉（"保元平治之乱"）。到了北条氏执掌权力的时代，北条氏虽然身份只是陪臣，但是却可以随意地按照自己的意愿废立天子，皇室家族成员甚至争相向作为陪臣的北条所掌控的幕府进谗言以争夺皇位或正统（"两统选立"之争）。很明显，皇室内争不断，无暇顾及国家政治，天下大事也并不在其考虑范围之内。因此，天皇并非管理国家政治的主人，而不过是被武家权威所束缚的奴隶而已。

后醍醐天皇虽然并非一位明君，但是与之前的几位天皇相比，其言行确实有精彩卓越之处。因此，怎么能够将皇室衰微归咎于后醍醐天皇一个人呢？皇室之所以远离权力，并不是由于武家剥夺了其权力，而是由于多年的形势发展变化，历代天皇自己放弃了权力，只不过权力就像让武家拣去了一样。所以，当时的民众只知有武家的存在而不承认皇室的存在，只知有关东的幕府而不关注京都的朝廷。因此，即使后醍醐天皇是一位非常圣明的天子，能够集合楠木正成等十几位名将并任命他们为大将军，难道就足以利用已经衰微多年的皇室残余势力有所建树吗？这绝非人力所能及的。由此看来，足利尊氏的成功绝非偶然，楠木正成的战死同样绝非偶然，二者都是有其充分的理由的。所以，楠木的战死并不是由于后醍醐天皇的昏庸，而应该是时代的大趋势所致。楠木正成并非由于同足利尊氏冲突而战死,而是由于抗拒时势成了时代的牺牲品。

八、战争的胜败仅仅取决于国民的意志

如上所述,英雄豪杰之所以生不逢时,只是因为未能适应那个时代的一般风气,其志向与实际难以协调。而能够抓住千载一遇的机会取得成功,也是因为顺应了时势,使民众的力量得到了充分的发挥。18世纪美国之所以能够独立,既非首倡独立的四十八人之力,也非华盛顿一人之战功。这四十八人实际上只是将十三州民众中普遍的独立意识加以具体化,华盛顿也不过是在战场上利用了民众的这一意识及其力量。因此,美国的独立并非千载一遇的偶然成功。即使当时的独立战争遭到失败,也只是暂时的失败,必定会有其他四百八十个有志者出现,也必定会有更多的华盛顿产生。也就是说,美国民众最终会走向独立。

还有最近的例子,在四年之前法国同普鲁士之间的战争中,法国战败。有人说,这是法国皇帝拿破仑三世的失策,普鲁士的胜利是由于宰相俾斯麦的功劳。其实并非如此,拿破仑三世同俾斯麦并非在智力上存在差别,决定胜败的因素仍然是当时的时势。普鲁士民众能够团结一致,所以强大,而法国民众却分裂为各个不同党派,所以衰弱。俾斯麦只不过是利用了这一时势,使普鲁士人的勇气发挥了出来,而拿破仑三世则是违背了法国民众

的意愿，失去了民心。

为了进一步证明这一点，现在我们假设让作为英雄的华盛顿来做中国的皇帝，让作为名将的威灵顿来做中国的将军，率领大军同英国军队作战，其结果会怎样呢？即使中国有充足的坚船利炮，也会被英国的火绳枪和帆船所打败。也就是说，战争的胜败，其决定因素既非率领大军的将军之力，也非武器的优劣，而仅仅在于国民的普遍意志。如果将数万将士带到战场而遭到失败，这并非士兵之罪，而应该是将军无能之罪，即用兵错误，使士兵们固有的勇气难以发挥出来。

九、天下的当务之急首先在于改正舆论之错

在此，再举一个例子。在目前的日本政府中，如果将工作难以取得效果归咎于官员的无能，那么就应该建立专门的人才选拔制度，以便使各种各样的人才得到提拔任用。不过，这样做其实际效果也根本没有变化。于是，就认为只任用日本人不行，必须雇用外国人，让其担任教师或顾问等各种职务，但是成效还是不大。如果从缺乏效率这一点来看，似乎政府官员都很无能，所雇用的外国人教师或顾问也都是些蠢货。但是实际上，目前日本的政府官员，在日本人中已经是相当了不起的人物，所雇佣的外国人也不可能都是愚蠢之人。由此看来，政府效率难以提高一定有别的原因。那么，这个原因究竟是什么呢？就是在实施政治时，

被一些看起来无关紧要的事情所妨碍。这些事情，难以用一句话说清楚，但简单而言就如俗语所说的那样是"寡不敌众"。也就是说，政府工作难以顺利推进，就是因为"寡不敌众"。政府官员不可能不知道政治进展不顺利，但是为什么知道却又不加以改变呢？就是因为官员们势单力薄，而国民一方声势浩大，常常导致官员们束手无策。那么，由绝大多数国民所形成的风气，即"舆论"究竟是从哪里产生的呢？其真正确切的来源难以找到，就如同从天而降一样。不过，这一风气却是一种可怕的力量，具有左右政府工作的能力。因此，政府工作效率难以提高，并非少数官员之罪，实际上是所谓"舆论"即民众风气之罪。也就是说，随意归咎于官员是错误的。古人总是将君主改正错误、端正心术作为良好政治的首要条件，但是按照我的看法，不如说纠正错误的舆论才是眼下最为急迫和重要的。

当然，与此同时，政府官员自己位于政治中心，因此必须更加为国家考虑，本来他们应当是担心"舆论"的错误而千方百计对其加以纠正和引导，但是有些官员却似乎也打算成为"舆论"的一分子，或者被"舆论"所引导，甚至成为"舆论"的赞同者。这些官员虽然似乎是在考虑国民的立场，但是实际上却应该说他们才是让国民担心的缺乏见识之辈。在政府的决策过程中，常常可以看到一些前后矛盾的现象，即自己提出提案，但（由于担心舆论的反对）又自己将其废除，这就是那些缺乏见识的官员的拙劣行为。在目前的日本，这些现象是很难避免的一些弊病，因此一切担心国家前途的有识之士，要坚决地提倡和主张文明，不论其对象是政府还是民众，都要对其进行启蒙，努力提高"舆论"的水平。民众的力量，是任何力量都难以抗拒的，因此只要真正提高了"舆论"的水平，要求高质量的政府及官员就不会成为问题了。当然，政府有时被迫为国民的风气所引导而改变方向，因此眼下的有识之士，与其指责政府的无能，不如首先有意识地纠正"舆论"中的愚蠢。

十、政府作用如同外科手术，学者之论则如同养生之法

也许有人会说："从这一章整体的论述来看，天下的政治全部取决于民众的意志，而其他人则难以参与和发挥影响。那么，社会状况不就如同寒暑往来、草木枯荣一样，完全不是人力所及之事吗？因此，对国民而言，政府的存在就没有必要，学者也是些无用之物。商人和匠人只要任其自然发展就可以了，不必给他们规定鼓励振兴经济的责任。这样一来，文明是否最终可以实现进步呢？"不，绝不是这样！正如我们前面所说的那样，促进文明进步是人类的使命，因此实现文明就是人类追求的目标。为了实现这一目标，社会中的各个角色所担负的职责不尽相同，政府的职责在于维护社会秩序及面对眼下的情势采取一些紧急措施，学者要关心各个不同的时代以谋划未来的发展大计，工商业者则通

过对个人利益的追求而为国家的富强做出贡献。总之，每个人都应该承担起各自不同的责任，为推进文明的进步而发挥作用。

当然，政府也必须关注时代的发展阶段及其未来，学者也必须去处理面临的问题。眼下，政府官员可以从学者中产生，因此官员和学者的作用看起来似乎一样。不过，既然分成了官方和民间不同的地位，如果明确各自所承担的本分职责，当然应该做出大致的区分，即官员的工作主要是处理眼前的问题，学者的使命则在于设计好未来的计划。目前，如果国家发生紧急事态，首先迅速做出决定加以应对是政府的职责，而在平时就需要不断地观察社会形势以备未来，或者是为了国民的幸福，或者是为了防止发生任何不测事件，这是学者的责任。然而，社会上有些学者，往往缺乏这样的意识，热衷于参与政治活动而忘记了自己的本分。甚至，还有一些学者进入了官场，被官员所利用，整天忙碌于处理眼前的事务，最终导致一事无成，反而丧失了学者的体面和尊严。应该说，这些人是非常缺乏见识的。

总之可以说，政府的作用就如同外科手术，学者的议论则如同养生之法。二者的作用虽然有缓急快慢之分，但都是健康所不可缺少的。政府与学者的作用虽然有眼下和未来之分，但是其作用之大，对于国家之不可缺少，并不分彼此。最为重要的是，二者的作用切不可相互妨碍，而是要相互协助和相互鼓励，共同去促进文明的进步。

第五章　论一国国民的智慧与道德（二）

一、"舆论"之强弱不在于人数而在于智慧与道德

一个国家的文明程度，通过观察该国国民的整体智慧与道德就可以知道。上一章所论述的"舆论"就是国民整体的意见，也反映了某一时代的人们一般具备的智慧与道德。因此，通过"舆论"自然就能够看出一个国家的民心特点。不过，应该注意的是，"舆论"需要具备两个条件才能够形成。第一个条件是，"舆论"的强弱并不一定是根据提出意见的人数来决定的，而是根据人们智慧与道德的多寡来决定的；第二个条件是，即使每一个人都具有智慧与道德，但是如果习惯令这些人的意见不能结合在一起，那么也难以形成舆论。在这一章，我们将就这两个问题进行详细论述。

第一个问题即舆论同人数多寡的关系。一般而言，一个人的

意见难以胜过两个人的意见，而如果三个人的意见相同，就可以压制两个人的意见。也就是说，人数越多其意见就越强有力，即所谓寡不敌众的道理。不过，这个道理只适用于具有相同智慧的人们之间。如果从全天下人整体的角度来看，舆论所具有的影响力，其实并不是人数的多寡来决定的，而是由智慧与道德的水平来决定的。人的智慧与道德同人的体力一样，一个人可能拥有三个人的力量，或者拥有十个人的力量。因此，即使众多人聚集在一起组成集团，要想知道该集团是否有力量，也不能仅仅从人数的多少来做出判断，而必须测算出该集团整体所具有的力量。

如果以人的体力来做比喻，假如一百个人要拿起一万斤重的东西，平均每个人就要有拿起一百斤的能力。不过，每一个人的能力并不一定完全相等。现在将这一百人分为各五十人的两个组，让这两个组分别拿起这些东西。最后的结果，有可能一个组的五十个人拿起了七千斤，而另一个组的五十个人却仅仅拿起了三千斤。如果再进一步将这一百个人分为四个组或八个组，那么彼此的差距就会更加明显，或许其中的最强者与最弱者之间会有十比一的差距。如果从这一百个人中选出最强的二十个人为一组，其余的八十个人为另一组，让他们进行比较，有可能前者拿得起六千斤，而后者只拿得起四千斤。如此来计算，就可以看出，两个组的人数比是二比八，但是其力量比却是六比四。因此，力量的大小强弱并不是由人数的多少来决定的，而应该是由拿得起的重量同人数之间的比例关系来决定的。

智慧与道德的力量，虽然难以用天平或尺子来加以衡量，但是其情形与体力有着同样的道理。甚至，人们在智慧与道德上的强弱差距，比体力上的差距更甚，有可能一人之力抵得上百人或千人之力。如果将智慧与道德视为酒精一样的东西，那么一定会出现令人吃惊的有意思的结果，即对一群人中的十个人进行蒸馏提炼，可以得到一斗的智慧与道德，而对另外一群人中的一百个人进行蒸馏提炼，仅仅能得到三升的智慧与道德。一个国家的舆论，当然并不是来自人们的肉体，而是来自人们的精神世界，因此"舆论"也并非只是由提出某种意见的人数来决定的。也就是说，如果某些人具有足够多的智慧与道德，即使人数不多，他们的声音也自然会成为"舆论"。

我们来大致观察一下欧洲各国国民的智慧与道德，就会发现，有半数以上的人都是不识字的愚昧之人。其实，不论什么样的舆论，都是一个社会里中等阶层以上的有识之士的声音，众多愚昧的民众只会盲目地听从这些声音，并被这些强有力的声音所左右，从而这些民众的愚昧也不会被人发现。此外，即使在中等阶层以上的人中，也存在着智慧与愚昧的巨大差别，甚至意见的对立与争论亦未有尽时，有的人一经争论即败北而去，也有的人长期争论不休而难分胜负。经历各种恶战苦斗的争论之后，终于在某个时点上，压倒其他意见的声音就被称为一段时期的舆论了。在欧洲国家，之所以报纸和演说很盛行，人们的议论也很活跃，就是因为需要这样的争论。最终，一般国民被有识之士的智慧与道德所影响，如果有识之士的智慧与道德发生改变，一般国民也会随之发生改变，如果有识之士的智慧与道德发生分裂，一般国民也会发生分裂。总之，国民的进退聚散，无一不是由有识之士的智慧与道德所左右的。

二、维新的开启在于国民智力的提高

这里举一个近来日本的事例。前几年政府变革一新，紧接着在明治四年（1871）断然实行了废藩置县，各藩藩主及武士因此失去了过去的权力和俸禄，他们为什么没有抱怨呢？或许有人会说，王政复古是倚仗皇室的威严，废藩置县则是依靠明治政府执政者的英明决断。然而，这些解释只不过是不了解时势的人们的随意判断。如果皇室具有实际的威严，那么所谓的王政复古还有必要等到庆应末年（庆应四年，即明治元年）才实施吗？德川家族不是早应该被推翻了吗？或者，在德川幕府之前的足利时代末期不是就应该能够夺回皇权了吗？当然，实施王政复古的时机，虽然并不一定限于庆应末年，但为什么直到近年才取得维新事业的成功并能够实行废藩置县的重大政策呢？这并非依靠皇室的威严，也不是依靠执政者的英明决断，而是有其他更为根本的原因，即国民智力的进步。

长期以来，我国民众一直苦于幕府的专制统治，所有的权力都被各个门阀所占据，无论多么有才华的优秀人才，如果不借助门阀的权力，也不可能发挥其才能。因此，全国所有地方都被门阀势力所控制，没有任何可以发挥聪明才智的地方，这造成了社会发展迟滞和进步停止的局面。不过，人类的智慧仍然在自然顽强地生长，即使在受到阻碍发展迟滞的时期，其潜在的力量也生生不息。到了德川幕府末期，终于出现了人心厌恶门阀的风气，这一风气既可以在儒家学者和医生中看到，也悄悄出现在了一些著述学者中，甚至在一些武士、僧侣和神官中间流传。这些人尽管都拥有学问，但是却不为当时的社会所容。他们对门阀制度的厌恶，其实大约从江户时代后期的天明和文化年间（18世纪末至19世纪初）就已经开始出现。比如，在当时出版的著作与诗集或者通俗小说等作品中常常可以感觉到以隐喻手法暗示对社会的不满。当然，这些作品并没有从正面直接抨击门阀政治。例如，国学家们在感叹皇室的衰败，汉学家们在讽刺上层执政者的奢侈，还有一些大众作家以滑稽的形式来讽刺社会，虽然在这些作品或行为中看不到一以贯之否定门阀制度的主张，不过对社会现状不满的情绪，还是自然地流露其中。其实，我自己也会在无意识中，常常流露出对封建体制的不满。这种情形，可以说就像长期有病的病人不能清楚地说明自己的病情，只是不断地诉说自己的痛苦。

然而，这些国学家并不一定是皇室的忠实奴仆，汉学家也并不一定真是忧国忧民之士。比如，即使是那些看上去似乎超然于世的学者先生，虽然平时总是慷慨激昂地抨击时政，但是一旦被任用为官吏，立刻就会改变志向，不再会诉说社会的不平。眼下的尊王主义者也同样如此，如果能够得到满意的俸禄，明天立刻就会变成幕府的支持者。昨日的民间儒者，如果被聘入官场，今日立刻就会精神焕发趾高气扬。从古至今，都有众多这样的事例。因此，不论国学家还是汉学家，尽管在德川幕府末期通过著述显示自己尊王忧国的志向，无意中发出了倒幕论的先声，但是其中有很多内容并非他们的内心要求，而只是一时打出了尊王忧国的旗帜，以发泄自己的不平而已。

不过，无论这些人的志向是否纯真，也暂且不论其议论是否公平，如果要探究他们感到不平的原因，无疑还是被时代的专制政治和门阀制度所阻碍，对自己的才能难以发挥而愤慨不已。因此，这些人心中不愿意再继续生活在专制之下的想法，就清楚地反映在了其笔端言语之上。只不过在专制暴政非常强大的时代，人们内心的想法难以表达出来。也就是说，人们内心的想法能否表达，是由暴政权力与民众智力的强弱对比来决定的，而政府的暴力与民众的智力则完全难以相容，如果一方较强，另一方将失去权力，如果一方得势，另一方将陷于失势状态，二者的关系就恰如天平的两端。德川幕府政权过去总是处于绝对的力量一端，即天平总是倾向于一方，然而到了其末期，民众的智力有了少许的进步，于是就可以在天平的另一端增加一些小的砝码，比如天明、文化年间开始出现的一些著述就可以说是这些砝码。当然，这些砝码的重量还很轻，还无法同幕府的权力相抗衡，更无法想象能够打破平衡，使天平向自己一方倾斜。如果不是外国的冲击引起了开国的问题，什么时候能够打破这种平衡，使民众智力的力量占据优势地位，即使是有识之士也难以预先做出判断。幸运的是，在嘉永年间（嘉永六年，1853年）发生了佩里来航事件，这成为日本走向改革的一个绝好机会。

三、维新的成功在于国民智力的胜利

自从佩里来航，及至德川幕府与各国缔结了条约，日本人才终于知道了幕府的无能和虚弱。而且，随着同外国人的接触，听取他们的意见，或者阅读外国书籍和翻译的作品，日本人的见识越来越广，逐渐相信即使专制残暴的幕府也完全可以依靠人力来推翻。形象地说，就像是耳聋之人和盲人的耳朵和眼睛突然被治愈，终于可以听到声音和看到颜色一样。

在这种情况下，最早提出的议论是攘夷论。这一议论，绝不是出于人们利己性的情感，而是人们在明确地将本国同外国进行区别之后出于维护本国独立的忠诚之心而提出的。日本人同从未听说和见过的外国人接触后，就如同从幽静的黑夜突然转入喧嚣的白昼，对所见所闻都感到千奇百怪，自然难以适应。攘夷论者的志向，并不是求取一己私利，而是自我想象出了日本同外国的种种优劣不同，发誓要以身担负起伟大祖国的未来命运，因此应该说是一种具有勇气的奉公精神。当然，一个从黑暗向着光明急速变化的时代，必然会使人们感到困惑，人们思想的路径也不可能条理分明，其行动也会显得简单粗暴，极易陷入一种轻举妄动的状态。总之，这种爱国心，虽然难免有些杂乱和不成熟，但是其目的都是为国家尽力，因此仍然应该将其视为一种无私的精神。此外，这一议论的目的只是在于驱逐外敌，因此极其单纯。如果用一种无私的精神去提倡一种单纯的议论，当然会显得气势如虹，这也就是攘夷论最初得到人们支持而显得强有力的原因。当时的社会也一时被这一气势所压倒，看不到同外国交往所带来的利益，而只是一味地憎恨外国，认为社会上所有的坏事都是因为同外国交往，甚至国内发生的一些灾害，也都被认为是外国人所为或其阴谋策划所致，所以举国上下都反对同外国交往。在这种情况之下，即使存在想要同外国人交往的人，也不得不顺应社会上的这一普遍风气。

而幕府本身，因为是处于外交中心的责任者，所以必须有充分的理由同外国人进行交涉。幕府的官员其内心并不喜欢去从事外交，但是难以抵抗外国的压力和谈判的艰难，于是不得已只能将这些外交问题直接诉诸国民。然而，在攘夷论者看来，幕府的这些做法都只是为了屈辱卖国而采取的一种临时欺骗的手法。因此，幕府就处于国民的攘夷论同外国人的压力之间而进退两难。此时，幕府不但难以同国民的力量保持平衡，反而越来越暴露其体制的无能与衰弱。所以，攘夷论者进一步乘此机会，将其活动扩展至全国范围，打出了攘夷复古和尊王讨幕的旗帜，倾尽全力要推翻幕府和驱逐外国人。其时，发生了很多杀人放火等为有识之士所不齿的暴力事件，但在倒幕这一点上整个社会舆论却是一致的，最终全国的力量都集中在这一目标之上，到了庆应末年，终于成功地进行了维新革命。

然而，如果按照这一逻辑继续发展，在实现了王政复古之后，本应该立即实行攘夷，但是实际却并非如此。此外，在推翻被视为仇敌的幕府之后就大功告成了，为什么还要对一般的藩主和武士进行清算和剥夺呢？让我们想一想，其实这些都不是偶然的。攘夷论只不过是维新最初阶段所需要的，即只是构成了事件的近因。国民的智力所追求的目标，从一开始就不在于此，即最终的目标既非王政复古，也并非攘夷。复古攘夷只是名义，实际上重点在于改变传统的门阀专制制度。因此，维新的主角并非皇室，敌对势力也并非幕府。也就是说，这其实是一场智力与专制之战，完成这一革革命的原动力是全体国民的智力，只有这一智力才是发生革命的最根本原因。

就作为最根本原因的国民智力而言，自开国以来，由于受到西洋文明国家的学问和思想的影响，西学势力逐渐变得强大起来。不过，为了不断地推进智力之战，自然需要一支先头部队。因此，作为近因的尊王攘夷论暂时成为推翻幕府的同盟军，二者共同展开了推翻专制门阀制度的战斗，并且取得了维新的成功。作为这场革命的先驱的攘夷论，一度拥有巨大的力量，但是在实现维新之后，人们才渐渐地明白其理论简单而粗糙，难以继续存在发展。因此，那些曾经鲁莽蛮干的攘夷论者逐渐放弃了武力，开始转向依靠智力，由此我们才看到了今天的日本。如果在未来这一智力越来越强大，过去那种简单幼稚的爱国心也会提高为真正有深度的爱国心，我们可以此来维护我们的国体，那应该说将是无比的幸福。总之，王政复古的实现并非依靠皇室的威严，皇室只是被国民智力借用以拉起尊王的旗帜而已。废藩置县也并非维新执政者的英明决断，而是他们被国民的智力所驱动，只是将国民的巨大能量具体表现出来而已。

四、维新的领导者是能够运用智力管理众人者

如上所述，全国的智力构成了"舆论"，而舆论又带来了政府的改革以及封建制度的废除。不过，参与形成这一舆论的人数其实是非常少的。如果日本的人口以三千万来计算，其中从事农工商业的人数在两千五百万以上，士族的人数不足二百万，即使将除武士之外的儒者、医生、神官、僧侣、浪人等知识分子也暂且视为士族，也就是大约有五百万人属于贵族或士族阶层，另外的两千五百万人则属于平民阶层。然而，自古以来，平民并不关心国事，这场维新也同他们没有什么关系。因此，即使是所谓的"舆论"，其实也可以说就是自属于贵族和士族的五百万人中产生的。而且，即使在这五百万人中，想要进行改革的人也是很少的。首先，最反对维新的是那些藩主，其次是作为各藩重臣的家臣以及那些享受较高俸禄的侍卫。对于这些人来说，维新改革只会损害他们的利益，所以他们绝不会赞成改革。自古以来，很少

有自身无才无德但家中有巨大财产的高官或富豪能够为了国家而追求正义和仗义疏财、舍生取义的事例。在实现维新的过程中，不论在士族还是平民中，这样奇特的社会活动家无疑是极少的。

与此相反，希望进行改革的人，是各藩中门第低下者，或者虽出身名门但对社会的黑暗面感到不平的人，以及没有地位没有财产整天无所事事混迹于市井的贫困书生等。对于这些人来说，不论发生什么事情，都不会有任何损失，而只可能有所获得。总之，最赞成改革并希望引起变化的是那些具有智力却没有地位和钱财的人。这种情形也是一再被古今历史证明了的。因此，策划维新改革的人，即使在属于士族阶层的五百万人中，也是不足十分之一的少数。如果再除去其中的妇女和儿童，所余者就更是少得可怜。不知从哪里突然出现的主张变化的改革论，也不知何时被社会所广泛知晓。然而，赞成这一主张的人，必定是一些具有非凡才智的人，因此世人会被这一主张所吸引，或者受到其裹挟。总之，既有人盲目地赞成，也有人被迫跟随。随着赞成或跟随这一主张的人渐渐增加，最终这一主张就成为国民的舆论，并且逐渐压倒了旧势力，打败了人人愤恨的幕府。其后推行的废藩置县，对于贵族和士族来说，是非常不利的，所以这些人中十之七八是反对采取这一措施的，只有十之二三主张采取这一措施。不过，这十之七八的人都是所谓保守派，这些人的智力水平并不高，远远不及只占十之二三的改革派的智力。也就是说，如果比较保守派和改革派的人数，虽然是七比三乃至八比二的比例关系，但是双方智力的力量对比，却恰好相反，即改革派以其强有力的智力弥补了其人数的不足，取得了压倒性的优势。

目前，应该称为纯粹保守派的人已经大为减少，即使在旧士族中，也很少有人会主张恢复过去的地位与俸禄。那些国学家或汉学家也大都改变了自己的主张，或者牵强附会地将自己过去的主张稍做包装，重新打扮一下，摇身一变似乎也成了改革派。他们的这种行为也可以视为和解，但实际上是向改革派投降。当然，名义上是和解还是投降其实并不重要，新旧思想融合，假以时日共同朝着同一个方向走向文明，改革派的势力自然越来越壮大。只不过，在最初提倡改革并推动其最终实现，是少数人凭借其智力战胜多数人来完成的。因此，即使在今天，如果在保守派中出现了拥有超群智慧的人物，逐渐建立其团队并主张保守主义，那么保守势力肯定会得以发展并让改革派的势力沉寂。不过，幸运的是，保守派中缺乏有智慧的人物，即使偶然出现个别有智慧的人物，也总是很快从其团队中脱离出来，难以成为保守派的力量。

五、不应为顺应十个愚者之意而招致一个智者之指责

正如我们前面已经论述的那样，事业的成功与失败，并非由人数的多少来决定，而是由智慧的力量来决定的。因此，应对人

类社会的一切事物，都必须顺应这一智慧力量所追求的目标，而不能为了迎合十个愚者而招致一个智者的责难，或者不能为了得到一百个愚者的赞许而招致十个智者的不满。即使被愚者指责，也并不可耻，而被其赞许也不值得高兴，即愚者的毁誉褒贬并非我们的行为规范标准。例如，在《周礼》中有关于"乡饮酒"习俗的记载，后世的执政者也常常模仿这一习俗，以酒食来招待乡民，但是并不能因为这让这些乡民满足愉悦而认为当地民众安居乐业及社会安定。尤其在文明已经进步的社会，接受人情招待免费吃饭喝酒而感到高兴的人，只可能是饥民或愚民。看到愚民高兴而同样感到高兴的人，也不过是同那些愚民一样的愚民而已。

在古代历史的记载中，曾经有这样一些故事，即执政者深入民间微服私访，通过民众口头传唱的民谣来了解政情。这种做法岂不是简直太不了解社会的一种愚蠢做法吗？不过，毕竟这只是古代的故事，是否为事实我们并不知道，但是在今天却也有一些类似的做法。比如，一些独裁政府常常使用的密探就是这样的角色。政府过度实施暴政，担心民众不满，所以就使用一些走狗奴才暗中刺探社会内部情形，并依赖这些人提供的报告来确立政治对策。这些走狗奴才就被称为密探。那么，这些密探究竟是在监视什么人或能够听到些什么呢？正派的人是光明正大的，自然不会做那些躲在后面黑暗处的勾当。而那些暗中密谋造反叛乱的人则比那些密探高明得多，几乎不可能露出马脚。因此，这些密探只是为了金钱，到处游逛，接触的也是一些愚民，听到一些无聊的情报，再随意地添枝加叶，就报告给了上级。实际上，这种报告没有丝毫作用，设立密探的部门反倒落了个白白花钱而被有识之士轻蔑耻笑的下场。

近年来，（作为有名谋略家的）法国皇帝拿破仑三世也非常喜欢使用密探去搜集各种情报，但是在普法战争中，他却并没有了解到当时法国国民的真实情况，结果迅速战败并且被普鲁士军队活捉。日本的政治家一定要认真地思考这件事并以此为鉴。政府如果想要了解社会的实际情况，只有允许出版自由，倾听有识之士的意见。对出版书籍和刊行报纸进行限制，对有识之士的言论进行封锁打压，同时使用密探来了解社会状况等做法，就如同将生物密封在箱中，断绝其空气流通而静观其生死一般。这种做法难道不是太卑鄙拙劣了吗？如果统治者觉得一些人添乱，直接将其打死或烧死不是更好吗？如果觉得民众的智力提高不利于国家，那么可以像秦始皇所做的一样，禁止人们读书，将天下的学者活埋。（统治者采取的使用密探的做法，其实更为阴险。）甚至连拿破仑三世这样的英雄豪杰，也在玩弄这种卑劣的手段，由此可见没有比政治家更为卑劣的了。

六、人们的议论如果集中在一起会发生改变

第二个问题，即如果众多个人的意见形成了集体的意见，那么其性质就会发生变化。比如，即使是胆小鬼，但只要集合起三

个人，他们也可以没有恐惧地在深夜行走山路。他们的勇气并非来自某一个人，而是三个人集合在一起才产生的。当然，也有相反的例子，比如有十万大军，风声鹤唳、草木皆兵，一有动静就错以为敌军来袭，大败而逃。即使是这种胆怯而招致失败的例子，也并非每一个士兵胆小导致的，而仍然是由这十万人的集体心理所造成的。人们的智力或各种议论，其实同引起化学变化的现象非常相似。如果将苛性苏打（氢氧化钠）与盐酸分离使用，二者都是腐蚀性很强的物质，甚至可以将金属溶解，但是如果让二者发生化合反应，就会生成无害的食盐。而与此相反，石灰与氯化铵二者的性质都很温和，但是如果让二者化合生成氨气，就会产生足以使人晕厥的毒性。

再来看看近来日本各个行业正在兴起的以营利为目的的公司，其经营的好坏似乎与其规模并不一致，比如一百人的大公司还不如十个人的小公司，或者十个人的小公司不如三个人的协作。甚至，一个人的资本，仅仅按照自己的想法进行商业销售，比三个人的协作能够获得更大的利润。一般来说，目前的公司组织中进行销售的人员基本上都是一些社会精英，那些顽固不化、严格固守祖先家风的守财奴同他们相比，其智力简直不可相提并论。然而，当这些精英聚集在一起从事某项事业时，就有可能发生某种冲突变化，从而做出令人难以理解的失策的事情，以致成为人们的笑柄。甚至不仅如此，即使这些精英自己也并不明白失策的原因，即处于茫然若失的状态。

（这种情形不仅仅出现在民间的公司中。）目前的政府官员也是如此。他们都是日本的一流人才，可以说日本社会的精英大部分都集中在政府里。然而，当这些人才集中在政府中实施管理时，他们的做法却未必是聪明有效的做法。也就是说，众多精英集中在一起，性质就会发生变化，就像腐蚀性很强的苛性苏打与盐酸化合后生成了性质完全不同的食盐一样。总之，日本人在集体行动时，表现出了同个人所具有的才智完全不相称的愚蠢和笨拙。

那么，西洋人是怎么样的呢？他们当然并不都是智者，但是如果看他们集合在一起从事某种事业时的实际成就，那么确实其中的大部分事情都被认为是智者所为。国内的事情，全部是根据彼此之间的协商来进行。也就是说，政府通过与国民的约定设立议会，商业销售也通过集体组建的公司来进行，学者之间也建有学会，寺院也有团体组织。甚至，在任何一个偏僻的乡村，也有村民结成各种各样的组织以协商处理各种公私事务。只要结成相互协作的机构或组织，每个机构或组织就都会形成自己独有的主张或意见。比如，几个友人或两三家近邻结成一个伙伴群体，那么这个小群体就会形成自己独有的一些意见。如果再进一步结成一个村庄，就会有这个村庄的主张，结成一个州或一个郡，就会有这一州或一郡的主张。在如此不断扩大结成范围的过程中，将一方的意见或主张同其他方的意见或主张综合起来，反复不断进行调整后，最终就形成了一个国家的舆论。这就如同集合若干士兵编成一个小队，然后将小队集合起来再编成一个中队，最后再进一步编成一个大队。即使一个大队拥有很强的战斗力，足以同敌人进行战斗，但就每一个士兵而言，却并不一定都是勇士。也就是说，一个大队的战斗力，并非每一个士兵个人的战斗力，而应该是编成整个队伍之后才开始形成的。一个国家的舆论也是如此，如果只是从其结果来看，可以看到其具有相当的高度及一些很有价值的东西，不过这样好的结果却并不能够说是因为一些杰出人物所提出的主张，而是由于参加社会议论的人们相互协调与配合，及其所激发的社会全体成员展开各种自由议论的勇气。因此，西洋各国的舆论要比其国民个人的知识才能都更加具有高度，国民甚至有可能提出超越自己知识才能水平的意见，以及去从事超越自己知识才能水平的工作。

七、改变习惯是重要的

如上所述，西洋人一旦形成集体，就有可能提出各种并不完全与每一个人的智慧相一致的学说，或者就有可能取得超乎想象的成功。而反观东洋人，却总是提出一些与其智慧相矛盾的愚蠢说法，以及表现出与其智慧不相协调的尴尬与笨拙。究其原因，最终不外乎是所谓"习惯"的缘故。习惯是人类重要的第二天性，即自己都会无意识地按照习惯去行事。西洋各国通过众人议论所形成的法律，其实就是将数百年间的习惯固定化，到今天自然完成的一个结果。而亚洲各国却不是这样，比如印度的种姓（身份等级）制度等，就是明显的例子。（并不仅限于印度，一般而言东洋各国）建立了各种严格的等级制度，社会极度不平等，人们因身份的不同，利害得失也各不相同。而且，不仅各个等级之间相互冷漠，专制政府还通过政策和法律特别严格地禁止人们结党结社和集会。民众也只是抱着平安无事就好的想法，根本无心也无力去辨别拉帮结派（私欲的结合）与形成公议（公益的集合）之间的区别，一切依赖政府，毫不关心国事。所以，有一百万人就会有一百万份不同的心思，每个人都将自己关闭在家中，各人自扫门前雪，自己家门之外就如同外国一样，丝毫也不关心。在这种情形之下，即使是为了吃水而共商凿井事宜都难以协调，更别说为了修筑道路而协商了。人们看到路上有摔倒的人就快步通过，遇到路上有狗屎就赶紧绕道而行。总之，完全是一种事不关己高高挂起的态度。因此，根本就不可能形成什么众议。而且，这样的习惯已经非常普遍，以致形成了目前的亚洲社会。这种情况，也可以说就好像是，世上没有银行，人们都只是将财富储存于家中，没有货币的流通，国家也不能兴办大型企业。如果我们一户一户去走访，就会发现，即使有资本，也只是闲置家中，而没有为国家发挥作用。亚洲人的议论也同样如此，如果一户一户去走访，询问遇到的每一个人的意见，他们也有各自的想法，这些人的意见会有千百万之多，很难将其加以综合，因此对国家的整体利益而言也发挥不了作用。

有些学者会有这样的说法："虽然希望人们能够聚集在一起议论，但是遗憾的是民众还处于民智未开的阶段，因此仍然不得不处于专制政治的统治之下。目前召开国民议会还为时尚早，应该等待一个合适的时间。"这里想象的合适时间，应该就是当民众具备了智慧的时候吧。不过，人的智慧本来就不能像夏天的草木那样一夜之间生长起来，或者即使生长了起来，如果习惯的力量不助其发挥作用，也很难开花结果。也就是说，习惯的力量非常强大，其持续存在所造成的影响是无穷无尽的，甚至有时可以压倒人类守护自己财产的固有本性。例如，目前给皇族和士族的俸禄相当于我国政府年收入的约五分之一，而这些费用只能来自对农民和商人征收的租税。现在如果废除了皇族和士族的俸禄，农民和商人阶层的租税也只能减少五分之一，每年该交的五袋米就成了四袋。庶民即使仍很愚昧，但区别五和四之多少的智力还是存在的。如果作为百姓或仅仅站在他们的立场上来考虑，这并非什么复杂的问题，即只是将自己辛辛苦苦劳作收获的米无缘无故地交给他人以供养这些人，而他们自己也只能在拒绝与答应二者之间选择其一。而如果站在士族的立场上来看，俸禄是祖上传下来的财产，是祖先通过战功得到的，当然不同于每日打工赚钱的劳工的薪水。明治以来，虽然士族不再承担兵役，但不能因此剥夺祖上传下来的特别恩典，使其丧失财产。眼下，既然认为士族无用而必须剥夺其俸禄，那么也应该剥夺那些富商地主的财产，因为这些人也是受到祖先的福荫庇护不劳而获无所作为之徒。为何只是剥夺士族的财产，而便宜那些无缘无故获利的百姓和商人呢？这样的主张，似乎也有一定的道理。

不过，目前在士族中似乎并没有人提出如此的主张。不论百姓还是士族，眼下都正处在关系到自己财产得失的重要关头，但是这些人却都平心静气无动于衷，表现得就像是在听外国的故事一样，或者在等待自然降临的祸福一样，只是默默地静观事态变化。应该说，这种情况简直不可思议。如果是在西洋各国发生了这样的事情，会引发什么样的社会舆论呢？大约一定会舆论沸腾并迅速激起一场大规模的争论，甚至有可能引发一场大的骚乱。我在这里并无意讨论俸禄制度存废得失的问题，而只是惊讶于日本人沉默寡言之习惯所导致的结果，即对应该主张的事情也沉默不语，信奉多一事不如少一事，该说的也不说，对应该作为问题的事情也都不将其看作问题。

当然，争利之事历来为古人所不齿，但其实未必如此，争利其实就是在争理。比如，眼下正是我们日本应该同外国人争利以及理直气壮地为理而战的时候。在国内不重视利益的人，在面对外国时也同样不会重视利益，在国内问题上反应愚钝的人，在面对外国时也同样不会有活跃的议论。国民由于愚钝而不重视利益，对于政府的专制而言，是一件好事情，但是依靠这样的国民同外国进行交往，则难以让人放心。作为一个国家的国民，如果对关系到自己国家利害关系的问题都没有意愿去讨论,作为一个人,如果都没有勇气去关注自己的荣辱,那还有什么可说的呢?当然,缺乏意愿和勇气,并非先天固有的缺陷,而恰恰是由于习惯的影响,因此要恢复这样的意愿和勇气,也必须依靠习惯。也就是说,目前应该做的最重要的事情,就是改变习惯。

第六章 智慧与道德之辩

一、智慧与道德的四种区别

在前面几章的论述中,我们经常用到"智德"二字,即文明的进步有赖于民众和社会总体的智慧与道德的进步。在这一章里,我们将分别对"智慧"与"道德"的不同性质进行分析论述。

所谓"德"就是道德或德行,用英语来表示就是"moral",即指内心的规矩,或指心地纯洁、善良知耻。所谓"智"就是智慧或智力,用英语来表示就是"intellect",即指思考、理解和接受各种事物的能力。

然而,不论道德还是智慧,都存在着公与私两种不同的属性。第一,忠贞、纯洁、谦虚、正直等仅仅属于我们内心活动的一些品格,被称为私德。第二,廉耻、公平、公正、勇敢等在与他人接触的社会关系中发挥作用的品格,则被称为公德。第三,探究事物的道理并进行处置应对的能力,被称为私智。第四,判断人事轻重大小并按照轻重缓急及不同时间地点进行分别处理的能力，则被称为公智。因此，私智也可以称为"机灵的小聪明"，而公智则可称为"聪明的大智慧"。

这四种属性中最重要的，是第四种，即聪明的大智慧。无论如何，如果没有聪明睿智的判断力，就难以将私德与私智扩大成公德与公智，因为有时公德公智与私德私智会发生冲突和矛盾。自古以来，虽然并没有人能够清晰地论述这四种属性的区别，不过从古时学者们的议论和社会上的各种说法中，还是可以看到存在着类似的区别。例如，《孟子》中说："恻隐之心，仁之端也；羞恶之心，义之端也；辞让之心，礼之端也；是非之心，智之端也。……凡有四端于我者，知皆扩而充之矣，若火之始然，泉之始达。苟能充之，足以保四海；苟不充之，不足以事父母。"这句话的意思就是说应该将私德扩大为公德。此外，《孟子》中还说："虽有智慧，不如乘势；虽有镃基，不如待时。"就是说要考虑和顺应时势，将私智扩展为公智。而且，不仅是这些学者的学说，社会上也常有如此的说法，即评价某人"在社会活动方面无可指责，积极参与公共事务，但是其品行却一点都不检点"。比如，法国宰相黎塞留等人就是如此，即虽然在公智公德方面没有什么缺点，但是却缺乏私德。此外，还有对一些人的评价，即"某人对围棋、象棋或珠算虽然都非常精通，但也只是具有适用于围棋或珠算等方面的智慧，而对事物的判断力却很差"。这就是对那些虽然具有私智但却缺乏公智的人的评价。如此看来，对智德属性的四种区别，已经得到了学者和社会上的普遍承认，因此也可以称其为普遍性的区别。在此，我们首先对其进行区别，然后在下面就其作用进行论述。

二、影响智慧与道德的是聪明睿智

如上所述，如果没有聪明睿智的判断力，就不可能将私智扩大为公智。例如，围棋、纸牌和魔术等技艺都是人的技能，研究物理学或者操作机械等活动同样是人的技能，二者都需要花费精力。但是，如果来看一下事情的轻重大小，就可以发现，参与重大活动而对社会有益的人，其智慧所发挥的作用也相对较大。或者，即使自己不从事物理研究或操作机械，但能够探究事物的利害得失，就如同亚当·斯密提出了经济理论一样，成为引导天下人心及开发社会财富源泉的人，那也应该说显示出了最大的智慧。总之，从小智慧发展至大智慧，不可缺少聪明睿智的见识。

此外，还有一些自觉了不起的大人物放出豪言："治理天下乃我之使命，清扫庭院之区区小事何足一顾。"也就是说，这些人虽然自诩懂得如何从事治国平天下的伟大事业，但是对修身齐家之事却毫无能力。与此相反，还有一些标准的老实人，一向不关注外界的事情，甚至还有人虽然做出了自我牺牲但是却丝毫无益于社会。（一个是有智而无私德，另一个是只有私德而无智。）这些人都是一些缺乏智慧的人，或者没有弄明白事物的先后顺序，或者不懂得分辨事情的大小轻重，因此可以说都失去了自己应该具有的人格平衡。

因此，聪明睿智的能力是非常重要的，只有这种能力才能够跨越智慧与道德两个方面。如果从德性的角度来看聪明睿智的作用，也可以将其称为"大德"。不过，如果按照社会上一般的语言习惯来看，仍然很难将其称为道德。无论如何，古时候的日本人在说到道德的时候，一般认为这是专指一个人的私德。这一思维的基础，正像"温良恭俭让为君子之行为""圣人无为而治""圣人心静而不做妄想之梦""盛德的君子大智若愚""仁德之人沉静如山"等说法一样，认为保持这种稳定的精神状态才是道德的第一要义。也就是说，相对于表现于外的行为，人们更为重视以存在于内心的精神来称呼道德。或者也可以说，不过是英语"passive"一词所要表达的状态，即并非自己主动地发挥作用，而是被动地受制于对方的状态，似乎只有去掉私心才是道德的要点。当然，儒学经典中的学说并非只是劝说实施被动的道德，有时也会有一些充满生气的妙笔生花之处，不过总体而言，其学说给人的印象，仍然只是在劝说人们被动接受忍耐委屈的美德。除儒学之外，神道教或佛教等学说在道德修养这一点上也大同小异。深受这一教育熏陶影响的日本人，在想到道德的时候，其内容非常狭隘，所谓聪明睿智的能力并不包含在这样的语境当中。

在思考所有语言的意义时，与其按照学者们所规定的定义，还不如去考察社会上普遍存在的想法，按照大众所理解的意义去定义。例如，江户时代文学作品中常用的一个词"舟游山"，如果去查找其语源，就会发现与其字面的乘舟游山之义相矛盾，而按照社会上一般的理解，实际上是说乘舟游玩，而非在山中游玩。"道德"一词也同样如此，如果详细地去查找学者们的定义解释，其意义或许会非常广泛，但是社会上的一般常识性解释，并不一定与学者们的定义相一致。例如，如果见到山中寺院中清心寡欲的老僧，人们都会将其视为德高望重的高僧而加以尊敬，但是对那些在物理学、经济学、哲学等方面造诣极深的人，却不认为他们是具有德行的君子，而只是将其称为学者或有知识的人。此外，对于那些古往今来成就伟大事业的大人物，社会上会将其视为英雄豪杰而加以赞颂，但是在称赞其道德的时候，一般只会举出其私德的方面，在公德方面即使其有更加卓越之处，人们往往像是忘记将其列举一样，不会将其归入他的道德范围。由此也可看出，一般人所说的"道德"（主要局限于私德），其意义非常狭隘。这可能是因为人们虽然在无意识中能够感觉到智慧与道德的四种不同属性，但是有时会意识到而有时又会意识不到，即缺乏意识的自觉性。也就是说，社会上的这种思维方式具有支配性地位，总之比较偏重私德。所以，我在这里也按照社会上的一般看法来对有关用语进行定义，将"聪明睿智的作用"归于"智慧"的范围，对"道德"也从其狭义上进行理解，专指那些被动意义上的"私德"。本书以下的第六章和第七章中所使用的"道德"一词，自然都是按照这一意义来理解的。因此，下面的议论将对智慧与道德进行比较，主要论述"智慧的作用是重要而广泛的，而道德的作用则是轻微而狭隘的"。当然，这样的看法听起来似乎有些极端，但是如果是按照上述意义来理解智慧与道德的含义，那么我想就不会招致读者的误解了吧。

三、文明社会不应该仅仅依靠私德来治理

从根本上来说，还未开化的社会比较重视私德的教育，民众也愿意服从这样的教育，这不仅仅在日本，在世界上任何地方都是最一般的现象。之所以如此，是因为在最初民智未开、刚刚脱离丛林状态的时代，人们还难以进入思考更为复杂社会关系的阶段，而只是需要千方百计地去制止粗暴残酷的行为，安定人心，使人们自觉拥有善良之心。例如，在衣食住方面就是如此，在未开化时代，人们的生活充其量也就是手抓食物入口，对住宅或衣着方面的事情则无暇顾及。然而，随着文明的进步，社会也变得越来越复杂，仅仅依靠私德已经不可能处理社会诸事了。不过，由于自古以来的习惯与人类本来的惰性，人们相信旧时的教育，安于现状，以至于形成了眼下偏重私德的风气，而失去了同智慧的平衡。

当然，私德的细化分类无疑是万世不变的普世真理，同时也是最简单明了的真理，所以后世自然不应该对其加以改变。不过，随着社会的变迁，重要的问题在于，必须考虑选择使用私德

的场合及方法。例如，食物的必要性是千古不变的，但是在野蛮时代，人们直接手抓食物入口，后来就出现了各种各样的饮食方法。私德于人心之必要，也可以说就如同耳目口鼻于身体之必要一样。只要是人，都会明白这个道理，根本不存在是否有用的问题。当然，只有在身体存在缺陷者的世界里，耳目口鼻的价值才会成为议论的对象，而肢体器官健全者则根本不会议论这样的问题。神道教、儒学、佛教或基督教的学说也同样如此，即都是久远的野蛮时代由那些可以被称为存在缺陷者的人所提出的学说，因此在当时确实是非常必要的。不仅如此，即使在后世的今天，世界人类中的十之八九，仍然未能摆脱这一存在缺陷者的范围。因此，应该说道德的教育仍然是必要的，甚至应当对此给予重大的鼓励。不过，文明的性质是伴随着社会的日益复杂而进步的，所以不应该总是安于久远时代那种单纯朴素的状态，就如同现代人在取食物时用手抓会被人鄙视一样。即使耳目口鼻都健全也不值得骄傲，那么也就不应该认为只要有私德修养就可以完成人生的伟大事业。

文明社会必定是一个复杂的社会，因此应对这一社会的心理活动所发挥的作用也必须变得复杂。如果仅仅依靠私德就可以满足社会的需要，那么眼下日本女性的行为状态最为理想。中国或日本的不少良家妇女，具有温良恭俭的妇德，言行极为端正，善于从事家务。然而，为什么这些女性不能被赋予社会公共事业的重任呢？因为在处理广泛的社会事务时，不能仅仅依靠私德来完成。总之，我的看法虽然并不是将私德视为一些微不足道的行为而加以无视，但是也并不赞成自古以来日本人所一向认为的，仅仅将私德作为价值判断的标准。也就是说，私德并不是没有用处，而是在修养私德之外，更需要发挥重要的公智与公德的作用。智慧与道德，是人心的两个方面，各自承担着不同的任务，绝不可重视一个而轻视另一个。如果不能兼备二者，就不能说是一个完整的人。然而，自古以来的学者们的论述，十有八九只重视道德的一面，甚至有人将智慧视为无用之物。对于一个社会来说，这应该是一种令人感到忧虑的弊端吧？不过要指出这一弊端，在这里还存在一个难题。即在眼下讨论智慧与道德的区别并纠正这一弊端，必须首先明确二者的作用及其发挥作用的特点。然而，在一些思想浅薄的人看来，就好像这一看法是轻视道德而只重视智慧，甚至在随意地亵渎道德，于是对此心怀不平。或者，有人简单轻率地错误理解了这种看法，认为道德对于人们来说是无用的。

　　世界的文明进步既需要智慧也需要道德，就像人体要获得营养，既需要蔬菜和谷物，也需要鱼类和肉类一样。因此，在这里强调智慧与道德的作用并认为尤其不能轻视智慧的看法，就像是劝偏食的素食主义者们食肉一样。劝其食肉时，要解释食肉的作用，以及素食的弊端，并证明蔬菜肉食二者并用无害的事实。当然，这些素食主义者如果只是片面地理解这一说法，然后就立刻开始忌食蔬菜谷物而只吃肉，那就大错特错了，只能说这些人完全误解了我的意思。

自古以来的有识之士，我想并非不懂得智慧与道德的区别，而只是担心引起社会上的误解而不得不沉默不语。不过，如果知道而又不说，那么错误就难以纠正，也就没有社会的进步。做任何事情，如果合乎道理，就不可能十人中有十人全部会误解，即使在十人中偶然会有两三个人误解，那也比完全不说要好。也就是说，不应该因为担心两三个人的误解而明显地放弃可以启发七八个人增长知识的机会。总之，担心被世人误解而该说的不说，或者通过对语言的包装粉饰，空话连篇不得要领地试图引导人们，真所谓见风使舵式的坐而论道，其实也是蔑视人们的一种表现。民众即使再愚昧，也不至于不辨善恶，既然同为人类，其智慧与愚昧就不太可能有天渊之别。由于自己的一点见解，就轻视他人，又想象着他人会误解，从而不去将真相告诉人们，这难道不是对他人的不尊重吗？作为有识之士，不应该如此无礼。自己相信对的事情就应该明明白白不加隐瞒地加以阐述，至于对与不对则交给他人去判断。我在这里通过论述想要明确智慧与道德之间的区别，就是基于这一想法。

四、道义内向而不动，智慧外向而动

第一，道德存在于一个人的内心，而非针对他人的心理作用。就像自我修身和慎独自律等，都与他人没有关系。例如，无欲正直无疑是一种道德，但如果因为惧怕他人的毁谤和担心社会上的批评而装作无欲正直的样子，那么这样的人并非真正的无欲正直的人。批评与毁谤，都是来自他人的看法，而被这些外部影响所左右的人则不能被称为真正的道德家。如果这样的人也能够被称为道德家，那么即使做了贪婪邪恶的事情，在某种情况下，只要能够摆脱世间的指责，就仍然可以成为一个优秀杰出的道德家。这样一来，伪善者与真正善良的人之间的区别就不存在了。因此，道德与外部的一切变化都无关，也可以不顾世间的毁誉褒贬，不屈从于任何压力，在任何困难面前都毫不气馁，是稳定地存在于内心的一种不变心理。

然而，智慧却并非如此，而是适应外在的条件，常常思考利害得失的一种心理作用。比如，采取这种方法做事不行，就采取另外一种方法；对于自己方便的事情，如果对其他众人不方便，那也必须改变；已经有被认为方便的事情，如果有更加方便的方法，那也必须更换。例如，马车比轿子方便，但是如果明白蒸汽的力量更加有效，那么就必须改为制造火车。制造马车和发明火车，在考虑其利弊的基础上使用这些工具，就是智慧所发挥的作用。智慧正是因为这样与外部世界接触并根据实际情况予以灵活应对，所以其性质与道德完全不同，所发挥的作用应该说是一种外向的作用。具有道德的君子，即使一人独处家中，也不会有人去指责他，但是对于一个智者来说，如果他完全不同外界接触，不做任何事情，那怎么能说他具有智慧呢？甚至他免不了会被认为是一个愚蠢的人。

五、道义的功能有限而智慧的作用无限

第二，道德是个人的品行，首先受到其效果影响的是家庭。如果主人的品行端正，其家庭成员的品行自然会端正，父母的言行温和，孩子们的性格也会温和。除去家庭之外，比较亲近的亲戚朋友之间如果能够相互勉励追求善良，道德水准也会得到提高。不过，最终通过忠告来感化人的可能性受到极大限制。也就是说，不可能对天下的每一户人家及每一个人都去进行说服教育。

而智慧则不同，一旦发现了某个事物的法则或规律，并将其公之于众，立刻就会改变一个国家的人心。如果这是一项巨大的发现，那么以一人之力彻底改变世界也并非不可能。例如，詹姆斯·瓦特发明了蒸汽机，世界工业的面貌为此彻底改变，亚当·斯密发现了经济原理，世界上的商业也因此面目一新。这些规律或原理传之于世，既可以通过口头表述的方式，也可以通过书面发表的方式。听到这些言论或者读到这些文章而又能够实际照此实施的人，就可能成为与瓦特和斯密同样的人物，即昨天的愚者可以成为今天的智者，世界上就会产生成千上万个瓦特和斯密。知识易于广泛传播和迅速普及，而一个人的道德

却仅仅能感化和影响其家庭和朋友，二者的差距巨大到简直难以比拟。

当然，也许有人会说："托马斯·克拉克森（英国人）曾经以其执着努力废止了贩卖奴隶的恶法，同样，约翰·霍华德（英国人）凭努力废除了监狱虐待囚犯的做法，改善了其生存条件。这些成果都体现了人道意义上的美德，为什么不能说道义的力量及其效果所及范围广泛无限呢？"应该说，的确是如此。不过，正如他们二人所做的那样，正是因为他们将私德扩展成了公德，所以才能够取得如此广泛无限的效果。他们二人都是为了实现事业的目标而历经千辛万苦，不断努力，或者著书立说，或者花费钱财，不怕任何艰难险阻，最后终于感动了世人，成就了伟大的事业。这些成就，并非仅仅私德之功，应该说是超越私德的聪明睿智所发挥的作用。他们二人的功绩确实伟大，但是如果按照世人理解的所谓道德来表述，也不过就是牺牲自我拯救他人的道德家而已。然而，假如有一位德高望重且充满仁爱之心的人，为了救一名掉入井中的幼儿而跳入井中，最终同幼儿一同溺水而亡。这同约翰·霍华德为了带给数万名罪犯和病人福祉最终自己死于疾病进行比较，会是什么结果呢？在对他人具有恻隐之心这方面，二者并没有什么不同。只不过一个是为救一名幼儿而牺牲了生命，另一个则是为了拯救数万人而牺牲了生命，这是二者的不同。前者不过是一时的善行，而后者则是万世流芳的巨大功绩。在为了他人而献身这一点上，二者的道德并无轻重之分，但是为什么只有约翰·霍华德能够拯救数万人并且万世流芳呢？其实，从根本上来说，就是他发挥聪明睿智的作用并灵活运用其私德，扩大了其善行的范围。也就是说，那位充满仁爱之心的人虽然具有私德，但是却缺乏公共道德与公共智慧，而约翰·霍华德则兼备公私两方面的智慧与道德，这就是二者最大的不同。

也可以说，私德就如同铁质材料，聪明的智慧则如同其加工产品。如果不对原材料进行加工，铁仍然不过是重而坚硬的物质而已，但稍微进行加工，做成锤子或铁锅，铁就有了锤子或铁锅的功能，如果进一步进行加工，做成小刀或锯子，铁就有了小刀或锯子的功能，如果再进一步进行精细或精密的加工，铁就既可以被做成蒸汽机，也可以被做成钟表的发条。如果拿铁锅和蒸汽机进行比较，无疑谁都会认为蒸汽机的作用大而对其表示赞赏，因为铁锅和蒸汽机虽然材质相同，但是其加工过程却不同。铁锅、蒸汽机、锤子和小刀这些铁制品的原材料完全一样，但是作为最终产品，它们却有贵重品与廉价品的区别，就是因为最终加工的精细程度不同。

智慧与道德的平衡也正是如此。约翰·霍华德和救助幼儿的那位充满仁爱之心的人，二人的道德本身并无轻重大小的区别，只不过约翰·霍华德对其道德不断进行精细的加工，使其作用得以扩大。所谓精细的加工，也就是发挥智慧的作用，因此约翰·霍华德不能仅被称为道德家，而是应该被称为兼备智慧与道德特别是具有聪明与公共智慧的古今无与伦比的人物。约翰·霍华德如果缺乏智慧，也许会一生浑浑噩噩困守家中，只是抱着一部《圣经》而终其一生，其道德充其量只能感化他的妻子，或许连他的妻子能否被感化和影响也未可知，怎么能够具有如此伟大的理想并改变了整个欧洲非人道的恶劣风气呢？由此看来，道德的作用非常有限，而智慧的作用则广阔无限，道德有赖于智慧，其作用范围才有可能扩大，也才可能发挥出卓越的作用。

六、道义自古固定不变而智慧却会不断增加

第三，道德教化，古已有之，而且一直没有变化。比如，基督教的十诫"一，不可承认上帝耶和华之外的任何别的神；二，不可拜偶像；三，不可妄称上帝耶和华之名；四，当守安息日；五，当孝敬父母；六，不可杀人；七，不可奸淫；八，不可偷盗；九，不可作假见证陷害人；十，不可起贪心"，以及儒学的五伦"一，父子有亲；二，君臣有义；三，夫妇有别；四，长幼有序；五，朋友有信"，就是这些道德教化的表现。

十诫和五伦，是古代圣人所制定的道德教化精神纲领，数千年以来从未有所变化。从古至今虽然涌现出了众多优秀杰出的学者及其他有识之士，但他们对这些纲领性的道德教化也仅仅是加以注释说明，而没有增加任何新的内容。即使是中国宋代的大学者们，也未能将所谓五伦改变为六伦。这就说明，道德信条固然不多，但却很难改变。古代的圣人，不但自己要践行这些道德信

条，而且也教导人们去遵守，因此后世的人们不论怎样刻苦努力，都难以有所超越。就如同圣人说"雪是白的，炭是黑的"，后世的人如何能加以改变呢？也可以说，在道德的问题上，古人具有了全部的销售专利权，后世的学者们只能承担其经纪人的角色。所以，在耶稣和孔子之后，再没有出现过圣人。道德的教化，在后来丝毫没有进步，即从人类开始出现一直到现在，道德的性质没有任何变化。

然而，智慧却并非如此。如果古人知其一，那么今人就知其百，让古人恐惧的事物，今人却很轻蔑地无视它，让古人感觉到奇怪的事物，今人却只是感到可笑。智慧的内容是不断单向增加的，其发明发现不断出现，较之古代举不胜举，而且未来的进步也不可估量。假如能让古代的圣人在现代复活，让他们听听今天的经济商业学说，或者让他们乘坐现代的轮船横渡大洋，或者通过电信方式让他们即时听到海外的新闻，他们肯定会感到吃惊。甚至，都不一定需要借助蒸汽机和电信之力，就能够让他们感到吃惊，即只要告诉他们制造纸张的技术和如何在上面写字，以及向他们展示木版雕刻印刷技术，就足以让他们佩服得五体投地了。为什么会这样呢？因为蒸汽机、电信、造纸、印刷等技术都是依靠圣人离世以后的人们的智慧发明的。后世的发明家们在进行这些发明创造时，并没有听从这些圣人的话，更没有实际去参考圣人的道德，但是却取得了古代圣人做梦都没有想到的成就。

因此，从智慧和知识的角度来说，古代的圣人贤者，就像今天的三岁孩童一样。

七、道义不应以形授人而智慧却应以形授人

第四，道德并非可以用语言或身体等有形方式传授的，能否经过学习使其真正成为自身的东西，只能取决于学习者自己的内心意愿。例如，儒学经典中所记载的"克己复礼"这四个字，即使通过讲授使人明白了这句话的字面意思，也不能说就完成了所谓的"传道"。因此，需要反复不断及详细地对此加以说明，即"克己就是抑制私欲，复礼就是回归自己的本心，明确自己的本分和位置"。不过，教师能够做的也就到此为止，不可能做得更多了，要想取得更多的道德进步，就只能依靠本人的修行意愿了。也就是说，或者进一步阅读古人的经典著作，或者去了解今人的杰出言行，并亲身实践这些道德。道德的学习和掌握，是以心传心的过程，即"道德的教化"，或者不外乎一种人格的感化。

所谓人格的感化，从根本上来说是超越人们感觉的一种无形存在，是否真正被感化，并无客观上的检验方法。比如有些人本来私欲膨胀，但是却自认为抑制了自己的私欲；本来做了与自己身份不相符合的事，但是却自认为做了本分内的事。不过，本人如何想，教授者是无能为力的，这完全是个人自身内心的问题。因此，听到对"克己复礼"的解释，既有人内心会真正地觉悟，

也有人对其完全误解。或者，既有人完全无视它，也有人内心理解但却故意装出一副丝毫不懂的样子或是佯装粗野之人。也就是说，面对同样的道德教化，人们的接受方法千差万别，要从侧面辨别其真伪是非常困难的。如果有人心中无视所谓的克己复礼，但表面上却装作很虔诚的样子，或者有所误解，将本来并非克己复礼的内容错信为克己复礼，别人也没有办法直接去加以纠正。在这种情况下，因为没有办法以非常清楚的标准来揭穿其本来面目，所以只能委婉地向其提出类似于"小心上天报应"或"问问自己良心"的忠告。不过，担心上天报应或扪心自问都是本人的心理活动，所以是真的担心报应还是装出担心的样子，别人其实是难以辨别清楚的。正因为如此，社会上才会产生和存在伪君子。

而且，那些登峰造极的伪君子，不但懂得有关道德的各种议论并充分理解其意义，而且自己也会炫耀各种道德理论，或者为经典著作做注，论述天道及宗教。甚至，这些人的议论堪称完美无比，只要读其著作，就会感觉到似乎又出现了一位现代的圣人。然而，如果暗中观察这些人的生活，就会吃惊地发现他们言行并不一致，甚至其内心之愚昧拙劣，令人觉得可笑。例如，中国唐朝的学者韩愈（8—9世纪），曾经写了著名的《论佛骨表》以劝诫皇帝，看起来确实是一位忠臣，而且（因此而激怒皇帝）被贬谪流放到偏僻的潮州，当时他也通过作诗来表明自己极大的义愤，但是在后来，却写信给朝中的权臣，对权力恋恋不舍，请求再度出仕，应该说其人是一个十足的伪君子。从古至今，不论在中国还是日本，以及在西洋，都可以看到众多像韩愈一样的人。即使在常常谈论《论语》的学者中，也有所谓巧言令色、贪图金钱的人。在信仰基督说教的西洋人中，也有通过欺骗愚者、威胁弱者来求取名声利益的人。这些性格狡诈的人，正是得益于无形的道德缺乏验证其是否真实的标准，他们将道德作为商品而向社会贩卖这些虚假的货物。总之，这些事实都证明，道德无论怎样从外部强制，都难以奏效。

而智慧或智力则完全不同。如果社会上整体的知识水平都比较高，那么即使不依赖教育，每个人也都可以向周围的人学习，自然就会掌握知识。在这一点上，就如同道德也可以感化周围的人一样，二者没什么不同，然而智力却未必像道德一样必须通过人格的感化才能够有所进步。知识的学习，只要是以合适的方法来进行，就可以取得明显的效果。例如，如果学习了加减乘除的算术，可以直接去进行加减乘除的计算。如果学习了水沸腾成为蒸汽的原理，并进一步学习制造蒸汽机、应用蒸汽动力的方法，就可以去制造蒸汽机。而且，这样制造出来的机器的功能同瓦特制造的蒸汽机完全相同。这种客观的教育，也可以称为"有形的智力教育"（"形而下的科学教育"）。

在这种智力教育中，存在着客观的教育方法，因此在成绩测试方面也存在着客观的规律及方法。即使在传授了知识性技能后，他人在实际应用时没有按照自己的技术去做，还可以进行实际检测，经过检测如果这一技能还未成熟，那么还可以重新教授其应用步骤。在科学的世界里，所有的内容都可以用客观的方法来教授。例如，这里假设一个教授算术的过程，来检测学生能否实际加以应用，即交给学生十二个球并要求将其两等分分开，学生是否掌握了有关算法，立刻就可以得到证实。学生如果算法错误，将球分为八个与四个，那就说明他还没有明白这一算法，这时就需要再一次说明。直到学生能够将十二个球两等分，各分为六个，这一算法的教育才算完成。学生一旦掌握了这一算法，在这一点上其能力就如同教师，甚至可以说学生也成了教师。这种教育效果迅速，检测的结果也明明白白，都是可以直接认识和感受得到的。同样，在检测航海技术时，也可以通过乘船航海来进行测试；检测市场销售术，也可以通过买卖货物的损益来进行测试；医生的医术高明与否，通过病人的痊愈状况就可以明白；掌握经济学知识的程度，也可以通过人们的贫富状态来确认。这种通过一个一个的证据确认人们是否掌握了某项技术的方法，就可以称为"有形智慧技术检验法"（对知识技能的客观检验）。万事都是如此，因此在知识技能方面是不可能伪装自己而欺骗世人的。也就是说，即使是不道德的人，也有可能戴上道德家的假面具，而知识技能低下的人却不可能装成学者或智者。因此，世间多有伪善者，却很少有伪智者。

当然，社会上也有不少这样的例子，比如研究国家社会的经济的经济学家却不懂得如何维持一家的生计，有些具有航海理论的航海家却没有实际的航海经验，这些人似乎应该被称为伪智者（或一知半解的知识浅薄者）。不过，言论与实践本来应该是一致的。（如果言行不一，那么就应该是伪善者或伪智者。）但是只面对道德的情形下，要辨明伪善者的言行不一，很难找到确凿无疑的证据，而在知识的情形下，即使出现伪智者，也有看清其真面目的手段。如果航海家不会驾船航海，经济学家在生计方面表现拙劣，那么一定是还未掌握真正的知识，或者不懂得实际灵活运用所学到的知识，比如经济学家太过奢侈浪费而不顾及财产，或者航海家虽然拥有航海技术但身体虚弱难以应付海上的生活等。未完全掌握知识或未能充分发挥作用等情况，都是可闻可见的一些事情，通过实际调查检验，就可以比较容易地分辨出真正的智者和伪装的智者。如果确认为伪装的智者，就可以通过第三者的劝告或建议对其进行指导，或者他本人可以通过自己的努力向别人学习。因此，在知识的世界里，可以说最终没有伪智者生存的空间。

总之，道德是不能够以语言行为等有形的方法来教导的，而且也没有有形的方法来检测其真伪，而只能够通过以心传心的方式来感化人。与此相反，知识和技术既能够以有形的形式教导，也可以以有形的方法来检测其真伪。而且，在学习掌握知识和技术的过程中，指导者的人格发挥影响，学习者的人格道德当然也会有所提高。

八、道义根据内心的修养而进退，智慧则只有通过学习才会进步

第五，道德根据自身的内心修养，既可以进步也可以退步。例如，有两个青年，都出生在乡下，也都极其淳朴。而且，两人为了经商或求学都去了都市，最初他们选择要好的朋友进行交往，选择好的老师进行学习，见到都市里人情淡薄，作为老实人的他们也都会悄悄地皱起眉头。可是过了一年半载，其中的一个青年渐渐地丢掉了过去的那种乡土味，习惯了都市的奢侈，放荡不羁，最终耽误浪费了人生。而另一个青年则相反，越发谨言慎行，始终如一，仍然保留了过去的乡土气息。最终，两个人的品行有了天壤之别。这样的例子，目前在东京求学的学生中并不罕见。如果这两个青年一直留在故乡，他们作为诚实认真的人，随着岁月的流逝，应该会成为地方上有经验有名望的人物，但就是因为他们去了都市，其中一人丧失了道德，另一人则仍然洁身自好。如果探寻其中的原因，两人的天性并无什么不同，交往的朋友也一样，学习的内容也相同，因此不能说是因为教育的不同。那么，如果问为什么他们的人品会有天壤之别，只能说因为其中的一个人发生了变化，道德堕落了，而另一个人则仍然保持本

色，没有变化。也就是说，并非外部的影响，而是自己内心的不同，导致了其中一人的失败和另一人的成功。

还有的人年轻时放荡不羁，杀人越货，无恶不作，甚至连亲戚朋友也对其嫌弃不睬，其在如此大的世界上竟无立身之处，却突然间醒悟痛改前非，开始考虑自己将来的前途祸福，于是谨言慎行，认真地度过了自己的后半生。这些人的一生，明确地分成了前后两个阶段，一个人似乎经历了两次人生，就好像在桃树上嫁接了梅树枝条，稍加生长，人们就会看到满树梅花，反而对支撑梅花的桃树不闻不问。在社会上，这样的例子并不罕见，比如过去的赌徒眼下却虔诚信佛祈求来世的幸福，过去有名的恶棍现在却变成了诚实正直的商人。这些人并不是听从了别人的教导而改变自己，而是因为自己内心的觉悟去改变的。此外，还有很多这方面的例子，（比如《平家物语》中有记载，）古时熊谷直实在讨伐斩杀平敦盛后，突然感觉到世事无常，皈依了佛门。还有，一个猎人在射杀了一只怀孕的母猿后，立志不再狩猎，结束了自己的狩猎生涯。熊谷皈依佛门后成为念佛行者，而不再是过去的武士，猎人也将猎枪换成了锄头，变成了心地善良的百姓，不再是过去的杀生猎手。而且，从武士到念佛行者，从杀生者到善良百姓的变化，也都不需要别人的教育引导，而完全听从自己内心就可以完成转换。也就是说，道德与不道德的转化是一种突然的变化，甚至不需要花费任何时间。

而智慧却全然不同。人在刚刚出生的时候是没有智慧的，如果不学习就不会有知识的进步。如果把刚刚出生的婴儿放在无人的山里，即使幸运不死，他长大后也会毫无智慧乃至几乎同动物无异，甚至连黄莺自然就会的筑巢，这样巧妙的技术那些没有智慧的人在一生中都不可能发明。因此，人的智慧依靠教育才能够培养成，而且随着不断接受教育，也会不断进步，并且一旦获得进步，就不会再退步。比如，有两个年轻人的素质相同，经过教育就可以获得同样的进步；如果二人的进步速度快慢不同，就可能是因为二人的素质不同，或者是教育方法不同，或者是二人的勤奋程度不同。无论做什么事情，都不可能仅仅依靠自己的一时想法就立刻打开知识之门。在道德的情形下，昨天的赌徒有可能转变为今天虔诚的信佛者，然而智慧却不可能在没有外部的影响下一日之间就能够有所变化和提高。或者反过来也可以发现，去年的模范青年有可能在今年变得放荡不羁，以至于没了昔日严肃谨慎的道德品质，但是知识一旦获得，除非得了健忘症，一般是不会丧失的。

孟子所说的"我善养吾浩然之气"，朱熹所说的"至于用力之久，而一旦豁然贯通焉"，以及禅宗僧人所说的"悟道"等教诲，都不过是以无形的心进行无形的修养，最终本人达致何种境界，别人很难加以确认。而在知识的世界里，却不可能出现所谓突然悟道的结果，即不可能像孟子的浩然之气一样产生显著的效果。瓦特改良蒸汽机、亚当·斯密提出经济理论，都并非独坐家中突然觉悟的结果，而是长年累月研究实证性的学问，逐渐积累其研究成果而最后形成的结果。达摩大师即使坐禅面壁九十年（传说达摩曾坐禅面壁九年修性），也不可能发明蒸汽机和电信。现在中国和日本的学者们，即使读遍两国的万卷经典，努力找出无形的恩威并用之法来统治民众，也难以将其直接应用于现代文明世界的政治或经济领域。因此，智慧或知识只有通过客观性的学习才能够有所进步，不通过学习就不可能取得进步。而且，一旦学习掌握了知识，就绝对不可能再丧失这些知识。与此相对的道德，却很难从别人那里学习，也很难从别人那里学到什么，并且由于自己内心的变化，甚至有可能会突然地进步或者退步。

九、避免陷入道义的极端论

（以上是德与智的不同条件。）社会上的道德家曾说："道德为万事之根本，人类的所有事业，如果不依靠道德，就难以成功，如果进行道德修养，就必然会成功。因此，必须进行道德教育，同时也必须学习道德。对于一个社会来说，万事皆可放置一边，必须首先进行道德修养，然后再谋划和谋求其他事情。世上如果没有道德，就如同黑暗的夜晚没有灯光，就会没有判断是非善恶方向的标准。西洋文明的进步，也是由于道德的力量。亚洲文明之所以处于半开化状态，非洲文明之所以处于未开化状态，都是因为道德程度未达到。道德也可以说就如同温度，文明就如同温度计。如果温度发生增减变化，温度计的指针也会上下摆动,如果民众的道德增加一度,该国的文明也会随之上升一度。"这些道德家在为自己国民的道德低下感叹之余,又提出了各种主张,比如引入基督教,或恢复已经衰微的神道教及推崇佛教等。总之,儒家有儒家的意见,国学家有国学家的说法,真可谓众说纷纭、议论百出,其忧国忧民感叹世风之情形,就如同大火洪水灾难来袭一样。其实,这样的态度是过于紧张了。我的看法会与此有所不同。

如果列举出所有极端的看法,很难得出有价值的结论。认为目前的社会是一个极端邪恶不道德的社会并试图纠正它,似乎确实是眼下的当务之急,但很难说只要除去这一弊端,所有的事就可以处理好了。就如同不能因为那些未开化的社会终于达到了用手吃饭而没有任何不便的阶段,就说人们的文化生活已经很充分了一样(必须着眼于更高阶段的文明)。如果什么都应该以最为极端的状态来作为最高的道德,那么道德教育对人生也没有了意义。如果认为只有道德才是文明的根本,那么让世界上的人们每天都去读《圣经》,除此之外禁止所有的工作,会出现什么情况呢?此外,因为禅宗的修行不需要什么文字,所以让天下的民众都忘掉文字,又会出现什么情况呢?如果只是背诵《古事记》或四书五经,整天沉溺于忠义与修身之道,甚至连衣食之事都难以顾及,这样的人能够称为文明人吗?甘愿除却感官之欲及承受肉体之苦,但却完全不懂人间生活的人,称得上是一个开化的人吗?世上还常见在道路旁边的三只石猴雕像,一只蒙上了双眼,一只捂住了耳朵，还有一只遮住了嘴巴，其意可能在于告诫人们毋看、毋听和毋说，完全表现了一种隐忍的美德。如果按照这种意义来理解道德，那么人们的眼睛、耳朵和嘴巴就成了不道德的媒介。也就是说，神在创造人类时故意给予了人类不道德的工具。如果眼睛、耳朵和嘴巴是有害的，那么手足也有可能成为做坏事的工具。如此一来，盲人和聋哑人也不是完美的人类，只有将其手足的功能也完全剥夺，才是最为理想的。甚至，比起创造如此毫无意义的生物，将世界上的人类全部消灭才是最好的。然而，这难道是神的意志吗？（极端论的矛盾由此可见一斑。）我绝不认为这是神的意志。

当然，信仰《圣经》之说，皈依禅的无字之教，尊重忠义修身之道，去除感官肉体欲望而进行修行的人，都是一些坚信和毫不怀疑道德说教的人。这些人即使免不了被指责为缺乏智慧，但是并不能将他们归于恶人。被指责为缺乏智慧，这属于知识方面的问题，与道德无关。因此，如果极端而言，社会上的道德家会将那些缺乏私德的人（而非无智之人）都视为彻头彻尾的恶人。而且，这些道德家所追求的目标，仅仅聚焦于努力减少这种缺乏私德的人。不过，如果仔细观察人们的内心活动，并探讨其在社会现象中的表现，就应该明白，仅仅减少道德上的恶人，并不能被称为文明社会。

比如，以乡民同市民进行比较，来衡量一下究竟谁的私德更多一点。虽然难以十分清楚地加以证明，不过按照社会上的常识,乡下的风气较为淳朴并会受到人们的称赞。或者,即使不被称赞,也不会有人认为乡下人人情淡薄而都市人更为亲切吧。古代与近代比较,儿童和大人比较,同样如此。不过,如果论及文明的程度,无疑都市更为文明,也不会有人否认近代以来文明所获得的巨大进步吧。因此,文明与否并非只是由恶人的多少来决定的。或者更明确地说,文明的根本并不是以私德为依据而存在的。然而,社会上的那些道德家,从一开始就主张极端的道德万能主义,思想极端偏狭而没有丝毫回旋的空间。他们不懂得文明是一个宏大复杂以及不停运动不停进步的过程,既不知人心变化的多样性,也不知智慧与道德可以有公私之别,更不知公私两种智慧与道德具有相互牵制和相互平衡的作用。他们缺乏在综合把握社会现象的基础上判断全局性利害得失的能力,只是一心一意地想着如何减少这个世界上的恶人。其结果是陷入了一种偏见,就如同要让现代世界的民众变成古代的臣民,让都市变成乡村,让大人变成儿童,让人类变成石猴雕像。当然,神道教、儒学和佛教以及基督教的学说,其本质也并非如此极端偏狭,不过按照社会上一般的习惯,在接受和传播这些学说的过程中,其支配人心的作用自然会产生上述的偏向。恰如对待患有严重胃病的人,不论给他什么美味佳肴,他都难以消化而获得营养。这并不是因为饭菜不好,而是因为疾病。人们也一定要注意这一点。

道德论者之所以一味地担忧社会上缺乏道德,是因为他们甚至将所有的人都视为恶人并试图加以改造。尽管这种善良的态度实属难得，但是将所有人都视为罪孽深重的凡夫俗子，就如同见人说法的僧人所做的那样随便，而实际上却未必如此。人们在其一生中，并非总是努力去做坏事，就如同世界古今不论哪一个善人也不敢说绝对没有做过任何坏事一样，无论什么样的恶人，也不能说就没有做过任何好事。如果将人一生的行为平均一下，将善恶二者进行比较，一般而言，应该说善行会多一点吧。正是因为如此，所以人类的文明才会不断进步。不过，这些善行并非全部是依靠教育之力实现的。即使试图引诱人们做坏事，也不可能获得百分之百的成功。同样确定的是，诱导人们去行善，也不可能期待一定获得成功。由此看来，人类的善恶，在于每个人各自的内心，而非他人可以任意左右的。不过，如果我们看到，在古代从未接受过教育的民众中同样有善良的人，在智力还未充分发展的儿童中也有很多正直的孩子，就可以说人性基本上是善的。既然如此，那么在道德教育中必须做的，就应该只是避免妨碍善良之心的发育成长。家庭成员或朋友之间相互规劝善良，也并非从外部给予其天性中所没有的东西，而是教给其应该如何依靠自己的力量去克服发挥善心的障碍，即依靠自己的努力，回归自己本来固有的善。也就是说，道德不是仅仅依靠外部的教育之力就可以建立的，而是依靠自己的觉悟而产生的。

而且，所谓道德，正如本章开头所说的那样，多数情况下是指被动的私德，即归根结底就是要去除私欲、不贪图钱财和名声、不偷盗、不欺诈，内心纯洁善良，为了至诚至善甚至可以舍弃生命。一言以蔽之，即具有忍受难以忍受的痛苦之心。当然，这一忍受痛苦的精神不能说不重要，那些贪图财物、吝啬金钱、欺诈盗窃等极端不道德行为自然不能与之相提并论。不过，在人类的品性中，这一忍受痛苦的善良之心与不道德的罪恶之心之间，还应该有各种各样的智慧与道德在发挥作用。比如，在前面为了论述分析的方便我们将智慧与道德的种类大体上分为了四种，不过如果再进一步细分，其种类及层次几乎是无限的。就如同我们如果将最善与最恶比喻为极热与极寒，那么在两极之间还有春天和秋天，也有初夏也有初冬，其冷热的程度是无限的。如果能够使人类天性中的智慧与道德两方面都得到充分的发展，（依靠智慧之力）当然可以抑制极端的罪恶之心，自然也就可以使人的品性达到更高的高度。如果是这样的话，那么不再有偷盗欺骗的不道德罪行也不应该称为美德吧。也就是说，仅仅做到不偷盗和不欺骗，并不能被特别作为人们的善良行为。而那些做出极端不道德行为有如贪婪、吝啬、欺诈、偷盗等的人，则无异于披着人皮的畜生。内心怀有如此想法的人，必将受到社会的蔑视，有如此恶劣行为的人，也无疑将受到社会法律的制裁。总之应该说，因果报应、劝善惩恶的理由明明白白，社会也具备惩治罪恶的手段，劝诫善良的作用也存在于个人的理性之中。但是，眼下却只是热衷于教授私德，作为万物之灵长的人类，却仅仅致力于摆脱同畜生一样的不道德行为，似乎将此作为人类的最高使命，这难道不是太愚蠢了吗？以这种消极的教育来统治和影响社会，使得人类与生俱来的重要的智力退化，其实就是蔑视和压制人以及阻碍其自然本性的行为。

民众的心灵一旦受到压制，就很难恢复内心的自由。例如，一向宗（净土真宗）的信仰者，自认为是凡夫俗子，希望借助佛的力量去往极乐世界，因此信奉阿弥陀如来，每日除去念诵南无阿弥陀佛之外，再无任何努力。其他的一些学者也同一向宗教徒完全一样，比如儒学学者们沉醉于孔孟之道，除去反复阅读经书之外，没有任何智慧的想法；国学家们则是信仰神道教，除去做一些古典的搜集注释之外，也无是非之辨；研究西学的学者们也只是信仰基督教，而对最新的学问不闻不问，除去阅读一部《圣经》之外，没有任何思考。当然，这些人坚信自己的信仰，致力于内心的修养，对于改善社会风气自然具有正面作用，因此并不能认为其丝毫无用。不过在眼下，文明事业就类似于被分成了智慧与道德的两副担子，如果说每个人都应该担起这两副社会重担的话，那么社会上的道德家们就只是其中一副重担的承担者。也就是说，他们虽然承担和履行了一方面的责任，但却只是坚信自己的信仰，免不了会懈怠于另一方面应该承担和履行的责任。或者也可以说，就如同一个人只有大脑而没有神经，只有头颅而没有臂膀一样。因此,还不能说他们已经尽到了人类的本分,充分地发挥了人类的天性。

十、基督教的力量还在于以文学技艺来促进世界文明

如上所述,私德并非可以轻易依靠他人之力养成,或者即使能够养成,如果没有智慧的支撑,也难以发挥作用。道德与智慧,二者相辅相成,即道德需要智慧,智慧也需要道德。没有智慧的道德,可以说无异于没有道德。下面,举例来说明这个道理。

眼下,日本的有识之士一般都认为,在今天的文明社会,基督教具有现实性,而神道教、儒学和佛教则都已经落后于时代。为什么会这样呢?是因为其教义存在优劣之别吗?对此,我并不知道它们之间是否存在优劣之别,本书的写作目的也不是要讨论这个问题,因此先暂且搁置一边。如果仅仅从对民心的影响和效果来说,并不能说基督教总是处于有力的状态。欧洲的传教士以东洋各岛为主,在尚未开化的各地进行传教,虽然也有不少使当地原住民改变宗教信仰的例子,但直到今日,原住民仍然是原来的原住民,其文明程度仍然无法同欧洲相比。甚至,一些实行群婚制而赤身露体的原住民聚集在教堂,为一妻多夫而诞生的孩子实施基督教的洗礼,也只不过是形式上的改变宗教信仰而已。尽管偶然也会有在尚未开化的土地上出现了文明开端及其进步的例子,但是这些文明实际上是伴随着传教士所传授的学问和技术一

起进步的，因此文明进步并非仅仅是宗教所发挥的作用，宗教只不过充当了促进文明外在形式的角色。再来看日本，一直在接受神道教、儒学和佛教教育的日本民众怎么样呢？虽然同样距离文明人的境界很遥远，但是在精神上当然不能说都是恶人，而是有很多正直的人。如此看来，并不一定能够得出结论说，神道教、儒学和佛教在道德教育上显得不成功而基督教的教育则更为成功。那么，为什么人们一般认为基督教具有现实性，而神道教、儒学和佛教则都已经落后于时代了呢？我想，这些人的说法其实是充满矛盾的。

不过，如果我们探究引起这一议论的原因，以及思考其意见来源，就会发现，因为基督教是西洋文明国家中民众所信奉的宗教，所以自然就同文明相并存，而神道教、儒学和佛教则恰好相反，因为是东方未开化国家所信奉的宗教，所以就被认为不应该同文明（西洋发达的文明）并存。这就是人们认为前者符合现实需要而后者落后于时代的原因。不过，目前之所以流行基督教而神道教、儒学和佛教得不到发展，并非因为教义存在优劣差别，而是因为在对教义的修饰包装和确立其权威性上，西洋宗教比东洋宗教发挥了更多智慧的作用。

西洋各国信仰基督教的人，一般都是具有文明素质的人，尤其是那些传教士，并非只是在学习《圣经》，而是必须接受相当程度的学校教育，他们都是一些已经掌握了一定学问和技术的人。所以，这些人前一年还作为传教士在遥远的国度游走传教，今年就可能回国成为法律专家，或者今天还在教堂讲道，明天就可能成为学校的教师。也就是说，这些人具备宗教和世俗两方面的能力，不仅传播宗教，也教授学问和技术，可以带领人们进入知识的世界。正因为如此，宗教与文明可以并存，二者之间不会产生矛盾。

因此，今天日本的知识分子之所以重视基督教，也并非只是相信十诫的教义，而是因为传教士本身的言行符合现实及适合现代文明，所以很自然地就会信仰其宣扬的宗教。如果这些传教士没有知识没有能力，那么他们同我国山中寺院里的和尚也没有什么两样，即使其行为端正如圣贤，即使可以背诵新约和旧约并早晚诵读，日本热爱和追求文明的有识之士还有谁会去信仰基督教呢？即使有人去信，那也都会是些没有知识的乡下野夫村姑，他们只会手中拿着佛珠，双手合一去拜阿弥陀。在这些人的心目中，耶稣和孔子、释迦牟尼、大神宫都没有什么不同。对于这些愚昧的善男信女来说，只要是双手合一进行参拜，不管是狐仙狸怪还是神仙佛祖，都同样值得感谢，即使听到根本不明白意思的经文，也会流下感激的泪水。对这样的愚昧之人，不论如何教育，都难以收到任何效果。即使是基督教，对日本的文明也没有任何作用。眼下，西洋的传教士正在试图深入我国的这些愚昧民众中强行传播基督教，并为此展开盛大的宣教活动。甚至，用给予金钱的方法来诱导这些人信教，其结果确实导致信众逐渐增加。不过，这就如同在佛法中增添了一个被称为基督教的教派一样。这种情形，绝非我国有识之士所希望看到的情形。他们所希望看到的，必定是邀请博学多才的基督教传教士来日本，使日本民众在学习宗教的同时也学习西洋的学问和技术，并以此来推进日本的文明。

不过，学问和技术属于知识的范畴，因此，要学习这些内容，未必要限于基督教的传教士。只要是有知识的西洋人，不论向谁学习都可以。因此，前述那些有识之士关于神道教、儒学和佛教落后于时代而基督教符合现实的看法，其实应该说是错误的。当然，我并无意毫无道理地排斥基督教传教士，只要有知识，不论是世俗的教师还是传教士，我都无所谓喜欢或讨厌。只要是博学多才、品行端正的人就可以了。如果在世界上除传教士之外再无品行端正之人，那么当然必须向他们学习一切，不过基督教并不是培养品行端正之人的唯一场所。在广阔的世界范围内，除去传教士之外，无疑还有很多博学多才且品行端正的绅士。如何对其进行选择，就需要日本人自己去加以鉴别，而没有必要什么都拘泥受制于基督教的名义。

总之，不论西洋宗教还是东洋宗教，并非其教义本身有什么符合或不符合现代的问题。而仅仅是信仰这些宗教的信徒的智慧或愚昧，导致其价值也发生了变化。不论是耶稣的教义还是释迦牟尼的教义，如果掌握在愚昧之人手中，那就只能为他本人发挥作用。目前的神道教、儒学和佛教的教义，也是因为掌握在了今天日本的神官、僧侣和儒者手中并以今天的民众为对象，所以被认为落后于时代。但是如果这些神官、僧侣和儒者（当然对他们并不能有所期待）开始努力学习，未来以新的知识和学术来包装修饰这些教义，并能够公开理直气壮地向现代文明社会的有识之士进行说明，那么这些教义的价值必然会成百倍地增加，甚至也会让外国的基督教徒们羡慕不已。这里来做个比喻：道德教义就像一把刀，按照这一教义行事的民众就像是使用刀具的人，无论质地多么好的刀，如果让笨拙的人来使用，那也是白白糟蹋浪费。就如同即使是良好的道德，但是如果在文明程度很低的民众社会中，也难以发挥其促进文明进步的作用。那些对基督教进行道德礼赞的有识之士，不去关注使用刀具的人的能力如何（民众的文明程度如何），而只是一味错误地关注刀具质地的好坏（教义的优劣）。总之应该说，道德要借助于智慧才能够放出光彩，有了智慧对道德的引导，道德才能发挥真正的作用。智慧与道德二者必须兼备，否则就不可能有世界文明的进步。

十一、引入宗教并非迫在眉睫

讨论引入新的西洋宗教的利弊得失，并非本章写作的主要目的，不过既然已经涉及这一问题，那么接下来就来简单地谈一下这个问题。当人们试图得到什么东西的时候，一般就是想要得到自己没有的东西或短缺不足的东西。也就是说，想要的东西一般有两个，如果按照对其需要的顺序来决定，首先需要确定的是希望得到自己手中完全没有的东西，还是希望得到明显短缺不足的东西，即一个是必要的，另一个是不能不要的，或者说两个都是必要的，只不过是在需要的顺序上有所区别。在前面我们已经有所论述，文明是一个国家民众智慧与道德的表现，而且日本的文明还远不及西洋文明，这也是社会上一般所承认的。日本之所以还没有达到文明的标准，就是因为民众还缺乏智慧与道德，为了促进文明既需要智慧也需要道德。眼下的日本，必须追求这两样东西。因此，追求文明的有识之士，就需要放眼整个日本，衡量一下国民的智慧与道德，看看哪个多哪个少，否则就难以明确需要这二者的先后顺序。不过，无论多么缺乏认识的评论批评家，也不可能得出整体上日本人道德不足而智慧有余的结论。而且，也有很多事例应该能够明白无误地证明这一看法，因此并不需要也没有必要去具体列举。不过，为了更清楚理解起见，在这里还是略举一二例来进行说明。

本来，在日本人们所遵行的道德是神道教、儒学和佛教，而在西洋则是基督教。虽然基督教同神道教、儒学和佛教的教义不同，但在确定善恶标准这一根本精神上并无什么不同。就如同在日本人们认为雪是白的，在西洋人们也同样认为雪是白的，在西洋人们认为炭是黑的，在日本人们也同样认为炭是黑的一样。而且，在道德的问题上，东西方的学者们都在不厌其烦地主张自己的学说，或者著书立说，或者反驳其他学说，彼此无时无刻不处在争论之中。这种情形本身不恰恰说明了东西方的道德并无所谓优劣之分吗？一般而言，物质力量如果不是大体相当，就不可能引起争论。就像我们从未见过牛和猫打架，或者从未听说过大力士和小孩子在擂台比武一样。也就是说，争论的发生一般只限于双方力量相当的情形。基督教是由西洋人的智慧所创造及磨合而成的宗教，其教义的精细程度，也许是神道教、儒学和佛教所不及的。不过，面对西洋传教士来到日本后在积极传教过程中试图排斥神道教、儒学和佛教来巩固基督教地位的做法，相对处于弱势的神道教、儒学和佛教的专家们也在主张各自的学说，与基督教形成了对抗。如果问双方为什么能够保持着对立的状态，那么只能说西洋宗教的教义并非像牛和大力士那样强，日本宗教的教义也并非像猫和小孩子那样弱，双方的力量其实不分上下。虽然我并不十分清楚双方究竟哪一方略微占有优势，不过我们日本人相信自古以来适合我们自己的教育，已经具备了相应的道德。因此，如果从私德的角度来说，即使还难以超越西洋人，但也只不过相差微妙的一小步而已。或者，如果暂且不论不同宗教的教义，而仅从实践的角度来看，或许未开化的日本人中反而会有更多的有德之人。因此，日本人的道德，尽管就国民整体而言可能还不够充分，但显而易见目前最为需要的却并非道德。

而对于智慧来说就完全不同了。如果将日本人的智慧同西洋人的智慧进行比较，从学问、技术、商业、工业等重大事务到日常生活中的一些微小事情，从一列举到甚至一百一千，几乎没有一样东西日本可以同西洋匹敌。在这一点上，既无人能够与西洋对抗，也没有人具有勇气去与西洋对抗。除非那些愚蠢透顶的人，不会有人相信日本的学术水平和工商业与西洋处于对等地位。比如，有谁会拿日本的排子车同火车的快捷便利去比较，以及拿日本刀同洋枪的作用去比较呢？日本人仍然以阴阳五行原理来解释天地万物，而在西洋人们已经发现了六十种化学元素。日本人一直以天文现象来占卜吉凶，而在西洋人们已经知道了彗星的周期，并开始实际观测太阳和月亮了。日本人认为我们住在静止不动的大地上，而西洋人却已经发现了地球转动的原理。日本人相信只有自己的国家才是神圣的神国，而西洋人却已经走遍了全世界，在所到之处开拓土地建立国家。而且，西洋在政治和经济方面的进步，已经远远地超过了日本。因此，在这些方面，目前的日本没有任何可以向西洋骄傲夸耀的东西。日本人可以骄傲夸耀的东西，只有自然物产或自然景色，而需要依靠人力去制造的东西却一个都没有。而且，因为日本人没有竞争意识，所以西洋人也没有要同日本竞争的意愿。外国人虽然也常常夸耀自己的国家，但是却没有因为欣赏火车的便利而去指责挪揄排子车的落后不便。总之，日本人同西洋人在智慧上的差距，就如同猫和牛之间的力量差距，因此不可能出现任何争论。由此看来，目前日本急需学习引进的，并非西洋的道德，而是西洋的智慧和知识。对此，我们应该认真地去思考。

在此，我再举一个例子来加以说明。在某个乡村，有一个旧时幕府时代的武士，在废藩之前，其享受着每年二三百石的俸禄，并且恪守着所谓"对君忠义、孝敬父母、夫妇有别、长幼有序、朋友有信"的五伦道德标准，借别人钱必还，交友注重义理，绝不做无德无义之事，当然更不去做那些欺诈偷盗之事。虽然偶然他也对下层百姓颐指气使而给别人带来烦恼，但因为这是彼此身份不同的自然现象，也并没有令其觉得内疚而需要反省。此外，其生活极其节俭，严于律己，弓马刀枪各种武艺无不精通，唯一的缺点就是疏于学问，不过这样的人可以说本来就是典型的武士。那么，在眼下，为了这些典型的一般旧时武士的未来，究竟怎么做才最有利呢？是教他们新的道德好呢，还是教给他们知识好呢？如果对他们进行道德教育，突然告诉他们基督教的十诫，会怎么样呢？他们因为从未听说过十诫中的前四条（与西洋的神相关的心得），或许会因为感到新奇有趣而去学习，但是从第五条以后，他们肯定会反驳说："我本来就一直孝敬父母，也从来没有杀人的想法，奸淫偷盗更是不可想象的事！（这些事情难道还需要去学吗?）"从而会对这些戒律丝毫没有兴趣。当然，从根本上来说，耶稣的教义也不可能仅仅通过这十条戒律就穷尽，必定还有其深奥的意义。孝敬父母有孝敬父母的方法，不杀人有不杀人的道理，不奸淫不偷盗也有各自的意义。因此，在解释说明这些教义时，必须更加认真反复地使接受者彻底了解其精神。这样的话，或许那些旧时的武士就可以接受了。不过，不管怎么说，道德并非一定需要有新的宗教，在旧时武士自己的日常生活中，应该说至少有了最基本的一些道德实践。

而与此同时，如果来看看这些人的智慧或知识，则可以说他们身无一物。他们虽然能够辨别五色，但是却不懂自然光包含七种颜色（赤、橙、黄、绿、青、蓝、紫）的道理；虽然也懂得根据天气变化问候别人，但是却不明白温度计升降的原理；虽然吃饭的时间不会弄错，但是却不知道钟表的用法。此外，这些人虽然了解生养自己的土地，但是却对日本整体知之甚少，更不知道在日本之外还有其他国家。可想而知，这样的人怎么可能了解国内政情或外交状况呢？这些人艳羡古风、遵从古法，只知自己一家为唯一的天地，视野也仅仅局限在一家之内，如果向外迈出一步，则对世界万物一无所知。眼下，由于废藩措施的实施，这些人的小天地被完全打破，处于走投无路日暮途穷的状态之中。因此，这样的一些旧时武士，只能说是一些虽不乏正直却太过于愚昧的人。

而且，这类人甚至不限于旧时各藩的武士，在社会上也有很多类似的人。这一事实众所周知，同时也是有识之士和政府所担忧的事情。然而，难以理解的是，那些道德家却仍然在向这些愚昧的国民推荐传授基督教，只是致力于提高这些人的道德，而对其是否具有知识不闻不问。这些信奉基督教的道德家，似乎只能看到那些既愚昧又道德败坏的民众，而社会上实际存在着大量虽然愚昧但却不乏正直的民众。如何对待这些民众呢？难道只是让这些人更加正直而对其愚昧状态继续放置不管吗？这种情形，就是我们前面所说的弄错了探求事物的先后顺序。那些以洋学家自居的人不是常常指责日汉古学落后于时代吗？指责的理由不就是认为其中缺乏智慧吗？但是这些人却一边指责别人的不是，一边自己又陷入了同样的错误（虽然在学习西学，但却醉心于基督教，只是在宣传炫耀其道德论）。也就是说，自己推翻了自己所主张的观点，不得不说真是糊涂之至。

十二、文明进步必然导致宗教合理

从根本上来说，宗教也会随着文明进步的程度而改变其性质。西洋基督教起源于罗马时代。虽然罗马曾经创造了一个文明繁荣的时代，但是以今天的眼光来看，也不得不说那同样是一个野蛮无知的时代。因此，当时的基督教虽然也在提倡宣扬一些充满迷信的内容，却恰恰适应了当时人们的智力水平，既没有受到社会上的责难，也没有人对此感觉到奇怪和怀疑。就这样在数百年间，基督教随着社会的变化而变化，这种信仰在民众中逐渐扩大，很自然地逐渐形成了一种权力，并控制了民众的思想。也可以说，基督教对民众思想的控制，就如同专制政府以专制手段控制民众一样。不过，人类智慧的进步，就如同大河奔流般势不可挡，阻碍这一进步的教会权力逐渐违背了民心，这导致其名声一落千丈。于是，在16世纪时开始了宗教改革。这一改革，对罗马天主教（旧的宗教）进行了批判，从而产生了新教（Protestant）。而且，宗教改革后虽然形成了新旧两个教派，并且这两个教派处于对立状态,但是目前新教势力逐渐占据了有力的优势地位。不过,两大教派本来都来自同一个基督教,所以双方信仰的对象并没有改变,新教之所以能够占据有利的优势地位,就是因为其宗教仪式简化,排除了过去的那些迷信成分,顺应了近代以来的人心,适应了民众知识进步的水平。也可以说,旧教是烦琐、保守和腐败的,而新教却去除这些弊病获得了新生。因此,古代和今天社会文化的不同,在宗教上也可以反映出来。

然而,这样一来,欧洲各国就应该是文明进步的国家必然信奉新教而文明落后的国家必然信奉旧教,但实际上却未必如此。例如,苏格兰和瑞典的民众更容易沉溺于那些宗教迷信之中,而远不及法国人活泼与聪明,当然必须说前者的文明相对落后而后者则具有非常杰出的文明。但是,恰恰相反,法国人是信奉天主教的,而苏格兰人和瑞典人却是信奉新教的。如此看来,天主教在法国其实已经发生了改变,自然能够适应法国人的性格,或者也可能法国人已经不再重视宗教了。同样,新教也在苏格兰和瑞典发生了改变,从而适应了各国民众的相应水平。总之,宗教会随着文明的程度而发生变化。

在日本也同样如此,比如很久以前的"修验道"和"天台真言宗"等教义,随意提出一些难以理解的说法,大肆渲染缘分相投,通过念咒祈祷等方法蛊惑人心,不过那时的人们也相信这样的迷信。然而,在中世时期(13世纪)"一向宗"兴起之后,那些难以理解的说法开始减少,其宗教风格变得越来越简单而平淡。正因为如此,"一向宗"才能够顺应中世时期的文化,压倒其他宗教,从而占据了优势地位。这同时也证明,随着社会文明的进步,宗教形式必然会越来越简化并不得不多少具有一些理性。

假如弘法大师(于9世纪开创了真言宗)出生在今天,即使他再提出那些能够蛊惑过去人心的难以理解的说法,对于今天明治时期的人们来说,估计相信这些说法的人也很少。今天的日本人正适合于今天所流行的宗教,即宗教与民众相互适应。如果日本的文明能够获得更大的进步,一向宗也被视为迷信而不再被相信,那么必定会产生一个新的一向宗,或者人们会原封不动地采用西洋的宗教。总之,宗教的事情只能顺其自然,不论学者们如何费力,也不论政府如何利用权力干预,都不会有任何结果。因为这就同人们的智慧进步一样,是一个自然改变的过程,因此也应该任其自然发展。学者们著书立说去论证宗教的是非曲直,或者政府试图通过法律来支配宗教,都完全没有意义。

十三、没有智慧则善人也难以行善,有了智慧则恶人也未必作恶

我认为,即使是讲道德的善良之人,也未必总是在行善,即使是不讲道德的恶人,也未必总是在做坏事。看看过去西洋各国的历史,就可以明显发现其由于宗教原因而发生过战争以及大屠杀事件,其中最为可怕的就是所谓的"宗教迫害"(Persecution),

即迫害和屠杀与自己宗教信仰不同的异教徒。在古代，法国与西班牙就有许多这样的事例，比如在法国著名的"圣巴托罗缪"（St. Bartholomew）大屠杀事件（1572）中，据说在八天时间里就有五千名无辜的民众被屠杀，其残酷的程度简直闻所未闻。然而，那些杀人者却也不能称为恶人，因为他们完全是虔信宗教才如此行事的，面对信仰，俯仰无愧，毫无良心上的耻辱感。那么，为什么这些并非恶人的人会去做如此残暴的坏事呢？并不是因为他们缺乏信仰上的私德，而是因为他们缺乏智慧。如果让一个愚蠢的人掌握了权力，他为了实现自己对某一目标的追求，不知道会闯下多么大的祸事来，这对一个社会来说，应该说是最为可怕的恶魔。不过，"圣巴托罗缪"惨案之后，随着西洋各国文明的不断进步，在今天已经不会再发生如此可怕的宗教迫害了。这并非因为古今的宗教有所不同，而是文明的进步使然。即使同为基督教，为什么过去为了宗教可以杀人，而在今天却以宗教来拯救人呢？这只能从人类的智慧进步中去寻找原因。因此，智慧不仅仅为道德增光，而且还可以保护道德，使其免做坏事。

不久前在日本，即幕末时代，水户藩中曾发生过所谓正党与奸党（不正之党）之争。其具体经过没必要在此加以叙述，不过主要争论是围绕"忠义"二字形成了两派对立观点之间的政治斗争。这一争论就类似于宗教上的争斗，尽管被称为正党与奸党之间的争论，但并不能仅从名称上来对其做出判断，因为各自都称自己为正党，称对方为奸党。两党都践行忠义的信念，如果从每一个人的言行来看，有很多人堪称怀有无限赤诚之心的壮士，而绝非伪善者之流，比如可以从他们失败之后的赴死状态看出来，个个都能够慷慨就义，毫不胆怯。不过，在近些年，由于一些观念不同而滥杀无辜者最多的，就是水户藩。这也是那些并非恶人的人由于缺少智慧而做恶事的一个事例。

与此相反，德川家康却在乱世之后，经历了多年战场上的血雨腥风及千难万险，开创了三百年的太平，确立了日本的和平。直至今日，无人不称赞其丰功伟绩。实际上，在足利时代的末期，国内极度混乱的时候，即使以织田信长和丰臣秀吉之力也未能奠定天下统一的基础。如果那个时候没有德川家康，那就不知何时才能够实现太平。所以应该说，德川家康堪称开创三百年太平的英雄。不过，如果看其私德，他也做过不少寡廉鲜耻之事。特别是，丰臣秀吉在临终之际，曾嘱托德川家康保护其家人，但德川却毫无忠诚之心，不但没有依照丰臣的特别嘱托辅佐其幼子丰臣秀赖，反而使其养成懒惰放荡的愚蠢性格，而且还故意让本来早该除掉的石田三成一时得势，以便日后将其作为应该灭掉丰臣氏的理由，可见德川家康的城府及阴谋心之深，应该说无人能及。从这些行为来看，在德川家康身上似乎看不到一点道德忠义之心，然而却正是这一缺乏道德之人开创了三百年的太平，将全国民众从战乱的痛苦中拯救了出来，这难道不是难以理解的吗？其实，不仅德川家康，源赖朝和织田信长也同样如此，如果从其私德私行来说，他们也有很多可称为残忍刻薄、欺骗、背叛甚至卑鄙的行为。但是，他们却能够平息当时的战乱，减轻天下苍生的流血牺牲，这是为什么呢？这难道不是证明了即使恶人做的事也未必都为不义之事吗？总之，应该说，这些时代的英雄虽然私德上存在缺陷，但他们以其聪明智慧所发挥的作用完成了一件巨大的善事。正所谓，瑕不掩瑜。

十四、以私德促文明只不过是一时的美德

如果我们将这一章的内容归纳总结一下，主要有以下一些内容：第一，道德是个人的行为，其影响范围有限，而智慧或知识的传播则非常迅速且范围广泛；第二，道德说教从很久以前就已经被规定且没有变化，而智慧或知识的作为却在不断地进步；第三，道德难以通过具体的方法传授给别人，是否能够拥有道德只取决于自身内心的修养，而智慧或知识却具有各种可供检验的合适方法；第四，道德仅仅取决于自身内心，因此有突然提升或突然堕落的可能，而智慧或知识一经掌握就不会丧失；第五，智慧与道德相互依赖、相互协助才能够发挥作用，如果没有智慧，善人也会作恶，如果拥有智慧，恶人也会做善事。

正如我们前面讲过的，道德的传授没有具体方法，提出忠告劝诫也只是亲属朋友之事，不过其自然感化所及的范围却非常广泛，比如阅读在遥远的外国出版的图书后有可能突然大彻大悟，也有听闻古人的言行并通过自己努力修行很快改变观念的。古语

所说的"闻伯夷之风者而立"就是这个意思。如此说来，既然作为一个人且没有祸害社会之心，那么就必须修炼自己的道德。这不是为了名利，而是作为人类应尽的责任。为了防止自己产生恶念，就要像勇士对敌战斗一样，必须有像专制君主压制民众、禁止其出声那样强有力的力量。此外，知善行善时要像守财奴贪图钱财一样热心。更为重要的是，如果在完成自我修身和感化家庭成员之后还有余力，也可以广泛地对他人进行道德教诲以引导人们的道德，哪怕只能扩大一点道德的范围也好。

这些事情，不但是人们应该做的重要事情，而且具有促进文明的巨大作用。社会上存在专门从事道德教育的传教士和教导员等职业，当然是件好事。不过，如果想要完全依靠道德来统治全世界，或者以某一教派的主张来排斥其他教派，仅仅以自己的教派来垄断社会道德教育，甚至试图干涉智慧与知识领域，那就太没有道理了。如果认为人生的使命就只是进行道德修养，而且规定必须依赖某一教派的教诲，那就会束缚人们的思想，限制人们的自由，反而会使人们陷入愚昧无能的境地，阻碍文明的进步。所以，对此必须坚决反对。

仅仅以消极性的私德促进社会的文明并感化世人，应该说只是偶然的功德。或者也可以说，就像在自己的土地上建造房屋却无意中让邻居家有了墙壁，给邻居也带来了利益一样，不过建屋是为了自己而不是邻居，只是无意中给邻居也带来了利益。私德的修养也是为了自己而非他人，如果有人是为了他人而修养道德，那他一定是一个伪善的人，从真正的道德家的眼光来看，这应该是一种令人痛恨的不道德。因此，道德的本质，完全在于我们自身的修养，即使能够对社会发挥一些作用，那也只不过是偶然的影响。试图依靠偶然因素来影响和支配社会，难道不是一个极大的错误吗？

十五、应该以无限的精神来达到包容万物的境界

既然作为人来到这个世界，就不能仅仅将自身的道德修养作为这一生的使命。那些道德论者可以好好地想一想，各位每日的衣食用品是从哪里来的。尽管"天上的耶和华"给我们的恩泽确实广大，但衣服不会自然从山里长出来，食物也不会从天而降。更何况，随着世界文明的不断进步，生活的便利不仅仅体现在衣服和饮食方面，还会有蒸汽机和电信的便利，以及政治和经济所带来的好处。这些成就难道不都是人类智慧之功吗？如果按照人权平等这一文明精神（义务当然也平等），自然不应该坐享其成，只是接受他人的恩惠。如果道德论者能够像悬挂在脸盆架上的水瓢那样不吃食物，每日只是闲逛，那么当然可以了，否则既然要吃饭穿衣，要使用蒸汽机和电信，要享受政治和经济方面的好处，那么就必须回报社会，尽自己的责任。

不仅如此，尽管在今天我们人类的物质享受已经非常丰富，精神道德也已经达到了知耻的程度，但是难道就应该甘于现状

吗？即使物质与精神同时得到了进步，也只不过是指今天的世界文明所达到的阶段，当然还没有达到最高的阶段。我认为，人类精神的进步是无限的，未来能发展到什么程度是难以知道的。不过与此同时，我们也越来越多地发现有关天地宇宙功能结构的规律。因此，我们人类必须以无限的精神力量去探究宇宙的有限规律，这样就可以很快地迎来一个新的时代，即利用人类的精神可以解决和支配天地宇宙间不论有形还是无形的所有现象和所有问题的时代。如果达到了这样的境界，就没有必要再去论述和争辩智慧与道德的不同了。也只有这样，才是一个人类的智慧与道德完全符合天地宇宙间规律的时代。在遥远的未来，这样的时代一定会到来。

第七章　论应该运用智慧与道德的时间与空间

一、在论述事物的得失时必须考虑到时间和空间

在论述事物的对错及利弊得失时，必须考虑到时间与空间，即时代与场合。比如车辆适合于陆地，而不适合于大海；有些东西在过去是对的，但是在今天就不再对了；或者也有很多在今天非常好的东西却不适用于过去。如果不考虑时间与空间，对任何事物都难以做出对错好坏的判断。因此，论及事物的得失与对错，最终只能从时间与空间的角度进行考虑，只要能够适应时间与空间，即符合时代与具体场合，其本身就不会存在所谓得失的问题了。

比如在中古时期发明的长矛，非常适合那时的战事，但是到了明治年间就不再适用了。东京的人力车适合于东京市，但是却难以适合伦敦或巴黎。战争固然并非什么好事，但是在面对敌人

时则必须战斗。杀人固然是不人道的，但是在发生战斗的时候却必须去杀人。君主专制的制度固然是一种恶政，但是俄国彼得大帝的政治却难以被指责。对忠诚义士的行为固然应该赞赏，但是却不能说没有君主的美国是野蛮国家。总之，所有的事情都要根据其时间和空间来决定，而不可能存在唯一万能的原理，只能够根据时间和空间来选择各自的道理。

当然，要体察和判断合适的时间和空间并非易事。古往今来，人们的很多失败都是对时间和空间的判断失误所导致的，一些被认为成就了丰功伟绩的人，也往往是因为掌握了正确的时间和空间。那么，为什么正确把握时间和空间如此困难呢？这是因为所谓"空间"往往容易与相近的东西混淆，而"时间"则是指把握前后缓急的机会。例如，如果说到"空间"，亲生子与养子容易混淆，如果以对待亲生子同样的方法来对待养子，就会引起大的麻烦；如果将马与鹿相混淆，用饲养马的方法去饲养鹿，也肯定会失败；如果将神社与寺庙相混淆，将灯笼与吊钟相混淆，或者在沼泽地使用骑兵，或者将重炮拉入山中等，都是空间场所混淆而发生错误的例子。如果将东京与伦敦相混淆，将人力车用于伦敦，那同样是极端错误的认识。然而，实际上这样的失策却数不胜数。

如果说到"时间"，也有可能将中古时期的战争同今天的战争相混淆，但那时有用的长矛并不适用于现代战争。一般来说，当人们认为"时机已到"的时候实际上往往为时已晚。例如，开饭的时间就是指吃饭的时间，而做饭则必须在此之前，在饭没做好而感觉到肚子饿时即使说"时机已到"，那也是指应该吃饭的时间，而不是指应该做饭的时间。此外，一觉睡到临近中午才起床，即使认为起来的时间是早晨，但真正的早晨是日出的时间，所以实际上早晨的时间已经在睡梦中消逝了。因此，必须很好地选择空间，并且绝不能错过合适的时机。

二、支配野蛮时代的只有道德

在上一章中我们曾对智慧与道德进行了区别，并论述了各自的不同作用，在这一章中我们将进一步就应该发挥智慧与道德作用的时间与空间进行论述。在人类刚刚出现还未摆脱野蛮状态的时代，人们的智力还很低下，也可以说就像是人类的童年时代，其内心只有恐惧和喜悦两种情感。在面对地震、打雷、风雨、水火等自然灾害时，只感觉到恐惧，甚至对大山、对海洋、对旱灾、对饥馑都会感到恐惧，总之那个时代人们对所有的灾难都束手无策，而只能够对这些灾难感到恐惧。或者，因为意识到的天灾没有来或来了之后迅速退去，人们就会认为是上天的恩惠而感到喜悦。例如，如果旱灾之后能够降雨，饥馑之后能够丰收，人们就会感到极其喜悦。而且，不论是发生天灾还是有上天的恩惠，其来去都完全超出了人们的预想，所以人们就总是认为这些现象是偶然的，而从未试图通过人的努力去加以改变。既然人们的所有祸福都是偶然因素作用的结果，出于人之常情，就不得不将其原因归于某种超人的力量，因此也就产生了有关神灵的观念。发生了灾祸，就认为是恶神所为，遇到了幸运的事，就认为是善神的恩惠，总之天地间的一切现象，似乎都是由各种神来控制支配的。比如在日本，就有所谓的八百万神。因此，人们就会向所谓善神祈福，向恶神则祈求不要降下灾祸或厄运。不过，最终人们是否能够如愿以偿，则并非取决于自己的努力，而只能是依靠神的力量。过去人们进行祈祷，就是将这种难以控制的力量称为神力，并希望得到神力的保佑。

然而，过去使民众感到恐惧或喜悦的事情，并非仅仅是自然的天灾或上天的恩惠，社会上的人事也同样如此。因为是在一个不讲道理的时代，所以即使强者使用武力欺负弱者，弱者也难以通过理性的诉求对此进行反抗，而只是感到恐惧而已，这种情形几乎与对天灾的恐惧没有什么不同。因此，很多弱者就只能依附某一个强者，以防备其他强者的暴力。这种被众多弱者所依靠的强者头领，即为酋长（蛮族的首领）。作为酋长，除了需要具备一定的武力之外，还需要多少具备一些智慧与道德，以便对抗其他酋长的暴力及保护作为弱者的部下。并且，这种保护越有效其威望也就越高，最终就会形成和掌握一种特权，有时还会将这一权力传给自己的子孙后代。世界上的任何国家，未开化时代的情形，大都如此。在日本，王朝时代是天皇统治国家，中古时代则由源氏在关东地区控制政权，也都是这方面的例子。

不过，即使酋长掌握了权力，但不知何时那些愚昧的民众就会背叛，因此要牢牢地控制民心是非常困难的。即使用高深的道理或未来长远的利益来说教，他们也不会明白。因此，为了引导民心以及保持一个族群的团结，就只能够利用人类本能性的恐惧与喜悦的心理情感，让他们看到眼前的灾祸或幸福。所以，就会出现所谓"君主的恩威"（按照中国的说法，就是所谓"礼乐"与"征伐"的制度）。中国的统治者在很早的时候就制定了礼乐制度，所谓"礼"（礼仪），就是通过培养尊敬长辈上司的习惯及精神来让他们自然地懂得君主的尊严，所谓"乐"即音乐，就是要在无言的音乐声中松弛那些愚昧民众的精神，培养他们自然爱慕君主和感谢其恩德的情感。而且，在利用礼乐掌控民心的基础之上，还通过所谓征伐（军事力）威力来控制民众的行动，使其在不知不觉中身心都得以安定。并且，君主会对其中的所谓善良者给予奖励，以满足其喜悦之心，对所谓恶人则进行处罚，以消除善良民众的恐惧与不安。总之，君主采取恩威并用的统治方法，当时的民众看起来似乎也没有什么不满。

然而，所谓的赏罚，完全由君主随意做出决定，民众则只能被动地接受这些赏罚，或者感到喜悦或者感到恐惧，而绝不能询问为什么要接受这些赏罚，或者也可以说这些赏罚就像天灾或上天的恩惠从天而降一样，完全是一种难以预料的偶然现象。也就是说，一个国家的君主，是偶然的祸福之源泉，因此民众只能够将君主视为人类之上的一种存在来仰望膜拜。在中国，人们将君主称为天子,就是将君主尊称为神的儿子,也是出于这样的原因。例如,在古代历史上,有时会有百姓的赋税被免除的事情,这样的举措确实可成为美谈,但是不论政府如何节俭,君主及各级衙门的官员肯定需要一定的生活费用和政治上的花费。然而,如果数年时间不征税却仍然能够维持开销,那只能说明过去的征税非常苛刻,横征暴敛,结余巨大。因此,即使征收了过多的赋税,民众也不知道其理由,即使突然数年时间不征税,民众也同样不知道其理由,而只能够在被横征暴敛时就像面对天灾一样感到恐惧,被免征赋税时则像受到上天恩惠一样感到喜悦。不论灾祸还是幸运,都只是高高在上的天子赐予的。因此,也可以说天子就如同具有雷电和避雷针的双重作用,即打雷是天子的一种力量,而停止打雷也只需要天子的一道命令。民众只能够向天子祈祷来决定自己的祸福,因此他们也只能够像对待神一样对君主表示尊敬。

如果以现代人的眼光来看,这种情形都是非常荒唐和极不合理的,不过这也是当时的时势使然,我绝非要对此加以指责。无论如何,面对当时那些愚昧的民众,既不可能与他们进行理性的对话,也难以制定规则或者按照相互的契约实施政治。比如在上古文明还未开化的尧舜时代,即使想要实施像今天西洋那样的法律,也没有人能够理解这些法律的目的并且去遵守这些法律。之所以没有人会遵守这些法律,也并非因为民众都是刁民而不守法,而是因为没有理解这些法律主要意义的智慧。如果放纵这样愚昧的民众随意行事，就不知道他们会做出怎样危害社会的各种坏事。因此，就需要酋长认真仔细地观察时势，通过施恩让民众喜悦，或者通过威吓让民众恐惧，对待同一族群的民众看起来就如同对待一个家庭的子弟一样。也就是说，君主要保护民众，大到生杀予夺的刑罚，小到日常生活中的琐事，君主无所不知无所不管。甚至也可以说，社会就如同一个家庭或者一个学校，君主既是天下的父母，也是这个学校的教师，其权威与恩惠的广大无边甚至就如同神一样。因此，君主一个人，真是可以说身兼父母、教师和神三种角色。

在这种情形之下，如果君主能够很好地克制私欲，虚心修养道德，即使缺乏智慧，也可以获得仁君或明主的赞誉。我们可以将这种统治方式称为"野蛮的太平"（专制下的和平）。当然，那样的一个时代，也只可能采用如此的统治方式，或者也可以算是一个比较不错的时代，比如中国古代的所谓唐虞三代（尧舜和夏殷周三代）之治就是这样。相反，如果君主私欲横流，不施德政，滥用其威严和暴力，即为暴君，其统治的时代就可以称为"野蛮的暴政"，在这种统治之下，民众的生命安全也得不到保障。总之，在野蛮时代，支配社会的原理就只有"恩威"二字，即一切都取决于统治者的恩德或者威严，或者仁慈施以恩惠，或者就是强力剥夺，除此之外完全没有智慧与理性可以发挥作用的余地。在《孟子》一书中，有（孔子所言的）"道二，仁与不仁而已矣"，所指的就是这样的意思。

然而，如此的风气并非仅仅表现在政治上，在人们的私人行为上也同样如此，即如果将所谓仁与不仁进行极端的比较，应该说泾渭分明。即使看那些中国和日本的古代经典，不论是经书上所讲授的人性之道，还是史书上对古人言行的评价，基本上都是只谈道德问题，而且只是简单地贴标签，机械死板地比较仁与不仁、孝与不孝、忠与不忠、义与不义，如果不是像伯夷一样的圣人君子，那就一定是像盗跖一样十恶不赦的大恶人，如果不是忠臣那就一定是奸臣贼子。在这中间，丝毫不承认智慧与智力的价值。即使偶然有在知识领域内获得成功的人或事，他们的功绩也被视为奇技淫巧而不受重视，完全没有得到正当的评价。总之，这些情形说明，在野蛮的未开化时代，支配社会的力量只是单纯的道德而不需要其他任何东西。

三、在野蛮的世界里仁政也归于无用

然而，随着文明的进步及人类智慧的发达，人们逐渐会产生一种所谓"怀疑的精神"，即对天地间的事物给予关注，如果看到某事物在发挥作用，就一定要弄清楚其原因，即使难以弄清楚真正的原因，也会具有怀疑精神，思考事物的利弊，并且努力去趋利避害。比如，为了避免风雨的灾害而重视房屋的修建，为了防止河流海洋的水害而构筑堤坝，为了渡水而造船，为了防火而使用水。或者，制作药以治病，开通水路以防备旱灾等，都是运用一定的智力来解决生活中的难题。如果人们已经懂得依靠智力使生活变得更加安定，那么由于缺乏智慧而对天灾感到恐惧的情感就会逐渐淡薄，过去所依赖的对神的信仰也会丧失大半。因此，只要智慧获得进步，勇气也会增添一分，随着智慧的不断进步，也会产生出无穷无尽的勇气。

现在，我们来看看西洋文明。西洋人对身边的一切事物，即五官可以感知的事物，都要探求其性质，查明其作用，再进一步研究其发生作用的原因。而且，他们会用尽所有现代所具有的智慧，利用一切有利的部分，去除那些有害的部分。例如，利用水和火的原理制造了蒸汽机（进而发明了蒸汽轮船），可以横渡太平洋；高耸入云的阿尔卑斯山也被开拓筑路，可以行车；发明了避雷针之后，雷电也不再能够发挥其威力了；化学的研究（比如对土壤的分析以及肥料和农业技术的发展等）也逐渐显示出了效果，使得因饥馑而死亡的人数减少了；电的力量令人恐惧，但是如果能够合理正确地使用，电信就能够代替信使的角色；光线的性质虽然复杂，但是可以拍摄它所映射的物体并制作成照片；如果担心风浪，可以建造港口保护船只；如果有发生传染病的危险，则可以制定防疫对策将其隔离。总而言之，近代文明就是要依靠人的智力征服自然，逐渐深入到自然界的内部，揭开其创造演化的奥秘，抑制其肆意发挥的作用而不使其自由肆虐。伴随智慧所产生的强大力量，所向无敌，甚至可以说人类之力可以驾驭自然。既然人类已经可以支配自然并对其自由地加以利用，那么还有必要对自然充满恐惧和崇拜之感吗？还会有人去祭拜山岳河川吗？山林、沼泽、河流、海洋，以及风、雨、日、月等自然物或现象，对于文明人来说，就如同其奴隶一样。

而且，既然人类可以驯服自然并使其受我们的控制，那么过去那种对社会统治者的权力感到恐惧而地位低下也同样是不合理的。因此，随着民众智慧的提升，人们对各种社会现象之间的相互作用及其原因也开始抱有怀疑，并开始对其进行探究。也就是说，对古代圣贤的话也不是全信，对过去的经书或者《圣经》的教诲也开始有所怀疑。甚至，尧舜之治也不值得艳羡仰慕，过去那些忠臣义士的行为也不值得去效仿。古人在过去只是做了适应过去的事情，而我们在现代只要做适应现代的事情就可以了，根本没有必要在现代去效仿古人的行为。总之，出现了一种自由的风气，即似乎不能允许天地间存在任何妨碍我们身心自由的东西。

精神一旦获得自由，自然就会开始抗拒对肉体的束缚。如果暴力逐渐丧失权威而被智慧取而代之，那么统治者的威力同民众的智慧就难以并存，社会上过去那种甘愿承受旦夕祸福的人就会越来越少。如果出现残暴的君主，民众就会以讲道理的方式进行对抗，如果其仍然对此置若罔闻，民众就可以用其巨大的力量反抗君主。如果能够出现以讲道理的方式对抗君主暴力的形势，那么过去通过暴力权威而形成的所谓上下"名分"（君臣主仆的等级伦理）当然就失去了作用。总之，不论政府还是民众，都仅仅是名称和职责作用不同，而没有地位等级的上下差别。政府保护民众以及帮助善良的民众去惩罚恶人是其应尽的责任,而不应该是特别的功绩,或者说只是按照社会分工的精神所做的工作而已。或者,即使君主想要通过自我修养道德和礼乐征伐来施其恩威,(也并非轻而易举。这是因为)民众已经清楚地知道所谓君主及其恩威的本质,所以就不会接受君主和政府无缘无故的私恩,当然对没有道理的暴力威慑也同样不会感到恐惧。也就是说,即使对方是君主,但只要其行事不合理,民众就既不接受也不支持配合,而完全以所谓"道理"为衡量标准,只是考虑自身的进退不要有误即可。具备智慧的人,完全可以自己承担责任并支配自己,自己对自己负责,而丝毫不需要依赖于他人。例如,如果去行善,就可以得到良心满足的报偿,因为懂得应该去做善事所以才积极地实践善举,而既不是为了谄媚他人,也不是为了效仿古人;如果做坏事,就会受到良心谴责的惩罚,因为懂得不应该去做坏事所以自己就不去做坏事了,既不是因为顾及他人,也不是因为害怕古人。(这是有识之士的心态。)总之,在眼下的时代,已经没有必要去在意基于他人意志的偶然恩威而无原则地感到恐惧或喜悦了。

关于政府与民众的关系,现在如果去询问西洋各国文明社会中人们的看法,可能会有如下的回答:"君主也是人,只不过因为其偶然出生的门第而即位成君,或者由于一场战争的胜利而成为统治者。国会议员不就是我们民众选举出来的国家公仆吗?他们怎么可能依据君主和政府的命令来改变我们的观念和主张呢?政府是政府，我们是我们，政府没有丝毫理由去干涉个人的事情。军备、法律甚至警察，对我们来说，本来都是些没用的东西，为此而缴纳税金也不应该是我们的义务，不过目前社会上在我们周围还存在很多坏人，所以只能用税金雇用官员来进行管理。由此看来，这些税金就像被施舍给了这些坏人一样（实际上是一些无谓的开支）。而且，政府还毫无道理地想要控制管理教育和宗教，以及要为民众规定各种从事农工商各行业的具体经营方法，甚至对民众的日常生活也要横加干涉，总是对我们说'因为要劝你们向善（教育和宗教），还要教授你们生存的技能方法（农工商及其他），所以请交费用'，但是出这些钱有什么道理呢？而且他们在使用过程中的随意及浪费也很严重。（教育和宗教本来和政府没有关系，所以应该完全由民间自己来实施和管理，农工商等行业和人们的日常生活，政府也不应该干涉，而是有待于国民的自发性努力。）因此，不会有人特意出钱向政府低头请求'请来劝我向善吧'，也不会有人专门出钱向那些愚蠢的政府官员请求'请教教我生活的方法吧'。"这大致就是西洋文明国家人们的看法。面对这些具有强烈自主精神的国民，即使君主想要给予其无形的道德教化，或者想要以个人的恩威来引导其发展走向，也是徒劳无益的。

当然，在目前的世界上，不论哪个国家，都还不能说其国民的智力已经达到了完全的高度。不过，人类出现以来已经历了漫长的时间，任何国家只要没有由于什么特别原因而使文明退步，其民众的智慧就必然会有所进步，而且总体上的智力差别会趋向于平衡。因此，即使在那些乍一看民众仍然保守，至今尚在仰慕君主的恩威，以及民众缺乏活力的国度，民众也常常会对君主产生怀疑。例如，世上一般都会在君主前冠以"圣明"（天子的尊称），但实际上常常会出现并不圣明（神圣明德）的君主。此外，有"君主爱民如子（自己的孩子）"等说法，但是实际上号称父母的君主却同作为其子女的民众在不停地争夺利益，父母恐吓子女，子女欺骗父母，常常丑态百出不堪入目。看到这样的情景，即使身处中等阶层以下的愚昧民众，也不可能感觉不到君主言行的矛盾，即使不进行反抗，也会对君主的行为表示怀疑。一旦在民众中间出现了对君主的怀疑，过去对君主的那种尊敬之情就会消失，君主过去进行统治时利用的所谓道德教化这一有效的方式也会变得无效。历史已经清楚地证明了这一点。

不论在日本还是在中国，以及西洋各国，出现所谓善于治理国家的圣明君主，都是在古代早期。日本和中国，直至最近几年，还在不断地努力想要塑造出一位圣明的君主，但是最终都没有成功。而在西洋各国，大约从17世纪、18世纪开始，所谓圣明的君主就渐渐地少了，进入19世纪之后，岂止是所谓圣明的君主，连智慧的君主都不见了。出现这种现象，并不是因为世界上的君主们道德堕落衰败了，而是因为一般民众的智慧水平提高了，这使得君主们再没有彰显其仁义道德的余地了。或者也可以说，在现代的西洋各国，即使出现圣明的君主，也就如同月夜打灯笼一样无声无影。总而言之，君主的所谓圣明仁政只适用于那些仍然野蛮的世界，圣明君主也只是在那些野蛮愚昧的民众面前才显得尊贵。也就是说，君主的私德会随着文明的进步逐渐地丧失其权威。

四、私德必须随着文明的进步而变为公德

如上所述，道德的力量确实会随着文明的进步而逐渐丧失其权威。不过，社会整体的道德却不一定会因此而降低。如果文明取得进步，当然智慧与道德的水平都会同时得到提高，只不过那时私智与私德的性质会发生变化，成为公智与公德。如果能够将公智与公德普及于社会，那么社会自然会趋向于和平（因为智慧与道德常常可以为公共利益服务）。随着越来越多地采取和平手段处理社会事务，人们相互冲突的现象会逐渐减少，最终就不会有人再去争夺土地或贪图财物，为了统治者的地位和权力而相互争斗的愚蠢行为也会绝迹。到那时，所谓君君臣臣这些等级性语言也会消失，甚至在小孩子的游戏中也不会出现。而且，战争也没有了，刑法等法律也不再被需要了，政府的主要职能也不再是取缔坏事和惩治恶人，而仅仅是整顿社会秩序及考虑如何提高民众工作效率。因为社会上已经没有了违约背信的人，所以借贷凭证只不过是相互交换的一个备忘录，而不会成为日后进行诉讼的证据。因为也没有了盗贼，所以房屋的门窗不再需要上锁，而只

是为了遮挡风雨和防止动物进入。因为掉落在路上的遗失物也不会有人拾起私吞，所以警察就只是忙于捡拾遗失物和寻找失主。因为不再有战争，所以制造望远镜代替了制造大炮。因为不再有罪犯，所以建造学校代替了建造监狱。到了那个时候，很难想象社会上还会有士兵和罪犯等人，他们仅仅有可能出现在过去的绘画或戏剧里。在家庭内部，人们也都彬彬有礼，根本没有必要再去听传教士的说教。全国就如同一个家庭一样，每一家都像寺院一样洁净，父母如同本山教主，儿女如同信徒。整个世界的人们都被相互礼让的风气所包围，似乎沐浴在道德的海洋里。这种美好的状态就可以称为"文明的太平"。

不过，我们并不知道还需要多久才能迎来如此理想的时代，所以似乎它就像是梦一样的空想。但是，如果人类利用自己的力量能够达到如此高度的和平状态，那么就不得不说道德所发挥的作用巨大无比了。因此，私德在野蛮未开化时代可以发挥显著的作用，但是随着文明的进步，其权威就会逐渐丧失，它也会转变为公德。而且，如果我们想象一下千万年以后达到高度发展水平的文明社会，就必须承认公德所发挥的作用是巨大的。

五、家庭交往无需规则，道义成就和睦之美

以上我们论述了实践道德的"时代"（道德的时间性），下面我们将论述道德的"场合"（道德的空间性）。从根本上来说，我

们并不希望"野蛮的太平"（专制下的和平），不过单纯去期待无限久远未来的"文明的太平"（理想状态下的绝对和平）也并不现实。因此，在眼下的文明阶段，区分实践道德的场所即空间，或者说区分适用及不适用道德的范围，对文明研究来说是非常重要的。一个国家的民众，随着其远离野蛮时代走上文明之路，自然必须清楚地认识到这种区别。不过，一些具有保守思想的人却往往并不知道这种区别，选错了目标，既想要维持过去由少数统治者带来的"野蛮的太平"，又想要直接到达理想中的"文明的太平"。比如一些研究古代中日典籍的人直至今天仍然羡慕古代圣贤生活的时代，就是因为没有明白上述的这种区别。他们的理想难以实现，就如同缘木求鱼或者不用梯子就想登上屋顶一样，而且他们的理想往往违背现实，所以他们难以将自己的意见清楚地传达给别人，甚至连自己也难以解答自己提出的问题，以至于拿不出任何解决问题的方法，只能够糊里糊涂碌碌无为地终其一生，就好像总是处于矛盾之中，自己将自己建造的房屋从旁毁掉，或者自己反对自己曾经提出的主张。如果对这些人一生的活动进行总结，基本上就相当于一事无成，这该是多么可怜可悲的事情。这些人并不是道德的实践者，而只能说是一些被道德所束缚的奴隶。

比如，由夫妇及其孩子构成的一家人，谓之家庭，联结家庭成员的只能是感情。在一个家庭中，一般物品皆为公物，并无所谓给予或接受的规则，即给予不足惜，接受也不足喜，既不会因为缺少礼节而相互责备，也不会因为受到挫折而感到耻辱，妻子和孩子的满足就是为夫为父者的最大快乐，而作为妻子丈夫和孩子父亲者的痛苦，也就是妻子和孩子的担忧。也就是说，夫妇及其孩子之间的感情，就是即使为难自己也要让对方快乐，看到对方快乐自己也就得到了满足。例如，当孩子由于生病而痛苦时，如果父母能够代替孩子生病来减轻孩子的痛苦，天下的父母肯定都会不顾自己的健康而去拯救孩子。总之，在家庭中，没有必要特意规定物品的所属，也没有必要刻意粉饰虚伪的体面，甚至有时连自己的生命都可以付出。因此，家庭成员之间的交往，既不需要规则，也不需要契约，更不需要什么智慧和天赋，因为这些东西在家庭里都无用武之地，或者智慧也仅仅可以运用在部分生活设计方面。也就是说，家庭成员间的交往，完全是依靠道义也就是依靠感情来实现。

六、实践道义的范围与血缘关系有关

然而，如果血缘关系变得稍微远一点，那么情形就会随之发生一点变化。兄弟姐妹的关系就比夫妇及其与孩子的关系要稍微远一点，叔侄之间的关系又比兄弟关系稍微远一点，及至堂兄弟的关系，就快要类似于外人了。也就是说，随着血缘关系的疏远，彼此之间的感情自然会淡薄。因此，兄弟长大成人之后如果各自独立生活，就会拥有各自的财产，叔侄之间或堂兄弟之间就更不必说了。不过，有时在朋友之间情感也会发生作用，比如说世上有所谓刎颈之交（用刀割脖子也不会改变的友情）或莫逆之交（心意相通、没有抵触的朋友），这种朋友之间的感情之亲近几乎如同父子或兄弟。但是，在眼下的文明阶段，这种关系的范围还十分有限，即使在古今历史上，也没有数十个朋友交往且直至最后仍然是莫逆之交的例子。

此外，世间还存在着君臣关系，这种关系几乎如同家庭内部的血缘关系，双方共同经历艰难困苦，甚至有些对君主绝对忠诚的臣子，即使大义灭亲牺牲自己的父子或兄弟，也要对君主尽忠。对这样的行为，自古以来人们一般都会认为仅仅是由于所谓"君臣情谊"。不过，这种看法只是片面地被表面上美好的君臣关系所蒙蔽，而事实上却并非如此。如果从其他角度来重新审视，就会发现其实存在着更为重要的原因，即一个原因是可以称作人类本性的"党派心理"，另外一个原因就是过去那个时代共同的"时代精神"。

在早期，能够形成君臣关系的人并不多，比如北条早云（生活在15世纪至16世纪的战国时代）仗剑来到关东时，就只率领了六名部下，而且其君臣的情谊必定深厚，甚至比父子兄弟都要亲密。但是，当其成为一国一城的主君后，其部下的数量不断增加，北条家族的门第传承也成为世袭，君臣之间的交往就逐渐形式化，已经不可能有当初的那种亲密关系了。此时，（并不仅限于北条氏，）君臣都只能是诉说着自己先祖们过去的故事，只是由于过去的缘分，君主会利用臣子们的力量来守护家业，臣子们也会尊崇君主的血脉并为其尽力，因此会自然形成一种所谓的"党派"。在这种情形之下，一旦发生战事，臣子们会尽力来保护主家，同时也可以保护自己，甚至有时还会得到意外的幸运。此外，作为那个时代的一种风气，因为有机会以一杆枪获取天下功名，所以臣子也愿意为君主尽力甚至不惜舍弃生命。不过，那时君臣之间倒未必存在所谓的刎颈之交。因此，连严格强调忠义的古人有时也会说"社稷为重，君为轻"，对于一些不可替代的君主，如果认为其昏庸无能，甚至也有通过非常手段将其推翻废除掉的。总之，君臣间并不能说是一种情谊深厚的关系。

此外，在战场上战死或遭受失败时切腹自杀的人，其行为也大多是回应当时的一种"时代精神"，如果不付出生命，将会影响到武士的面子，因此为了自己的名誉而做出牺牲，或者即使想逃也觉得逃不了的情况下而不得不做出牺牲。例如，根据《太平记》的记载，元弘三年（即1333年）的5月22日，在镰仓执政的北条氏灭亡（因新田义贞进攻）时，在东胜寺与北条高时一起自杀的将士有八百七十余人，而且据说听到这一消息后追随赴死的北条家族成员及其部下，在整个镰仓就有六千余人。北条高时即使是一位圣明的君主，也不可能同六千八百人都有交往，更不能想象彼此之间会有如同父子或兄弟一样的情谊。何况北条高时哪里是什么圣明的君主，其实是一个昏君，因此就更能说明问题。由此看来，只看战死或切腹自杀的人数，并不能判断君主的道德情况。不论是为残暴君主而死，还是为圣明君主而亡，真正因为君臣情谊而舍弃生命的人其实是很少的，而正如我们所说的那样是有其他原因的。因此，不得不说道德所发挥的作用即使在君臣之间其范围也是有限的。

在社会上还有一些人通过建立救济贫困的设施或慈善医院来帮助穷人。这些行为固然都是基于道德和情感，但是从根本上来说，却并非作为被救济者的穷人与实施救济者之间的个人交情所引起，而是因为一方富有，另一方贫穷，所以才有了如此的谋划。不过，尽管实施救济者确实富有且无疑也是有情有德之人，但是对于救济对象，却只是知道他们是穷人，至于其人品如何则完全不知道。一般来说，我们不会轻易随便地同毫不了解及素不相识的人交往，所以才需要考虑扩大这些救济穷人事业的规模，推进社会整体的公共事业。也就是说，那些有情有德的有钱人只是将自己多余的财产拿出来以满足自己的一种心理需要，如果来窥测一下他们的内心，与其说是为了别人，其实还不如说是为了满足他们自己。当然，救济穷人无疑是件好事情，不过如果这样的事业过于扩张并长期实施，那些穷人肯定就会习惯于被救济，反而会成为社会弊端，即他们非但不会感谢救济的恩惠，甚至会认为那是一种当然的权利，如果得到的救济不如过去，反而会怀恨那些实施救济者。如此一来，岂不是特意在花钱买怨恨吗？即使在西洋各国，有关救济事业的应有方式，有识之士也是议论纷纷，对其利弊得失的讨论仍然未能得出结论。不过归根结底，授物以惠于人，除去详细地对每一个接受者的具体情况与人品进行调查并亲自接触他们及亲手给予他们之外，没有更合适的办法了。（如果是那些不考虑具体效果的慈善救济方式，反而有可能产生如前所述的那些弊端或反效果。）也就是说，这种情形足以再次证明，道德的对象说到底只具有个人性，其影响力很难及于整个社会。

即使从上述的情形来考虑，我们也可以明白，能够充分发挥道德情感的力量而丝毫没有遗憾的场所就只有家庭了。应该说，只要离开家庭一步，道德的感化力量就很难发挥作用了。不过，有一种观点认为，家庭内部的亲情是世界和平的典范，所以在千万年之后，或许整个世界会天下大同成为一家。此外，世界上的各种现象都处在不停的变化之中，眼下文明活动的状态，无疑仍然处于进步的过程之中。因此，尽管人类的前途曲折遥远，现在不过是千里之路迈出的一小步，但再小的一步，也是前进，所以就没有理由畏惧前途遥远而自我放弃停止前进。如果就目前日本的文明同西洋各国的文明进行比较，只不过在于一步之差，学者们的议论也不过是为了尽快消除这一步之差。

七、规则与道义恰恰相反且互不相容

道德从根本上来说只能够实践于情感世界（共同社会），而在法律规则社会（利益社会）中却并不适用。当然，法律规则的作用自然会产生同情感一样的结果。不过，二者发挥作用的表现方法却完全不同，或者不如说，情感道德与法律规则恰恰相反，可以说二者互不相容。规则也可以被区别为两种，即只是维持事情秩序的规则和防止人们做坏事的规则。如果违反了前者，仅仅属于过失，而如果违反了后者，则属于人心邪恶。我们这里想要论述的是后者，即防止人们做坏事的规则。对此，希望读者不要有所误解。

例如，为正确合理地规范家庭生活而规定成员早晨六点起床、晚上十点就寝，并不是为了防止家庭内部的人心邪恶，而仅仅是为了家庭内部的生活便利而约定形成的协议，因此不会因为违反了该规则而被视为罪犯。而且，这些规则并不需要逐一地明文记载，只要家庭成员各自自觉遵守就可以了。此外，关系密切的至亲好友之间的金钱借贷等活动也是这方面的例子。不过，与此相反，目前社会上普遍存在着凭证、契约或者政府的法律和国家间的条约等，虽然其中有民法或刑法等区别，其中有些法律只是为了维持事情的秩序（尤其是像程序法等法律），不过一般来说，法律的作用主要是防止人们做坏事。这些法律规则的主要目的就在于，将利害得失同时告诉人们，至于采取什么最为有利，则需要根据自我利益诉求来进行选择。例如，盗窃一千日元将被判十年徒刑，或者违约超过十日罚一百日元，就是这样的规则。一千日元与十年徒刑，或者违约十日与一百日元的罚金，都被一一列举出来，至于如何选择，允许个人根据自己的意愿做出有利于自己的选择。因此，在这里已经没有任何道德与情感。也可以说，就像在饥饿的狗或猫前面放置了食物，并挥舞着棒子威胁说"要吃就打"一样。如果从其形式来看，绝不能说这是一种情感的表现。

为了说明实践道德情感情形同实施法律规则情形的区别，我们再来举一个例子。假设这里有甲乙二人进行借贷活动，因为关系密切，所以乙虽然向甲借了钱，但也并没有向甲感恩的意思，即使乙借钱不还，甲也不会责备乙，几乎就如同二人的财产是共有的一样。这就是一种情感极深的交往，而且一定是完全建立在道义基础之上的。当然，有时也会有规定返还期限和借款利率，或者担心忘记而写份字据交给债权人的情况，但其交往仍然没有超出道义的范围。不过，如果在借贷字据上盖章，并贴上印花，或者确立保证人乃至索取抵押物，那么就超出了道义的范围，双方就形成了一种法律关系。在这种情况之下，其实就是不信任债务人的人格，因此先假定其是不可信赖之人，如果到时不能按照约定还钱，就会要求保证人还，如果还追不回贷款，就可以向政府提出诉讼请求裁判，或者没收抵押物。也就是说，这就如同前面我们所说的将利害关系讲明白并要求其自由做出选择，同手持大棒威胁狗是同样的做法。因此，在依靠法律处理事务的情况下，道德就没有发挥作用的余地了。

同样，在政府与国民之间，或会长与会员之间，卖主与买家之间，贷方与借方之间，或者在收取学费教授学问技术的教师和学生之间，基本上都是按照契约结合而成的关系，这些关系都不能被称为道德上的交往。例如，在某一官厅有甲乙两人同为政府工作人员，甲勤勤恳恳，对工作非常热心，回家后也努力学习工作到很晚，而乙却整天沉溺于酒色，对官厅的事情毫不关心，不过在每天上午八点上班到下午四点下班期间，乙也同样勤奋工作，发挥的作用同甲完全一样，即该说的就说，该写的就写，丝毫没有耽误公务。在这种情况下，当然既不能对乙加以指责，甲的勤恳工作精神也难以显现出来。（因为政府同其工作人员之间的契约只是规定了在工作时间内的工作内容及其效果。）

此外，民众在缴纳租税时也有同样的情形，如果政府不催促，即使不缴纳应该缴纳的部分，也不会有问题，或者在缴纳时，即使使用假币缴纳，如果收下了，那也是税务人员的过错，如果糊里糊涂地多缴纳了租税，那多缴纳的部分就是缴纳人的损失。同样，销售货物即使虚报价格，但只要能够销售出去，那也只能说是因为买家的愚蠢，而如果是卖家多找了钱，只要一经交清，那就只能说是卖方的失误。借贷款也是如此，如果借据丢失，那债权人只能忍气吞声承担损失。兑换代金券（滥发的纸币）和公债，如果期限已过，就只能是证券持有人的损失。拾到东西隐藏了起来，如果无人知道，就成为拾者所得。甚至不仅如此，即使是盗贼偷窃的东西，只要不被发现，他就可以据为己有。如此来看，似乎当今的社会到处都是坏人，丝毫看不到道德的影子，只是依靠冰冷无情的法律规则来维持最低限度的秩序。

然而，有不少人尽管有做坏事的念头，但是因为担心法律的制裁而放弃了行动，只停止于法律所允许的边缘线上，完全就如同行走于危险的刀刃之上，令人胆战心惊。

八、要推进今天的文明只能够遵守规则

以上的分析，似乎让人们看到了人心的卑鄙以及法律的无情，如果只是简单地从表面现象来看，可能会感觉到这是一个可悲可叹的世界。但是，如果再进一步来考察这些法律规则产生的原因及其作用，就绝不会说法律无情了，甚至应该说，法律才是最适合当今社会的东西。也就是说，法律规则是为了防止人们作恶而制定的，但并不是因为世上的人都是坏人才制定法律。因为好人与坏人混杂在一起难以分辨，所以才需要制定法律保护好人。即使在一万个人中只有一个坏人，也需要法律，而且这一万人的共同法律规则，必须以惩罚坏人为目的来制定。这就如同鉴别假币一样，即使在一万日元中可能只有一日元假币，那也必须将一万日元全部检查一遍。总之，制定法律规则的目的是保护好人，因此即使社会上的法律规则日益繁多，这些法律简单来看似乎无情，也绝不能因此而轻视法律，而是必须坚持和遵守法律。在现代社会，促进文明进步的手段，除去法律规则之外，难以想象还有其他的方法。如果因为不喜欢其外在形式就不考虑其实际效果，则并非聪明之举。而且，虽然法律规则是为了防止坏人做

坏事而制定的，但是对好人做好事并没有任何妨碍。因此，即使在一个规则繁多混乱的社会里，好人也可以自由地去做好事。如果考虑到人类的未来，最为理想的状态就是，先是使法律规则越来越细，其后逐渐进入不需要法律规则的时代。不过，进入这样的时代，恐怕是数千年以后的事情了。我们不能为了数千年后的目标而放弃制定眼下的规则，因为时代的进步不可能一蹴而就。

在过去未开化的野蛮时代，君民合为一体，天下就如同一家，法律规则也不需要制定很多。仁慈的君主及贤明能干的大臣关怀爱护民众，忠臣义士则为君主舍身，民众也被这一风尚所感化，上上下下都各安其位。这样的社会可以说是一个不靠法律规则而以人情为主的社会，即依靠道德就能够带来和平。简单地看，似乎可以想象这样的社会应该是一个令人羡慕的社会，但是如果考虑到当时的情形，实际上并不是因为贬低法律规则而没有制定法律，而是法律即使制定了也会因为社会太过于简单而并无适用的机会。与此相反，如果人们的智慧逐渐增加，社会上的事情也逐渐变得复杂，当然法律规则也必须相应增加。而且，随着人们智慧的进步，破坏和违反法律的手段也必然会更加复杂巧妙，因此防止违法行为的法律规则也不得不更加复杂严密。

举例来说，过去是由政府制定法律来保护国民，而在今天的文明社会，则是由国民制定法律来防止政府的专制，并以此来保护自己的权利。如果以过去的思维来思考问题，这种情形不就是天地颠倒上下无序吗？不过如果稍微冷静一下，把视野放宽，就会发现其实这是完全合乎道理的，政府和国民都不会因此而失去面子。在今天的世界上，要推进一个国家的文明及保持独立，就必须通过国民自己制定的法律来防止政府的专制。

随着时代的推移，人们的智慧得以提升，就如同一个儿童长大成人的过程。一个人在童年时代，自然会过着儿童的生活，其喜怒哀乐的情感也不同于成人。不过，在经历了岁月的流逝，成长为成人以后，过去曾经喜爱的竹马自然不再令人兴奋，过去曾经感到害怕的鬼怪故事也自然不再使人害怕。虽然说儿童的心理缺乏智慧，但是却不会有人去指责他们，因为儿童在童年时代做儿童的事本来就是符合他们的身份的，对他们有过高的要求则是没有道理的。只有那些没有大人的家庭，因为没有能力同别人家进行对等的交往，所以儿童成长为成人就是这个家庭最大的希望。因此，如果仍然拘泥于这些儿童的过去，硬要将已经成长完全的成人当作儿童来对待，总是让他们喜爱竹马或者用鬼怪故事吓唬他们，那就想错了。甚至，让已经成人的现代人将记录着儿童一样的古代人言行的东西作为经典来崇拜阅读，以至于将不尊崇这些陈腐学说的人视为具有危险思想者。这样的情形，就是没有认识到"智慧与道德所适合的时间与空间"，反而使得这个家庭的力量即国家的独立面临危险。

九、规则虽然无情却远胜于无规则所带来的祸患

即使认为法律规则的精神是无情的，遵守法律规则的人的内心都是卑鄙无耻的，也仍然不得不承认法律给社会带来的巨大利益。例如，有这样的规定，如果将拾到的东西交还失主，拾者即可得遗失物品的一半。因此，如果有人拾到东西将其交还失主就是为了得到遗失物的一半，那应该说这种想法并不高尚，但是如果因为这种想法不高尚而废除了这一规定，那以后世上丢失的东西就很难返还失主的手里了。由此看来，即使这一折半平分的规定从道德的角度来看并不值得夸赞，但也必须说其仍然是今天文明所必需的规则。

此外，在商业方面，目前也有人只是关注一些蝇头小利而不顾廉耻，即所谓商人的奸猾行为。例如，最近日本的商人贪图一时的暴利而在其生丝和蚕丝纸制品上采取了不正当的行为，但是却很快导致了日本产品声誉的下降，长时间地给整个国家都带来了巨大损失，最终自己也蒙受损失。像这样的例子，既损害了名誉，也使利益遭到了损失。而与此相反，西洋各国的商人却以信用为本进行交易，童叟无欺。比如仅仅展示一个小小的样品，即使销售成千上万匹布，也不会有丝毫不同于样品的。买方一般也不会每一箱都打开检查，而是会放心地接收货物。如此来看，似乎真是日本人缺乏诚实而西洋人诚实。不过，如果进一步仔细探

讨其深层原因，其实西洋人并不一定就内心诚实，日本人也并不一定就不诚实，只不过西洋人追求的是进一步扩大其商业渠道，在未来能够长久地获得更大的利益。因为如果在交易过程中缺乏诚实，恐怕就会影响到以后的交易，也会影响自己的利润收入，所以只能够诚实交易。也就是说，这种诚实并非发自内心的诚实，而是一种有心计的诚实。或者换句话说，日本人同西洋人的不同，就在于日本人的贪婪欲望远不如西洋人。不过，虽然说西洋人的诚实是为了某种欲望而不值得去尊敬，但日本人的那种明显露骨的不诚实则更不应该去仿效。即使是为了让自己得到别人的喜爱与尊敬，也仍然需要诚实待人，必须遵守商业交易上的规则和契约。只有遵守这些规则，商业交易才能够正常地进行，从而对促进文明进步发挥作用。总而言之，在目前的人类社会，除去家庭成员和亲友之外，政府、公司、商业交易、借贷等几乎所有方面都必须依赖于法律规则。尽管法律规则从其外在形式来看似乎冷酷无情，但是如果同完全没有规则所带来的不便及其弊端相比，则简直不可相提并论。

十、应以规则来行大德之事

如果来看目前西洋各国的情形，人们的智慧在不断进步，社会充满进取的活力，不论是自然现象还是社会现象，简直就像是天地之间已经没有什么人类想不到的事情了，即人们可以自由地研究事物的规律，也可以自由地考虑应对这些事物的方法。特别是对自然现象，我们已经了解了物质的性质和作用，找到了按照其性质加以利用的规律。对于社会现象来说，也大体如此，比如眼下正在研究人类的性质及其作用，而且在逐渐发现其规律，明确其性质与作用，更好地解决各种社会问题。

可以举出一些这方面取得成果的例子，比如由于法律的逐步健全，过去那种苦于妄加之罪名的人在减少；商业交易的方法更加明确，使人们感到越来越便利；公司的组织越来越合理健全，因而大企业日益增多；租税法律经过调整，使人们的财产更有保障；随着战争技术的进步，虽然伤害生命的可能性增加，但却反而通过战术的变革减少了无谓的伤亡；国际法尽管还不完备，但作为最后的手段，一定程度上发挥了减少无意义战争的作用；议会制度可以限制政府的专制，著述与报刊则可以防止权力所有者的蛮横与残暴。此外，最近听说将在比利时的首都布鲁塞尔召开国际会议，主要讨论全世界的和平问题。这些成果都充分显示了有关社会的"规则"越来越完善成熟，其效果如此巨大，也可以说这些"规则"发挥了所谓"最高道德"的作用。

第八章　西洋文明的由来

一、西洋文明的特点在于各种学说皆可共存于社会并和谐相处

关于目前的西洋文明，详细论述其历史并非本书所能够做到的事，因此在这里简单地介绍法国学者基佐的《欧洲文明史》及其他的一些著作。

西洋文明与世界其他地方的不同，就在于社会上人们的意见并不统一，可以有各种各样的思想并存，而且相互对立，互不相让。例如，既有主张政治为先的思想，也有主张宗教优先的思想，或者还有君主政治（monarchy）、宗教政治（theocracy）、贵族政治（aristocracy）、民主政治（democracy）等，每个人都按照自己所好，主张自己想要表达的思想。而且，尽管各种思想相互对立，但最终却没有哪一种思想处于绝对压倒性的地位，既没有完全的胜利者，也没有完全的失败者。各种思想既然胜败久未决

出,又相互对立,因此必须在争论的同时共存。在这种共存的过程中,即使在敌对者之间,也都相互了解对方的底细,因此不得不在某种程度上接受对方的观点。也就是说,既然任何一方都不可能取得完全的胜利而不得不承认其他各方的观点,那么自然就在坚持自己立场的同时都对促进文明进步做出了贡献。最终,各种不同观点得以相互完全理解并握手言和。正是这一过程,才产生了西洋社会的自主自由精神。

二、民族大迁移时代(西罗马帝国灭亡至 10 世纪)

今天的西洋文明,发端于西罗马帝国灭亡之时(公元 476 年)。在此之前,大约从公元 4 世纪开始,罗马帝国的势力逐渐衰落,到 5 世纪时这一衰落进一步加剧。当时,由于受到来自四周的蛮族入侵,帝国已经不可能保持其威力。在入侵的各蛮族中,最为强盛的是日耳曼(Germane)民族,法兰克(Franks)也是其中的一个部族。这些蛮族彻底摧毁并蹂躏了罗马帝国,将罗马时代数百年间创造的旧文化毁坏殆尽,而且完全以赤裸裸的暴力支配了当时的社会。无数的蛮族人成群结队,到处入侵掠夺,其中有些建立了新的国家,而有些则被其他国家所吞并。

到 8 世纪末,法兰克王国的查理曼(Charlemagne)大帝占领了今天的法国、德国和意大利等地,称西罗马皇帝,建立了一个大帝国,基本上形成了统一整个欧洲之势。不过,查理曼死后,帝国分裂，其统一大业未能完成。在当时，不论法国还是德国，尽管有各自的名称，但是尚未形成独立的国家，人们都只是依靠自己的武力恣意妄为。因此，后世的人们将这一时期称为"野蛮时代"或"黑暗时代"。这一时期指从罗马时代末期到10世纪大约七百年的时间。

三、自由独立之风起于日耳曼蛮族

不过，即使在所谓野蛮与黑暗的时代，基督教教会也具有独立性并得以存在和发展。本来，在罗马帝国灭亡之后，似乎基督教会也会随之消亡，但是实际上却并非如此。教会不仅在蛮族人中继续存在，还努力感化影响蛮族民众，吸引他们皈依基督教。这种努力真应该说是一种既需要勇气又需要智慧的尝试。不过，要引导缺乏智慧的蛮族，高深的理论是不起作用的。因此，基督教采取了一些方法来让他们在无意识中渐渐地产生信仰，比如专门设计一些盛大的仪式，以一些虚幻唬人的形式来吸引人心等。如果站在后世的立场上来看，这种做法难免会被人讥讽为用迷信来蛊惑民众，但是在当时那种毫无秩序的社会里，也只有基督教这一宗教稍微懂得一些天理人道的重要性。如果当时没有基督教，整个欧洲可以说就有可能成为一个相互厮杀的动物世界。因此，基督教在当时的道德功劳应该说是巨大的，其作为宗教能够掌握一定权力也绝非偶然。总而言之，如果说当时统治民众自身行为的是武力，那么统治民众精神的就是宗教的权威，即世俗权力与宗教权力并存。不仅如此，教会的教士参与世俗管理并具有指导社会公共事务的权力，这是从罗马时代开始就有的习惯，所以即使时代变化，教会也没有丧失这一世俗权力。直至后世，国会中仍然保留教士出席的遗风，就是因为这一自古以来的传统。（以上是教会势力强大的原因。）

此外，最初罗马之建国，是由众多城市联合起来形成了一个帝国，因此罗马统治的都是城市，这些城市具有独立的法律和各自不同的政治运作方式，但同时又尊崇罗马皇帝的命令，共同构成了一个帝国。在罗马帝国灭亡之后，市民会议的遗风却保留下来，这自然成了后世文明的源流。（也就是说，民主政治在这里奠基。）

与此同时，虽然罗马帝国灭亡了，但是在数百年间将罗马称为帝国，将其君主尊称为皇帝的昔日之梦，其后也长久地留在了人们的记忆中。只要还忘不掉皇帝陛下这一名称，对专制独裁的怀念就会同这一名称一样留在人们的心中。这或许就是后世主张君主政治观点的根源。（是主张君主政治的主要原因。）

（即使是中世纪这一野蛮时代，也保留了一些罗马时代的遗风，教士、市民、君主等各种势力的传统一直得以并存。）想通过历史记载完全弄明白从罗马灭亡后到10世纪前后横行整个欧洲大陆的蛮族势力的习性风格很困难，但是仍然可以想象当时的一些情形，即这些人彪悍粗暴、不懂人情、愚昧无知，几乎与动物无异。不过，如果进一步仔细地体察其内涵，就会发现，在其愚昧粗暴的性格之中，自然潜藏着一种疾恶如仇的勇气与自由独立的精神。这种精神并不是依靠知识就可以获得的，或者不如说本来就是人类的一种天性，即以成为一个独立的男子汉为己任并为此感到骄傲自豪的态度或气势，以及强烈追求自主自由意志的勇气。当然，在过去罗马时代的市民中也存在维护自由的精神，在基督教徒中也存在着自主独立的主张，不过他们是面对其他市民或教派而要求自己所在群体的独立，而并非主张个人的自由。一般认为，提倡个人自主独立及伸张个性的这种精神，实际上最初就是源于日耳曼蛮族。在后世的欧洲文明中，直到现在仍然具有强大生命力的自由独立精神，应该说是日耳曼民族赠给这个世界的一份礼物。（综上，也可以说，自由独立的精神是日耳曼蛮族所创造的。）

四、封建时代（10世纪至16世纪、17世纪）

野蛮黑暗的时代逐渐结束之后，民族大迁移也告一段落，欧洲开始进入一个各诸侯割据领地的时代。这一情形始于10世纪，结束于16世纪到17世纪。这一时代即被称为封建制（feudal system）或封建时代。在这一时代，法国、西班牙等国虽有国家名称，也有各自的国王，但这些国王只是徒有虚名，其实力相对不足。在国家内部，众多诸侯在各地实施割据，建立一座城市，或利用山势构筑城墙，其城下聚集一些家臣，任意地驱使民众，自己则被称为贵族。诸侯们具备了公开独立的力量，不畏惧任何人，整日相互以武力征伐。在过去的野蛮时代，如前所述，每个人都具有自主自由的权利，但是到了封建时代，却发生了变化，自由的权利完全被掌握在了拥有土地和支配民众的贵族一人手中，而且既没有限制这一权力的法律，也没有批评指责这一权力的舆论。诸侯们在其领地之内，拥有绝对尊贵的地位，只有敌国的入侵或自身武力的不足才会构成对其专制的威胁。这就是当时欧洲各国的大致情形，因此任何一个国家的民众也都是只知道贵族而不知道国王的存在。法国、西班牙之类的存在，还未形成可以称为一个国家的形态。（这是封建割据时代的欧洲社会形态。）

五、利用宗教权力笼络人心

如果根据上面所述，在封建时代看起来似乎只有贵族拥有绝对权力，但实际上掌握独裁权力并能够左右整个欧洲形势的并不是只有贵族。教会从野蛮时代开始就在争取人心和扩大其宗教信徒规模，从12世纪至13世纪，更是达到了全盛时期。之所以出现这种情形，其原因绝非偶然。如果从其本质来观察人类社会，就会发现，有的人会顺应世上的风云变幻而博取一代名声，他们既可能通过武力歼敌百万，也可能利用才能使自己富甲天下。然而无论如何，人的生死大事即死后世界之事是唯一无法解决的问题。只要一碰到死后的问题，即使有查理曼的武功或秦始皇的威猛，也丝毫没有用处。面对这一问题，人们都会被不安所困扰，意气消沉，不得不感叹富贵如浮云、人生如朝露。人类的悲哀也正在于此。如果以战争的防御来做比喻，就好像没有设防的险要之地，如果用人的身体来做比喻，就好像最为敏感的要害部位一样。一旦这里受到冲击，立刻就会妥协认输，不得不暴露自己的弱点。然而，宗教的作用，就在于应对这一死后的问题，并明确以神的意志来对人心的不安给予解答。因此，热爱生命的人们，自然会被其吸引。而且，在当时那种文化未开时代，整个社会缺乏足够的知识，任何过度的迷信都不会有人质疑，整个社会完全倾向于宗教信仰。再者，教会一味地强迫人们信仰教义，而不允许一切自由的批评，其专制程度丝毫不亚于王侯贵族以其暴政压迫民众的行为。因此，如果以一句话来形容当时的社会，就是民众自身被分成了精神与肉体或物质两部分，其物质活动被贵族政权所左右，其精神活动则听命于罗马教皇。也就是说，世俗权力统治着形而下的物质社会，宗教权力统治着形而上的精神世界。

尽管教会已经统治了形而上的精神世界，吸引和控制了人心，形成了与王侯贵族的世俗权力相对立的局面，但是其仍然不满足，进一步又提出这样的观点："精神与肉体哪一个更为重要呢？肉体为末，精神为本，肉体仅仅是表面的，而精神才是最为核心的。教会既然抓住了人类的根本，支配了人的内心，自然就不可能与世俗方面没有关系，因此必须以宗教的力量来支配政治。"于是，教会的势力逐渐想要取代王侯贵族的政治权力，罗马教皇或者灭其王国或者夺其王位，俨然成为宗教权力与世俗权力的唯一独占者。比如，日耳曼（神圣罗马帝国）皇帝亨利四世因为触怒了教皇格列高利七世，不得不在寒冬的风雪中赤足在罗马（实际是卡诺莎）城门处站立三天三夜，向教皇哭诉请罪，最后终于得到赦免，这件事就发生在那个时代（11世纪）。（以上充分显示了宗教全盛时代的一种状态。）

六、中世纪自由市的发展

经过蛮族横行的时代，进入封建割据的时代后，各地都建造起了城堡和房屋，使人们得以安居，然而人心并不仅仅满足于衣食无忧，而是会逐步出现对文化的要求，比如喜欢漂亮的服装和美食，各种各样的需求突然增加，已经没有人再心甘情愿过旧时那种原始落后的生活。需求的旺盛，必然会促使供给有所扩大，于是在这里开始出现工商业的萌芽，各地出现了一些工商业城市，市民中也出现了一些积累了巨大财富的人。这种情形，可以说是罗马时代结束之后，到此时出现了城市复兴。

而且，这些城市中的市民阶层很快聚集在一起试图强化其团结起来的力量。不过，在最初的时候，这一力量并不十分强大。为什么市民阶层的力量在后来逐渐变得强大起来了呢？其中自有道理。也就是说，作为过去那些蛮族的子孙的诸侯，依然非常怀念先祖们生活的时代,即怀念过去那种野蛮掠夺所带来的愉快感。然而不管怎么说,社会已经趋于安定,已经没有依靠战争去掠夺剩余土地的机会。在近旁能够肆意掠夺的对象就只有市民阶层了。但是,以市民的眼光来看那些封建贵族武士,彼此进行交易时这些人就是顾客,但在他们进行掠夺时这些人就是强盗。所以,在进行商业交易时,市民会与贵族武士交往,但同时又必须做好应对其暴行的准备,比如在城市周围建造城墙,城中的市民相互协助共御外敌,形成和强化共同命运的体制,在召开市民大会时鸣钟集合,众人宣誓同心同德,表示相互信赖之情。而且,按照形成的习惯,在开大会时要从众人中选出数人作为代表,担任城市的军备军政职务。这些代表在当选之后,被委以实际的权力,其权力几乎与专制国家君主的权力相差无几,不过不同的是,可以通过市民的选举来对这些代表的权力加以制约,即可以随时更换代表。

这些市民联合的独立城市就被称为"自由市"。这些市民时而抗拒君主的命令,时而与贵族的军队作战,彼此之间战乱不绝。大约从11世纪开始,这种自由市在欧洲各国显著增加,其中著名的有意大利北部的米兰(Milano)和伦巴第(Lombardia)等。在德意志,需要特别提到的则有汉萨(Hansa)同盟,即从13世纪初开始由德意志北部的吕贝克(Lübeck)和汉堡(Hamburg)等城市的市民集合起来建立的同盟,而且这一同盟的势力日益强大,一度形成了85个城市的联合,由于王侯贵族也难以压服同盟,最终双方缔结条约,承认了同盟的独立。也就是说,因为各个城市构筑城池、拥有军备及制定法律和实施行政得到了承认,所以这些自由市似乎获得了完全独立国家的地位。(这也成为后来民主政治的主要原因。)

七、十字军的作用

如上所述,从4—5世纪开始,教会、君主、贵族、平民等各个阶层就都在不断地成长,并且各自获得了某种程度的权力。由此看来,似乎人类社会所必要的各个阶层都已经出现。不过,当时还难以让各个阶层形成一体去建立一个国家及其政府,人们所争夺的仅仅是各自的阶层利益,而非国家的整体利益。

然而,在1096年,发生了十字军事件(以穆斯林占领了耶稣墓所在地耶路撒冷为名)。这是欧洲人为了维护基督教而团结起来远征小亚细亚的事件,或者也可以说是整个欧洲团结一致同亚洲的一次决战。以此为契机,欧洲人才开始意识到欧洲与亚洲内外有别,感觉到整个欧洲需要采取一致的步调。与此同时,这一事件也涉及欧洲各国内部的整体利益,所以整个国家的国民也采取统一的步调,开始关心本国整体的利益。因此,十字军事件使欧洲人萌生了对欧洲的自觉意识,各国国民也开始有了对本国的特别意识。十字军从1096年开始,断断续续出征了八次(通常认为是七次),直到1270年才完全结束。

十字军事件最初是宗教狂热引发的,但是经历了将近二百年还难见分晓，最后使得人们心生倦怠，各国的君主也深感相对于一场宗教战争而言，其实争夺政治权力更为重要，开始意识到与其特意远征亚洲去占领土地，还不如就在欧洲尽量去扩展自己的领土，于是热度逐渐降低。一般的国民随着知识的逐渐增加，开始意识到振兴本国产业的重要性，从而对远征亚洲失去了兴趣。最后，当初的那种宗教狂热在不知不觉中消失得无影无踪，十字军也以虎头蛇尾的形式落下了帷幕。尽管这一过程及其结局确实称得上愚蠢至极，不过大批欧洲人跟随军队而实际接触到了东方的文明，并且将其带回本国，毫无疑问促进了西洋文明的进步。而且，东西双方接触的结果，如前所述，使欧洲人认识到了欧洲与非欧洲之间的区别，同时各国国民也逐渐开始确立本国的国家体制。应该说，这些变化是十字军的收获。（或者从这个意义上说，十字军对西洋文明的发展发挥了巨大的作用。）

八、绝对王权的发端（15 世纪）

在封建时代，如前所述，各国的国王仅仅是一些象征性的存在而缺乏强大的实力。国王们对这种情形当然非常不满。与此同时，平民阶层也随着知识水平的逐渐提高，开始不愿意总是受到诸侯贵族的束缚。因此，社会上又产生了一种变化，即开始削弱和压制诸侯贵族的权力。例如，15 世纪末，法国国王路易十一（Louis Ⅺ，1423—1483）剥夺诸侯们的权力并恢复了王权。从后世来看路易十一所做的事情，似乎应该说他用尽了权谋诈术，极其卑鄙，但其实不然，因为对历史事件的评价还是应该从时代进步的角度来考虑。在过去，控制天下完全依靠武力，而在今天，智力已经代替了武力。比起使用暴力和淫威，路易十一是以权谋诈术作为武器，通过说服或者引诱等各种手段来巧妙地应对诸侯。这样的做法当然会让人感觉到有些卑劣，但是其追求的是远大的目标，必须承认其做法表明了一种发展趋势，即人们倾向于重视智力而非武力。

而且，在这个时代权力开始集中于王室的并非只有法国，英国、德国、西班牙等国也同样如此。这些国家的国王为了恢复王权而殚精竭虑，平民阶层也借助王室的权力，试图推翻多年来作为自己仇敌的诸侯。由此形成了国王与平民上下结成同盟共同夹击处于中间的诸侯的形势，国家的政治逐渐实现了统一，并且形成了一个国家一个政府的体制。

此外，在这个时代，火药枪炮的使用已经普及（14世纪、15世纪），弓马刀剑之术逐渐被废弃，个人的武勇不再重要。同时，印刷术的发明（15世纪）进一步打开了人类社会新的信息通道，人类的智慧得以迅速发展，自然催生了秩序的转换和价值观念的变化。也就是说，智力开始占据优势地位，武力的作用相对衰退，封建贵族的权威日趋没落直至他们丧失了自己的地位，甚至已难以在国王与平民之间独立存在。总之，应该说这一时代的大趋势是国内的权力逐渐向中央政府集中。（这是一个国家统一的时代。）

九、宗教改革与宗教战争（16世纪、17世纪）

与此同时，教会长期以来拥有特权并肆无忌惮地滥用这一权力，其统治方式就好像仍然存在着一个落后于时代的专制政府。而且，尽管其内部已经腐败不堪，却仍然一味地固守旧习，丝毫不思改革。而当时的社会，随着人们智慧的提升，已经不像过去那样盲目无条件地相信教会了。学问也并非由教会所垄断，普通人中也有通过读书拥有了知识的人。既然通过读书可以获得知识，人们自然会对既有的事物质疑。然而，这一怀疑的精神，对于教会而言，是绝对不能容忍的，因为怀疑与信仰完全不能够相容。于是，随后发生了宗教改革这一重大历史变革。

1520年，著名的改革首倡者路德（Luther）首先背叛罗马教皇，提出改革的学说，这一举动立刻震动了当时的整个社会，而且其气势锐不可当。当然，罗马教皇也像生病的狮子一样，尽管其活力已衰，但毕竟还是狮子。因此，传统基督教就如同狮子，而新的教派则像老虎，双方一时难以决出胜负。为此，（从16世纪后半叶至17世纪前半叶大约一百年间，进入了宗教战争时代，）欧洲各国的牺牲者数不胜数。最终的结果是出现了一个新的教派即新教（Protestant），并且新旧两个教派都大体上维持了自己的势力。因此，路德的改革努力应该说取得了巨大成果，但如果考虑到战争的残酷，宗教改革所造成的牺牲也是巨大的。

不过，我们暂且不谈这场改革所造成的牺牲，如果只是考虑这一宗教争论的意义，与其说双方是围绕基督教的教义，其实还不如说是围绕是否承认批评自由的问题而展开争论。也就是说，并不是讨论基督教本身的是非善恶，其本质是围绕罗马教皇的教权所展开的争论。因此，这场争论也是民众自由精神的一次体现，或者也可以说体现了文明的进步。（从这个意义上来说，宗教改革也预示了文明。）

十、英国立宪政治的建立（17世纪）

从15世纪末开始，欧洲各国先后形成了中央集权的政府。起初，民众只是对王室充满敬意，并没有意识到同自身有关的政治权利。国王为了推翻贵族也需要借助民众的力量。因此，为了暂时的利益，出现了国王与民众形成联合及相互利用的局面，民众的地位自然有所提高，甚至有时国王还会主动地让予民众一些权利。最终，到了16世纪、17世纪，封建诸侯渐渐销声匿迹，新旧两大教派的争论虽然还未完全结束，但也渐趋平静，国家未来的发展看起来就完全取决于国王与民众这两大政治势力了。然而，一般来说，人们只要掌握了权力，就必然想要垄断这一权力，欧洲各国的国王也不例外。所以，终于爆发了国王与民众之间的纷争，这首先发生在英国。

在这一时期，虽然英国王室拥有巨大的权威，但也有很多民众通过从事工商业积累了财富，或者通过购买贵族的土地成了地主。如此一来，民众拥有了土地财产并努力通过从事产业活动来扩展国内外的商业销售，以此逐渐成为国家经济的主要承担者，也就越来越不能默认和容忍国王的专制政治。在一个世纪前反抗罗马教皇、坚决进行宗教改革并建立了英国国教会的英国国民，在面对今天的国王时成为要求政治改革的推动力量。虽然宗教与政治并不一样，但是英国国民在发挥自主自由风气及促进文明进步这一点上，前后却是一致的。可以说，曾经的自由市的市民精神，终于在这里结出了果实。

1625年，查理一世即位之后，民众不仅在政治上，而且在宗教上也反对国王，因此国会不断召开和关闭，围绕国政的争论沸沸扬扬，人们的观点严重对立。终于，对立的结果是，在1649年，国王被废除，并（由克伦威尔）建立起了共和政治，但是却未能持续下去，不久之后王政复辟，又经过各种纷争，1688年（英国从荷兰迎回）威廉三世即位，从此政府的方针面目一新，确立了广泛承认民众自由的君民共治（limited monarchy）政体，也就是君主立宪的政体，并一直实行至今。

十一、法国王权盛极一时与法国大革命（17世纪、18世纪）

在法国，17世纪初路易十三执政时，宰相黎塞留（Richelieu）辅政，王室的权力不断强化，到1643年路易十四（路易十三之子）即位时，虽然国王才刚刚五岁，难以实际执掌政权，当时也是内外多事之秋，但得益于黎塞留留下的政治遗产，国力并没有衰落。及至路易十四长大成人，其天资聪颖，很好地继承了波旁家族（Bourbon）的遗留事业，不但以其威严成功地统治了国家，而且多次同外国（英国、德国、荷兰等）交战，全部取得胜利。在路易十四在位的七十二年（1643—1715）间，国王的威严遍及四周，法国王权的强大在这个时代堪称无人能及。

不过，在路易十四的晚年，法国军队的战斗力有所下降，政治秩序也趋于混乱，似乎开始出现一些王室衰微的迹象。其实，路易十四的衰老，不仅仅是国王本人的衰老，而应该说意味着整个欧洲的王权都开始进入衰退期。到后来路易十五（路易十四的曾孙）在位期间（1715—1774），政府更加腐败，国家陷入极端混乱之中，与过去的法国相比，前后简直判若两个国家。

与此同时，法国当时的文化状况却不同于18世纪政治上的腐败，应该说获得了从来未曾有过的发展。尽管在此之前的17世纪（路易十四时代），一些学者的学说中就已经出现了自由的思想，但是其所涉及问题的领域还过于狭隘，然而进入18世纪之后，思想领域的面貌焕然一新，宗教、政治学、哲学、自然科学等的研究都得到了广泛的发展。（涌现出了一大批所谓的启蒙思想家。）而且，在研究中，形成了一种可以质疑任何问题并通过仔细认真的调查实验得出结论的风气，思想极其自由活跃，已经没有什么力量可以抑制这种气氛了。总之，如果简单地来归纳一下这个时代所发生的主要事情,就是在王室政治陷入腐败泥沼的同时,民众的智力却获得了显著的进步,并因此显示出勃勃生机。

因此,在王室与民众之间必然会产生冲突。在 18 世纪末(1789)爆发的法国大革命,就显示了这种冲突已经成为事实。由王权与民权之间的斗争引发的革命,如前所述,也曾在 17 世纪中叶的英国发生过(1649 年的清教徒革命),法国则发生在 18 世纪末。两国爆发革命的时间相差了一百多年,但是从爆发革命的原因及其结果相一致而言(为了反对国王的绝对专制以及最终国民取得了胜利),应该说英法两国所走的道路是完全一样的。

以上就是西洋文明由来的大致情况。更为详细的内容,可以参考文明史译本。如果读者能够通览该书并反复研读,基于历史上的事实去认真对照考察这些历史事件的原因和结果,那么无疑可以从过去的历史中学到对现代有意义的教训。

第九章　日本文明的由来

一、自由产生于不自由之时

正如前一章所述，西洋文明是，社会上的多种不同见解对立，它们逐步接近，最终达到协调一致，由此在其中产生了所谓的"自由"。例如，将金、银、铜、铁等元素熔化合成一种物体时，无疑就是一种不同于金、银、铜、铁的新混合物，但其中各元素保持平衡，仍然会在保持自己特色的同时形成一个整体。

我们来看看日本的情况，与此大不相同。不言而喻，日本社会同样一直存在着若干阶层，即存在着君主、贵族、僧侣和平民等不同身份的人并且各自形成了不同的阶层，而且在各阶层中都存在着独立的看法。但是，这些看法力量不同，相互处于对立状态，也难以接近，当然也难以相互协调达成一致，就如同虽然将金、银、铜、铁等元素加以熔化但是却难以形成一块新的金属，或者即使将其熔化成为一块金属，实际上也并非各元素比例均衡的混合物，其中必定存在着严重的不均衡。因此，一种元素就会消灭掉其他元素，使其性质不能显现出来。比如在铸造金银货币时，即使其中混入十分之一的铜，也显示不出铜的性质，铸造出来的货币都像是纯粹的金银货币。这种情形，就是我国社会"对事物有所偏重"（非均衡）的状态。

一般而言，文明社会的自由不应该通过牺牲他人的自由而获得，即真正的自由应该是，要承认各自的权利和利益，容忍各自的意见，使各自的力量都得以发挥，并在整体的对立与协调中自然产生。或者换言之，也可以说"自由产生于不自由的边界上"。

因此，在社会上，不论政府、民众、学者、官吏地位如何，只要拥有权力，不论这一权力是依靠智力还是依靠武力所建立，都必须受到限制。因为，人类拥有了权力之后，绝不可能做到公平无私，必然存在权力被滥用的危险，或者由于其卑怯而（使用阴险手段）去做坏事，或者采取（暴力等）极端手段给他人带来危害。古今天下，这样的实际例子都可以看到，这就是"权力非均衡"所带来的弊端。因此，拥有权力者必须常常自我反省。以我国的文明同西洋的文明进行比较，二者最主要的不同特点，实际上就非常清楚地表现在这一权力的非均衡之上。

二、日本到处存在"权力的非均衡"

在日本,权力的非均衡已经渗透到了整个社会,简直无所不在。在本书的第二章里,我们已经论述了各国的国民性。这一权力的非均衡,也可以视为日本国民性的一个表现。眼下,我国的学者们在论述有关权力的问题时,总是仅仅围绕政府与民众的关系展开讨论,或者有不少人总是愤恨于政府的专制或民众的暴戾。其实,如果我们仔细认真地来看一下事实,就会发现一种现象,即这一权力的非均衡已经体现在了从社会重大事件到任何微观小事上,无论大小事,也无论政府还是民间,都存在着权力的非均衡。这种情形,就如同在日本放置了无数天平,但这些天平不论大小如何,却都偏重某一边,从而失去了平衡。又如,将一个三角四面(三角形围成的四面体)的结晶体打碎,取其千分之一或万分之一,或者最终将其研成粉末,其每一个分子仍然会保持三角四面的形状;如果再将这些粉末合成一小片乃至一大块,其三角四面的形状也仍然不会改变。权力的非均衡渗透于整个社会的每一个角落,就是这样的一种状态。然而,即使是一些有识之士,对这种状态也没有给予关注,这是为什么呢?我认为,因为政府与民众的关系是最为重大的关系,容易受到人们的关注,所以那些有识之士的议论也只是将这种官方与民间权力的非均衡作为问题加以研究。

因此,现在就来考察一下眼下的日本社会究竟在哪些地方存在着权力的非均衡。首先,在男女之间存在着两性权力的非均衡,在父子之间、兄弟之间、长幼之间也都存在着权力的非均衡。而且,不仅在家庭内部,即使放眼整个日本其实也同样如此,比如在师傅与徒弟之间、主人与仆人之间、富人与穷人之间、贵族与贱民之间、前辈与晚辈之间、嫡系与旁系之间,乃至整个社会中到处都存在着权力的非均衡。甚至再进一步从人类形成某种集团或阶层的过程来看,有封建时代的大藩与小藩、有寺院中的总寺与分寺、有神社中的总社与分社等,即只要存在社会关系的地方,就必定存在权力的非均衡。在政府机构中,权力的非均衡最为严重,这里会根据官员的地位级别来决定权力的大小。人们看到政府官员在民众面前作威作福,感觉似乎很了不起,但是这些官员在政府机构中也要面对上司的颐指气使,甚至比他们对待民众的态度更为严厉。例如,地方上的低级官员在传唤村长时,那种傲慢态度确实令人非常反感,但是如果看到这些低级官员在其上司面前的样子,人们又会感到可笑。村长被低级官员随便呵斥的样子让人们感觉到可怜,但是他们回到村里呵斥村民的样子,又会让人们觉得可恨。就这样,甲被乙压迫,乙又被丙欺负,上对下压迫欺负之风名正言顺、大行其道,真应该说是一道奇妙的风景线。从根本上来说,世界上当然存在着贫富贵贱、聪明愚钝以及强弱的差别，而且这种差别会随着人们各自的实际状态不停扩展，不过这些差别即使存在，也不会影响和阻碍社会的发展。但是在日本，由于人们身份或能力等的不同，这些差别往往会导致其基本人权有所不同。这种情况，就是我们所说的权力的非均衡状况。

三、"权力的非均衡"并非仅仅存在于政府事务

目前，如果从表面上来观察日本社会，似乎只有政府拥有权力。不过，如果认真地思考一下政府的性质以及去寻找人们如此认为的理由，就会发现一些稍微不同于一般看法的更为准确的看法。也就是说，所谓政府不过就是日本人自己集合在一起运行政治的一个机构而已，这一机构中的一部分日本人是被称为君主或者官吏的权力拥有者。（除了日本人以外，并没有政府族这一特别的种族。）不过即使是君主或官吏，也并非一出生就立刻位于政治的关键位置。即使在我国的封建时代，诸侯或门第高贵的武士往往世袭高官高位（他们刚出生时却是白纸一张，并无任何意识），实际上能够走上政治这条路并成为拥有权力的人，大多是（世袭名门后代）机缘巧合（成人后由于其才能或命运等）得到机会，从而成就了其地位的人。那么，难道这样的日本精英从登上权力宝座的瞬间开始，思想就会随之一变，成为专制者吗？应

该说这是不可能的。他们登上权力宝座并想要实行专制政治，是后天的教育习惯培育了其专制思想的结果，只不过是将过去一直隐藏的真实思想暴露了出来而已。（也就是说，作为日本人，几乎每个人都隐藏有如此的真实想法。）

作为这方面的证据，即使在封建时代，也偶然会有擢用有能力的平民并任命其为某藩重要官员的例子，但是如果来看这些人的作为，他们并没有不同于一般官员的地方。比如，如果因为是平民出身而采取行动时也像平民一样，那是不行的。他们的政治运作方法仍然是按照过去的政府习惯，只不过有时会稍微做得巧妙一点而已。所谓的巧妙，也不过是专制的方法运用得更为纯熟罢了。也就是说，这里的区别仅在于他们更擅长于运用哪一种方法来进行专制统治，即是对民众采取怀柔的愚民政策，还是使用威严镇压等使民众感到恐惧的政策。因此，这些人假如从事民间的工作，也同样会在民间实行专制，即不论在乡村还是在城镇，都必定会成为某种势力的首领。由此看来，权力的滥用是我国国民难以避免的一个固有弊端，上述这些人物自然也不可能例外。只不过在承担政府职位的情形下，其所从事的工作比较显眼，容易引人注目，当然也就更容易受到社会上的批评。

因此，在日本，专权并非政府机构的专利，或者不如说这里是一个吸引权力病患者的集合场。也可以说政府为权力病患者提供了场所，使其能够充分彰显其本色，为积极运用权力提供了最为合适的舞台。如果不是这样，而将专权现象的发生仅仅归因于政府，那么日本人就只有在作为官员时才会患这种流行病，在此之外则不应该患此病。但其实并非如此。当然，彰显炫耀权力本来就是具有实力者的通病，所以这些人一旦获得了权力，有了一定的势力，就会自我眩晕，进一步地滥用权势。此外，站在统治阶层维护体制的立场上，则一定会有理由认为必须以权力来进行统治。不过，如果在一般日本人的教育或习惯中完全没有专制相关内容，那么不论谁担任了政府的职位，都绝对不会立刻产生权力欲望并实施专制政治。（非常明显，日本的教育或习惯中存在着极易产生专权者的非民主基础。）

如果这种看法正确的话，那么滥用权力及权力非均衡的弊端就绝不仅仅是政府的特性，而应该说是整体日本人的国民性。正是这种不同于西洋各国的国民性，构成了西洋各国同我们日本之间相互区别的最显著的不同点。因此，就有必要探求其不同的原因。不过，要做到这一点是非常困难的。根据西洋人著述中的一些说法，亚洲地区实施专制政治的原因在于：由于气候温暖、土地肥沃，人口增长很快，劳动人口过剩，同时亚洲地理上山势险峻、海洋广阔、自然条件过于严酷（人类难以抵抗），所以迷信或恐怖的观念非常兴盛。不过，这些说法是否能够用来解释日本的情况，以及能否回答所提出的疑问，其实很难断定。或者，即使可以回答所提出的疑问，其原因也都是地理风土等自然现象，而非人力使然。因此，下面我（暂且不追究其原因，）只是说明过去的历史事实，仅仅试图明确实施专制的过程。如果能够弄清楚这一过程，就会寻找到对此加以改正的方法。

四、统治者与被统治者泾渭分明

我们日本最初也同世界上的其他国家一样，由一些民众形成了一个群体，其中武力最强且智力最高的人成为酋长，进行统治，或者从其他地方来的人征服了这一群人并成为酋长。根据历史记载，神武天皇就是在九州起兵，随后通过东征征服了整个日本。当然，要统治一个群体，依靠一个人的力量是不可能做到的，因此就需要有跟随和协助酋长的一些心腹侍从。这些人一般都是从酋长的亲戚或亲近的朋友中选拔，而且能够与酋长同心协力，他们自然就形成了一个类似政府的体制。一旦形成政府，政府里的人就成为统治者，民众当然就成为被统治者。从此，就有了统治者与被统治者的区别，统治者位于最高位置，成为君主或执政者，被统治者则处于下层，成为从属者或政治的局外人。由此，上下、主从、官民之间的明确区分得以确立。而且，"统治者"与"被统治者"二者形成了日本社会中最为显著的两大阶层，同时也可以说是我国文明的两个要素。古往今来，构成社会的人有很多，但他们充其量都只属于这两个要素中的某一个，而且双方都难以脱离对方而独立存在。

五、国家权力偏重皇室

当然，统治民众并不是一件容易的事情。所有取得统治者资格的人，都必须同时具备武力和智力，以及一定的财力。在武力和智力的基础之上兼有财力，才能够具备作为统治者应有的实力。因此，世上的统治者，必定是实力的拥有者。我们日本的皇室，则进一步居于那些实力者（豪族）之上，将他们的力量聚合起来对全国进行统治，恩威并用，从而形成了战无不胜、攻无不克的局面。而且，作为被统治者的民众，也因为皇室的传统久远而越来越顺从。自从神功皇后征伐三韩*以来，日本通过不断对外征伐使国力得到了发展。由此也可以推断，当时国内恩威并用，已无内顾之忧。

随后，文明逐渐展开，养蚕、造船的技术，纺织、农耕的工具，医学、儒道、佛法的经典等，其他文明的各要素或者由朝鲜传入，或者由本国发明创造，民众的生活状态更加丰富和进步。不过，管理和运用文明各要素的权力，都掌握在政府手中，民众只能够服从政府的控制指挥。而且，全国的土地和民众本身都被视为皇室的私有物，被统治者就像是统治者的奴隶一样。即使到

---

* 据创作于14世纪的日本史书《太平记》记载，第14代天皇仲哀天皇的皇后即神功皇后曾率军攻伐朝鲜半岛的三韩政权。——译者

了后世，人们也仍然将日本称为"御国"，将天下的田地称为"御田"，将全国的民众称为"御百姓"。这里的"御"字，是尊敬政府所用的词，意味着全国的田地、人民的身体都是皇室的私有物。比如，当仁德天皇看到民间炊烟四起时，曾喜悦而言"朕已富足矣"。当然，这也是出于天皇爱民的诚意，但同时也意味着天皇认为民众的富有即为自己的富有。也就是说，尽管无论如何都应该说仁德天皇是一位公正无私的仁德君主，但如果从反面来理解，也可以看出其仍然将国家视为自己的家一样，并将整个国家视为自己的私有物。在这种情形之下，天下的权力全部集中于皇室，直至王朝末期（平安时代），权力仍常常倾向于皇室。正如前所述，我国权力的非均衡状态已经渗透整个社会领域，如果将社会分割为千万个领域，就会有千万种权力的非均衡状态，如果将其集合归纳为一百个领域，就会有一百种权力的非均衡状态。同样，如果将整个社会关系浓缩为皇室与民众二者之间的关系，那么在这二者之间也会存在权力的非均衡，当然，权力仍然偏向于皇室一边。

六、政权归于武家

源氏和平氏崛起之后，政权逐渐转移到武家手中，似乎皇室的权力被削弱，整个社会的形势也为之一变。但是，其实并非如此。不论是源平二氏，还是皇室，都不过是统治者的一部分而已，政权被转移到武家手中，也不过是在统治阶层内部从甲的手中转移到了乙的手中，统治者与被统治者的关系依然以上下主从的不平等形式存在，与过去相比丝毫没有变化。不仅如此，甚至在此之前即光仁天皇宝龟年间（奈良时代末期），统治者还曾号令天下，实行兵农分离，即在民众中选拔那些相对富有且擅长武功者去服兵役，而让那些体弱者去从事农业。这一政令的主要目的就在于，让那些富有强壮的民众利用武力去保护那些弱者，而那些贫穷弱小的民众则被鼓励从事农业去为那些士兵服务。因此，如此分工之后，贫穷弱小者将越来越贫穷与弱小，而富有强壮者则会越来越富有和强壮，统治者与被统治者之间的区别更加明显，当然权力的非均衡状况也就更加严重。

据一些史书的记载，源赖朝在担任日本六十余州*的总追捕使之后，在各州设置了"守护"（幕府代理官员），在各庄园（贵族、神社、寺庙的私有地）设置了"地头"（幕府代理官员），并任命其家臣担任，借此剥夺了作为朝廷地方官的"国司"和庄园管理者"庄司"的权力。其后，过去由朝廷在各州建立的守备部队中，凡是门第高贵且拥有部下的将领，都转属于幕府并被任命为守护或地头，地位在其之下的一些部下则被称为"御家人"，受守护或地头的支配，也成为幕府的属下。而且，源赖朝还规定

---

* 日本明治政府废藩置县之前，作为天皇体制的行政区划为"国（州）郡里"制，即州也称国，其名义上的行政长官称为"国司"。——译者

了御家人百日轮换以守卫镰仓的制度。即使到了北条氏执政时期，情况也大致相同，任何一个地方都有武士的存在。在"承久之乱"* 中，北条泰时仅仅带领武士十八骑离开镰仓向京都进发，那是在（承久三年，即1221年）5月22日，但是到25日的三天时间里，关东的兵力就全部集结完毕，形成了十九万骑的大军。由此就可以清楚地看出，各地的武士总是忙于准备征战，当然也就无暇去从事农业生产，因此他们必须依靠一般百姓的劳作才能够生活。随着兵农分离日益固定以及人口的增加，武士的人数也在不断增加。在源赖朝时代，几乎所有供职于镰仓的武士都曾被任命为各地的守护，每三到五年轮换一次，但是后来不知什么时候守护变成了一个世袭的职务（即所谓"守护大名"）。及至北条氏灭亡进入足利时代之后，这些守护大名之间不断相互兼并，有些人壮大崛起，而有些人则被吞并灭亡，或者被地方豪族所驱赶，或者被家臣夺去领地，整个日本逐渐形成了完全的封建体制。

如果大致回顾一下王朝建立以来的情形，日本的武士最初是分散在全国各地的，只能够在自己的小范围之内炫耀权力，同时服从皇室的支配。然而，及至镰仓时代，武士们逐渐集合在一起开始形成若干小集团，即出现了一些所谓的大名（比较大的诸

---

* 承久之乱（1221），镰仓幕府建立后，失去权力的后鸟羽上皇等皇族发起的一场倒幕战争，但很快就失败，武士政权反而更加巩固。——译者

侯）与小名（小诸侯）。到了足利时代，这些集团进一步合并扩大，出现了几个在全国拥有巨大影响力的大名，不过他们还都难以统一天下。"应仁之乱"* 以后群雄割据的乱世就是如此，那也是武士活动最为活跃的一个时代。然而，尽管在武士社会有这样的离合聚散或盛衰兴亡，但是在民众的社会里，却并没有发生什么变化，他们仍然在辛勤从事农业，为武士阶层服务。因此，如果从民众的角度来看，不论是皇室还是武家，其实并没有什么区别。武士社会中的治乱兴亡等任何变化，对于民众来说，就如同天气与季节变化一样属于不可抗力，因此只能够默默地从旁观察其变化。

七、日本无国家历史而仅有政府历史

新井白石在其《读史余论》中曾说："天下大势历经九次变化，进入了武家时代，武家时代又经历五次变化，进入了德川时代。"其他一些学者的看法也大同小异。不过，这种说法只是以执政者新旧交替的事实为依据来论述其经历了多少次变化。直到目前为止，日本人撰写的历史都大致局限在一定范围内，即仅仅是对皇室谱系图的诠释，或者是对君主、大臣或官员政治上的得

---

* 应仁之乱（1467—1477），室町幕府中期，幕府势力被削弱，围绕将军职位等问题矛盾丛生，各地守护大名不断纷争，终于在1467年爆发全国混战，并引发各地农民起义，造成长期社会动荡，日本历史由此进入长达一百多年的战国时代。——译者

失进行评述，或者就像说书人讲述战争胜败故事一样的评书。即使偶然讲到与政府无关的历史，也无非是一些有关佛教僧人的怪诞迷信之说，根本不值得一看。总而言之，日本并无国家的历史，而只有政府的历史。这种情形的出现，只能说是学者们缺乏见识所导致的结果，同时也是我国的一大缺点。《读史余论》等著作也不过就是这类历史书籍，其中所说的"天下之变"其实也并非天下大势的变化，因为所谓的天下大势早在王朝时代就已经确定，即分成了统治者与被统治者两部分，以至又进一步兵农分离，其阶层区别越来越严格，而且直至今日都未发生过任何变化。

八、政府新旧交替而国家不变

因此，在王朝时代的末期，即使由藤原氏掌握政权，或者由太上皇实行院政，都只不过是皇室内部的事情变化，自然与社会状况没有什么关系。即使平氏衰亡而源氏崛起并且在镰仓开设了幕府，或者由北条氏作为执政掌握国政，或者足利尊氏由于同南朝对抗而被称为逆贼，也都与一般的民众没有任何关系。甚至，织田信长、丰臣秀吉和德川家康虽然都曾征服整个日本并实施了统治，但是也只不过是其统治方式的优劣稍有不同，整个社会的状况并没有发生什么变化。因此，北条和足利幕府所喜欢的，也同样被德川幕府所喜欢，他们所忧虑的事情也基本相同，甚至应对这些喜欢或忧虑事情的方式也没有丝毫不同。例如，北条或足利幕府都喜欢看到五谷丰登和民众顺从，这同德川幕府是完全一样的，北条或足利幕府所担忧的谋反者，也是德川幕府时代同样担忧的谋反者。（他们最担忧的是同伴之间同样身为武士的谋反者。）

不过，如果来看欧洲的情形，则完全不同。如果在民众中间出现宗教改革的运动，政府就必须予以应对。此外，过去的国王只是一味地担忧封建诸侯，但随着社会上工商业的逐渐发展，市民阶层逐渐兴起，国王在高兴地看到诸侯们没落的同时，也不得不对市民的势力感到担忧。

因此，在欧洲，由于国家总体形势的变动，政府也必须相应地改变态度。但是，在日本却不是这样，不论宗教还是学术，不论商业还是工业，全部由政府一手控制，所以不需要担心和恐惧民众的行动。如果发生政府不喜欢的事情，政府就立刻进行压制。对于当时的武家政权幕府来说，它唯一担心的就是同样的武士阶层中出现举起反旗的反叛者要夺取政权。因此，在建立国家的两千五百多年的时间里，日本的政府只是在重复同样的事情，这种情形就如同在反复阅读同一本书，或者像在表演一出剧目相同的戏剧。新井白石所说的天下大势的九次变化或五次变化，其实也就是同一出剧目的戏剧上演了九次或五次而已。有一个西洋人在其著作中曾说："在亚洲各国，即使发生革命或内乱，也不同于欧洲，即这种动乱并不会促进该国的文明进步。"这种说法并非没有道理。

九、日本民众不关心国事

如上所述，在日本虽然不断地发生政府的变化更迭，但是国家局势却丝毫没有变化，权力总是倾向于一方，可以说就像是在统治者与被统治者之间筑起了一道高墙，彼此之间的通道被完全断绝。有形的武力，以及无形的文化、学术和宗教等，都是为了统治者而存在的，武士、学者和宗教人士也相互勾结沆瀣一气，不断地扩展自己的权力。因此，富贵、才能、名誉、智慧等全部集中在统治阶层，他们利用高高凌驾于社会的权威统治着民众。所以，不论是所谓治乱兴衰还是文明的进退，都只被掌握一切的统治阶层所知晓，被统治者则丝毫不关心这些国事，而只是以无所谓的态度像看路边发生的事情一样冷眼旁观。

例如，从古至今，日本发生过很多次战争。比如有甲越之战（武田与上杉之间），有关西关东之争（丰臣与德川等人之间）等。只听这些名称，像是两国相互敌对而发生的战争，但是实际上却并非如此，这些战争只是双方的武士与武士之间的争夺，而与民众没有丝毫关系。所谓敌对国，本来应该是本国民众同心协力，同仇敌忾，即使没有手持武器奔赴战场，也会祈愿自己一方取得胜利和希望敌方失败，即使在一些细小的事情上也时刻不忘敌我之分，这才真正可以说是相互敌对，也才能够表现出民众的支持与奉献。然而，在日本所进行的战争中，自古以来都并非如此，即战争仅仅是武士同武士之间的战争，而非民众之间的战争，或者说仅仅是统治者内部的战争，而非包括民众在内的整个国家的战争。面对双方武士之间的战争，民众只是袖手旁观，无所谓敌我之分，而只是更担心强大一方所带来的危险。因此，随着战争双方的形势变化，昨天还在给战争某一方运送军需品的民众，今天就可能会为另一方运送军粮。即使战争双方决出胜负结束了战争，民众也只是能够看到战乱的平息和领主的更换，即使自己一方的领主获胜自己也没有任何荣誉感，或者自己一方的领主失败自己也无须承担任何耻辱。如果新的领主政令宽容，能够减轻民众的年贡赋税，对于民众而言，那就是意外的幸运了。

例如，后北条氏（活跃于战国时代）的领地为关东八州，但由于其不敌丰臣秀吉与德川家康的联军而灭亡，关东八州为仇敌德川家康所接管。不过，尽管德川家康是一位杰出的英雄人物，但如果他同后北条氏领地的农民和市民为敌，那么他也很难在短时间内完全征服关东八州。幸运的是，八州的农民和市民本来就既非敌人也非朋友，而仅仅是后北条氏和丰臣秀吉之间战争的旁观者。因此，当德川家康将自己的势力转移至关东之后，他对敌对残余势力的征讨或安抚，其对象实际上只是北条政权的遗臣，而对其领地上的农民和市民则采取了和平政策，当然很快就使得关东地区稳定下来，其统治也得以巩固。

这样的例子，在历史上举不胜举。直至今天，这种状况仍然看不到有任何变化。因此也可以说，日本从来没有真正成为一个国家。眼下，如果发生日本整个国家不得不同外国进行战争的事态，那会是一种什么情形呢？如果将那些即使不会手持武器上战场但仍然关心战争的民众也列为战斗人员的话，那么将这些战斗人员的数量同所谓旁观者的数量进行比较，在今天的日本哪一边人数多，其实并不难预测。我曾经说"在日本只有政府而没有国民"（《劝学篇》）就是指这种情况。当然，即使在欧洲也常常会有通过战争吞并他国领土的情形，但是吞并他国领土绝不是一件容易的事情，除非使用非常强大的兵力进行镇压，如果做不到，就必须同该领土上的民众缔结条约，给予其一定权利，否则就很难占有该领土。通过这一比较就可以知道，东西方国家的民众具有不同的风范与性格。

十、民众地位并不受到重视

因此，在日本民间如果偶然出现了具有才能的人，由于凭其所属身份地位并没有发挥其才能的可能，他们自然就会摆脱其身份地位而进入上层社会。所以，古往今来都有不少昨天的平民成了今天的将军或宰相这样的事例。如果简单来看，似乎并不存在阶层间的壁垒，但是实际上只不过是这些人物摆脱了其原本的身份地位，转换成了其他阶层中的一员。也可以说，这种情形就如同一个人避开了潮湿低洼的土地而转移到了干燥的高地一样。这对于其个人而言，无疑是一件好事情，但是这并非由于他堆土而将那些潮湿低洼的土地变成了干燥的高地。过去潮湿低洼的土地依旧是潮湿低洼的土地，同眼下自己所移住的高地进行比较，其间的壁垒仍然存在，上下的隔离和差别丝毫没有变化。

例如，过去尾张藩的木下藤吉郎（后来的丰臣秀吉）虽然当上了太阁，但是尾张的民众却依旧是过去的农民，其生存状况丝毫也没有改善。也就是说，仅仅是木下脱离了农民的身份地位而进入了武士的行列，其飞黄腾达也只是他一个人的飞黄腾达，而并非农民地位的普遍提高。当然，这种情形是那一历史时代的形势使然，在今天则不会再发生同样的事情。如果木下生活在中世纪欧洲的自由市，那些城市的市民肯定不会喜欢这位英雄的所作所为，或者如果让他生活在现代并且去做同过去一样的事情，以及让那些欧洲自由市的市民也生活在现代并且可以去批评木下的所作所为，那么这些市民肯定会认为木下是一个不近人情的家伙，甚至会咒骂他"这样的家伙，不顾及我们的故乡，抛弃农民伙伴，自己贪图名利去投靠武士，实在不值得提起"。总而言之，木下藤吉郎同这些自由市民之间在精神上存在着根本的差异。也就是说，尽管二者的行为有相似的一面，即都较为粗犷而勇猛，但古往今来，不论他们生活在任何时代的任何状态下，二者的观念都是绝对不能够相容的。

在13—14世纪的欧洲自由市中曾经势力非常强大的独立市民，尽管起初也有粗暴的过激行为，或者显得有些固执和无知，但是他们丝毫没有依附于统治者的权力，而是将鼓励和保护商业作为自己的职责并为此而拥有军备，以此来强化自己的社会地位。而且，进入近代之后，在英国、法国及其他欧洲国家，中产阶级民众的财富逐渐增加，其教养也随之提高，于是他们通过国会等各种场合就各种问题展开了活跃的讨论或争论。不过，他们这样做的目的并不是要争夺权力让自己成为统治者去压迫民众，而只是为了努力确保符合自己身份的利益并反对政府的压迫。所谓符合自己身份的利益，即地域性的"地方利益"（local interest）和职业性的"阶层利益"（class interest），也就是按照共同的居住地或共同的职业结成相互关系，团结起来提出自己的主张和维护自己的利益。为此，甚至有人会不惜献出自己的生命。与此相比，自古以来的日本人却并不重视自己所处的阶层，而只是趋炎附势，或者依靠统治者之力提高自己的权力，或者取代统治者而让自己成为统治者，即以自己的暴力来取代别人的暴力。因此必须承认，这是一种极其卑劣的观念，同欧洲独立市民的精神相比，简直具有天壤之别。

在古代中国，西楚霸王项羽（年轻时）看到秦始皇出巡时的队列，曾豪言"彼可取而代也"，汉高祖刘邦（在贫穷时）看到秦始皇出巡时的队列，也曾说"大丈夫当如此也"。现在我们来探究他们二人的心理状况，他们其实并不是为了维护自己阶层的身份而痛恨秦王朝的暴政，反而不如说他们将秦王朝的暴政作为一个绝好的机会，试图实现自己的野心，取代秦始皇来做与秦始皇同样的事情。或者，就算他们的暴虐程度不及秦始皇，那也只是因为其政治手腕稍微巧妙一些，可以收买人心罢了。至于在以专制来统治民众这一点上，不论是秦始皇还是汉高祖，其实并无什么不同。在我们日本，自古以来也有不少被称为英雄豪杰的人物，但是来看这些人的功绩，也不过就是项羽或刘邦之辈。日本自有史以来，连做梦都没有考虑过日本的民众能够像欧洲国家那些独立市民那样。

十一、民众没有宗教权利

（所以，如果你首先把目光转向日本的宗教，）宗教是作用于人们内心的东西，因此也是最为自由和独立的东西。信仰应该是丝毫不受他人支配也不依赖于他人之力而存在的东西。不过，在日本却并不是这样。本来，人们一般认为日本存在神道教与佛教两种宗教，不过神道教其实还没有完全具备宗教的资格。即使在古代曾经存在神道思想，其后这一思想也已经被吸纳进了佛教，所以在数百年的时间里，已经难以显示出其本来的面貌。近年来随着所谓王政复古的实现，神道教似乎开始崭露头角，不过也仅仅是出现了一些偶然的事件，即利用政府变革的时机，借助皇室的威望，开始进行一些小规模的（排斥佛教的）活动。因此，以我之见，还不能明确地将神道教视为宗教。总之，如果要说长期以来能够流行于日本且构成日本文明一环的宗教，其实就只有佛教。不过，佛教从兴起时就被统治阶层所控制，即完全依存于政府的权力。在从古至今的众多名僧高僧之中，有些人会渡海赴中国求取佛法，有些人则在国内创立教派，建立寺庙，教化民众。但是，这些人也大都需要祈求天皇或将军等执政者的庇护，借助其威严与声望来弘扬佛法。甚至，还出现了一些以接受政府爵位为荣的僧人。

从很久以前开始，就有僧侣被朝廷授予"僧正"或"僧都"（僧人官阶最高级）等地位的例子。比如在《延喜式》* 中，有"僧都以上依据三品"的规定，此外在后醍醐天皇建武二年（1335）的圣旨中也有"大僧正依据二品的大纳言，僧正依据二品的中纳言，权僧正依据三品的参议"的说法。由此可见，当时的名僧也接受朝廷的官职，也同朝廷的群臣争官阶位置上的高低，并且将其视为关系到自己荣辱的问题。

正因为如此，日本的宗教虽然自古以来就有教派的教义，但却从未听说过有自己独立的宗教权利。眼下如果想要证实这一点，只要去全国著名的寺院看看其历史记载就会明白。比如，（奈良时代）圣武天皇天平年间（天平十三年，即741年），各郡都建立了国分寺；（平安初期）桓武天皇延历七年（788），传教大师（最澄）在比叡山开山立宗，建立了根本中堂，以镇锁京都东北方向的鬼门；嵯峨天皇弘仁七年（816），弘法大师（空海）

---

* 公元10世纪中期日本平安时代推出的有关律令制度的基本法律实施细则。——译者

在高野山开山立宗，并且得到天皇敕许，建立了大珈蓝。除此之外，还有奈良和京都的众多著名寺院，中世之后在镰仓建立的五山（具有禅宗代表性的五个寺院），以及江户时代在上野建立的宽永寺、在港区的芝地建立的增上寺（和德川将军的菩提寺）等，而且这些著名寺院都是依赖于朝廷或幕府的权力而存在的。此外，历代天皇自己皈依佛教或者亲王出家为僧的事例非常多，如白河天皇有八个儿子，其中就有六个出家为僧。这些现象也是宗教能够获得权力的重要原因。

其中，只有"一向宗"稍微有一些自主独立意识，可以称得上是平民的宗教，不过也同样很难避免依靠权力的弊端。之所以如此说，是因为在足利时代末期的大永元年（1521），（本愿寺第九代门主）实如上人曾向当时的天皇（后柏原天皇）贡献上即位所需费用，因此被授予"永世准门迹"*，享有同居住有出家亲王之寺院相同的地位。当然，对皇室的衰微和贫困表示同情并将多余的钱财贡献给皇室，也是符合僧侣身份的功德之举，但是这里其向天皇贡献的本意却并非如此，而是通过西三条入道（当时皇室的著名学者三条西实隆）的牵线搭桥，用金钱来购买官职及其特权。这种行为，不得不说其实反映了一种卑劣的本性。

可见，自古以来日本著名的寺院都是按照天皇、皇后的意愿或依靠将军、执政的权力建立起来的，因此不得不说这些寺院一

---

* 门迹为日本佛教用语，意指皇室或贵族出家后所居住之特定寺院。——译者

般都是政府御用的寺院。如果了解了这些寺院的历史由来，其实他们就与出身豪门的武士炫耀自己家族的门第完全一样，比如会炫耀有几百石来自幕府的封地，以及住持的资格地位如何高，等等。听起来简直令人作呕！而且，不但在寺院门前立有下马牌，僧人们外出时还要带领众多随从，以驱逐行人开道，其威风甚至比封建大名更盛。不过，如果来探究一下佛教如此威风的原因，其实并非宗教自身的力量，而是仗着政府权力的威风，因此也不过是世俗权力的一部分而已。佛教虽然兴盛，但是其教义完全依附于权力，所以我们完全可以说，普照众生的并非所谓佛光，而是政府的权威之光。正因为如此，寺院没有自主独立的宗教权利，就不足为怪了。信仰佛教的信徒没有真正的信仰之心，对此也就不必感到惊奇了。

另外还有一个证据，就是自古以来在日本仅仅由宗教引发战争的事例非常少见，据此也可以说明日本宗教信徒对宗教是多么缺乏虔诚以及多么懦弱。宗教信仰作为人们所见的一种现象，至多就是那些没有知识的乡下野夫村姑不假思索而盲目地感动和流泪拜佛而已。因此，佛法也只是拯救文盲社会的一种手段，只不过能够让生活在社会底层的人们获得心中的安宁，除此之外则既没有任何其他作用，也没有任何权力。

还可以举出佛教没有权力的最极端的例子，就是德川时代对破坏佛教戒律的僧人的处罚。也就是说，这些僧人并没有触犯世俗社会上的法律（诸如杀人偷盗等），而仅仅是破坏了宗教上的戒律（如奸淫等）。但是，对于这样的事情，一般教门自己并不会责罚，而是由幕府直接抓捕罪犯，将其公开示众，或者将其流放。如此看来，（宗教并无自律性，）可以说僧侣也不过是政府的奴隶而已。直至近年（明治五年），明治政府下令允许全国的僧侣食肉娶妻，通过这一法令也可以看出，过去僧侣们不食肉不近女色也并非在遵守宗教上的教义，而是政府不允许，所以才不得已谨慎行事。因此，僧侣们不过是政府的奴隶，我们甚至可以说，在整个日本根本就不存在宗教。

十二、学问无权却反而成为专制的帮凶

宗教的作用是如此微弱，儒学等学问就更是可想而知了。儒学著作传入我国之后，经历了漫长的岁月。在王朝时代，朝廷曾设置"博士"（为朝廷服务的学者首领）官职，天皇自己也学习汉语典籍，嵯峨天皇时由大纳言藤原冬嗣设立劝学院教授同族的子弟，宇多天皇时由中纳言在原行平设立了奖学院等，（贵族们也为自己家族的子弟设立了学校，）于是汉学逐渐得到普及，同时和歌的创作也一直呈现繁荣景象。不过，那个时代的学问只向贵族子弟开放门户，书籍出版也都由朝廷来控制。当然，还因为当时没有出现印刷技术，所以还缺乏将教育普及至民间的必要手段。

到了镰仓时代，幕府曾起用大江广元和三善康信等儒学家，

然而学者及其学问仍然不过是为统治者服务的工具，在民间几乎不存在任何学者。比如，在"承久之乱"（承久二年，即1221年）中，北条泰时率军攻入宇治和势多时，后鸟羽太上皇曾降下一道诏书，但是在跟随北条的五千余士兵中能够阅读诏书的人，仅有来自武藏国的藤田三郎一人。通过这一事例，我们就可以知道当时一般世人有多么缺乏文化知识了。其后，一直到室町时代末期，研究学问的权利仍然完全掌握在僧侣手中，因此学习和研究学问者就必须依靠寺院。在后世，人们之所以将学习文化知识的学生称为"寺子"，就是这个缘故。此外，根据一些人的说法，在日本出现印刷版的书籍，始于镰仓时代的五山版，这一说法可能是事实。

在德川时代初期，第一代将军德川家康首先委任藤原惺窝担任官职，紧接着又任用了林道春（罗山）。其后直至近代，社会进入了一段和平时期，此时出现了很多优秀的儒学家，不过如前所述，儒学的盛衰也始终伴随着社会的安定或动乱，仍然不可能保持自己的独立地位。在战国时期动乱不止的近百年时间里，儒学也完全掌握在僧侣的手中，这对于研究学问者而言，是应该感到耻辱和遗憾的。而且，由此也可以知道，其实儒学的地位明显不如佛教。

当然，在战乱时期学问研究会遭到破坏，并非日本单独的现象，世界各国都是如此。比如，即使在欧洲，从中世纪的黑暗时代到封建时代，学问研究的权威完全掌握在教士的手中，只是17

世纪之后，社会上才终于开始出现对学问的研究，所以不能说只有过去的日本才是这样。此外，东西方的学术风格也有很大的不同，西洋各国以实证主义的科学为主，而日本则喜欢孔孟哲学。这一学术研究的客观性与主观性之间的区别使得这两种学问自然不能够相提并论，不过也当然不应该对日本的学术研究完全加以指责。不管怎么说，我国民众摆脱野蛮社会并走向今日的文明社会，仍然应该归功于佛教和儒学。特别是近世之后儒学的繁荣，排斥了世间所流行的神道与佛教的迷信，一扫人们心中的困惑，（作为接受西洋科学精神的一个必经阶段，）其功绩不可谓不大。从这个角度来看，应该说儒学也有其巨大的价值。因此，我们暂且先不谈东西方不同学术风格孰优孰劣的问题，而只是尝试就学术研究状态来详细说明二者的明显不同之处。

那么，从根本上来说，二者的不同点在哪里呢？在战乱之后（近代学术的缘起在东西方几乎是同时发生的），在西洋各国学术研究的复兴一般产生于民间，而在日本却是产生于政府内部。也就是说，西洋各国的学术研究，单纯就是学者的事业，不论其研究是借助于政府的力量，还是纯粹就是民间的研究，但说到底都是学者独立自由的领域，而不受政治的干预。而在我国，学术研究却是所谓服务于统治阶层的御用学问，或者也可以说只不过是政府内部工作的一部分。作为其证据，在德川幕府统治的二百五十年间，国内能够称为学校的机构，大约有幕府设立的机构（昌平校等），以及由各大名设立的藩校。虽然不能说没有产生著名的学者，也不能说没有出现有影响的著述，但是这些学者都是幕府或大名的家臣，他们的著述也都是由幕府或各藩出版发行。当然，虽然也有没有归属的浪人学者，也有一些民间的出版物，但是这些浪人学者其实也希望进入仕途，只不过是得不到官方的赏识而已，民间出版物也同样希望能够成为政府的出版物，只不过同样难以实现就是了。在我国，既没有类似于西洋那样的学者研究团体，也从未听说过有论文或报纸等自由出版物，既没有进行技术工艺教育的私立学校，也没有召开学术会议的习惯。因此，在这样的社会氛围中，不可能存在完全属于民间的学术研究事业。

即使偶然会有一些著名的学者开办私塾教授学生，但其门下仍然只限于武士阶层，即都是一些享受俸禄、侍奉主君并利用闲暇来学习学问的武士。因此，这些私塾都是按照儒学精神建立的，以不违背统治者的学问为宗旨，专门教授和研究治理民众之术，所以在这里即使读破万卷书，最终如果做不了官员，其所学也就完全无用。或者，还有一些远离社会隐居山林的学者，但是这些人其实也并非心甘情愿，而只是暗中感叹自己怀才不遇，嫉妒他人飞黄腾达，或者就是一些脱离社会的失败者。因此也可以说，日本的学者都被关在了政府这一牢笼之中，只能够将这一牢笼作为自己活动的天地，在这狭小的天地中忙忙碌碌地虚度自己的一生。幸好在当时，社会上的儒学教育还没有完全普及，学者也不是很多。假如按照那些儒学先生的理想，培养出更多的学者，那会怎么样呢？可想而知，只会让狭小的牢笼更为拥挤紧张，甚至会使学者没有了自己的容身之处，从而招致越来越多的嫉妒，每个人的怨恨和烦恼都会更加严重，这样岂不可悲可怜？

生活在这狭小牢笼中的众多学者，并不知道在自己的天地之外还存在着更为广阔的社会，自然从未考虑过任何开拓自己独立空间的可能性，而只是依附于权力，无论受到多么严重的轻蔑，也完全不会感觉到耻辱。例如，在德川时代，作为学者而得志者，都是幕府或各藩的儒学官员，即使名义上听起来很威严的儒学官员，实际上也是所谓文官的身份，一般不会受到社会的尊敬。执政者也只是将他们作为一种（代替字典的）工具来使用，并不会让他们参与他们所擅长的实际政治事务，不过是赏赐一点俸禄给他们，让他们教武士贵族的孩子读书罢了。也就是说，因为当时社会上识字的人很少，对学者的利用只是为了弥补这一社会现状的不足而已。这就如同规定"贱民"只能从事皮革手工艺行业一样，其实同样是极其卑贱的。对于这些缺乏志向与志气的学者，能够要求他们做什么，能够让他们担负起什么责任呢？正因为如此，在学者中没有独立的研究团体也就不足为怪了，我们也不会为他们缺乏有价值的见识而感到吃惊了。

当然，在一些稍有思想的学者中，也有人对政府的专制及其对民众自由的束缚感到担忧，并常常向政府表示不满。不过，从根本上来说，这种专制状况实际上也是学者们自己播下专制之种并加以培育使其生长所导致的，最终反而让自己尝到了苦果（自作自受）。也就是说，从根本上来说，是谁教给了政府要实行专制呢？即使政府从其本质而言具有专制的因素，但助其发展并为其提供理论性依据的，难道不是这些学者学术研究的结果吗？自古以来，日本儒学家中被认为最有才能和功绩最大的人物，也就是最会巧妙运用专制和最受到政府重用的人。在这一点上，不如说儒学家为教师而政府则为其门下。

不幸的是，现在的日本人，都是过去日本人的子孙后代。不过既然如此，在目前的社会上，统治者实行专制以及民众苦于专制的现象也并不都是现代日本人的过错，或者应该说是从远古的祖先那里继承下来的一种共同的遗传疾病。而且，应该说，那些儒学先生是促使这一疾病的病毒不断扩散的最大责任者。

十三、学者之弊端在于受制于古人

如前所述，儒学与佛教都在我国的文明过程中做出了部分贡献，但是同时二者也不免存在着消极保守的弊端。当然，宗教的作用主要在于控制人们的内心世界，其教义并不一定要随着时代的变化而变化，僧侣及神官以千百年来不变的教义来教化现代人也并非没有道理。不过，儒学却不同于宗教，而是涉及和议论社会生活的各种道理，提倡礼乐六艺（礼、乐、射、御、书、数）等教养，其内容至少有一半是涉及政治的学问。然而遗憾的是，虽然是一门学问，但是它却并不理解适应时代变化的改革进步精神。

从根本上来说，人类的学问是应该不断进步的。昨日的优点也可能会成为今日的缺点，去年的是也可能会成为今年的非。对所有的事物都要抱有怀疑，对所有问题都可以质疑，并通过不断探讨和发明或变革，才能一代胜于一代，后辈超越前辈。正是因为人类经年累月长期的经验积累，我们才能够在回顾百年以前时感到过去的文明是多么粗放落后以及存在很多应该感到遗憾的缺陷，也正因为如此，才更需要文明的进步与学术的不断发展。

然而，在《论语》中却有"后生可畏，焉知来者之不如今也"这样的话。在《孟子》中也有（孔子高徒颜渊同孟子的对话）："舜，何人也？予，何人也？有为者亦若是。"同样是在《孟子》中，（作为贤者的公明仪也曾言：）"文王，我师也；周公岂欺我哉？"通过这寥寥数语，我们就可以大致探知儒学崇尚古代精神的内核。《论语》中所说的"后生可畏"，其意就是"如果后辈努力的话，或许可以达到前辈所达到的境界，所以不可大意"。因此，后辈经过努力所能够达到的极限，充其量不过就是今天人们的水平，而且今天的人们本身已是一些不及过去古代圣人的末世之人，所以即使将来后辈们达到了我们这些前辈的水平，也没有什么值得骄傲的。而且，如果按照《孟子》中的说法，这些末世的学者（颜渊或公明仪等）大声疾呼想要实现的理想，最终不过就是成为数千年前的舜一样的人物，或者要相信周公所说的话，尽管难以达到，但也要以古时的周文王为榜样。这种情形，就好像是一个不成器的孩子从老师那里领来习字的字帖并努力模仿字帖去写字一样,从一开始就已经觉得不可能超过老师,所以即使字练得再好,也只是同老师的笔法相像而已,而绝没有想过要超过老师。

儒学的体系,就是从尧、舜到大禹、商汤、周文王、周武王、周公、孔子这样一脉相承地流传了下来,不过孔子以后,这样的圣人就已经不再有了,不论在中国还是在日本,再也没有听说出现过什么圣人。在孟子以后,即使是宋代的儒学家,或者日本的著名儒学家,尽管这些人在面对后世时也可以有所炫耀,但是在面对孔子以及以前的那些古代圣人时,却也悄无声息,只能一味地向古代圣贤学习但同时又感叹自己难以企及。而且,正因为如此,仁义道德在后世自然变得越来越虚伪恶劣,人们的智慧与道德也会逐渐下降,坏人和愚蠢之人的数量却会不断增加,到了末世的今天,很明显这个社会正在变成一个禽兽横行的丛林世界。然而幸运的是,人类智慧进步的规律是客观存在的,实际上并未出现儒学家们所想象的那种悲观结果,甚至还不如说,后世产生了众多比过去古人更为优秀杰出的人物,所以才有了今天的文明进步。因此,社会并没有按照那些儒学家的想象去发展,应该说是我们人类的幸运。也就是说,儒学的做法让儒学家们只是相信和仰慕过去而丝毫没有自己的创意,使自己成了所谓"精神的奴隶"(mental slave),即把自己的精神世界全部奉献给了遥远的过去。他们虽然生活在眼下,但是却受着古人的精神支配,并且试图原封不动地将其传播于世并用来支配现代,导致整个社会普遍蔓延着一种死气沉沉、缺乏活力的气氛。这种状况，应该说是儒学的一大弊端。

不过，从另一方面而言，如果过去的日本没有儒学，日本也不可能达到今天这样的文明状态。正如西洋的"refinement"一词所表示的那样，在陶冶人的品格并使其更加高尚这一点上，儒学所发挥的作用确实不小。然而，儒学虽然在过去发挥过作用，但是在现代已经不再适用。在物质短缺的时代，破席也可以当被褥，糠麸也可以当粮食，更何况是儒学呢？因此，儒学在过去能够发挥巨大作用也就不足为奇了。在这里，我并不想无益地仅仅围绕其弊端进行论述。用一个比喻来说，过去用儒学对日本人进行教育，可以说就如同将乡下姑娘送入深宅大院的府邸服侍人一样，她们在这些府邸里行为举止或许会变得文雅一点，头脑也会变得聪明一点，但过去那种精力充沛、充满朝气的性格则会完全丧失，在筹划家庭生活方面也会变成一个缺乏才能的妇人。过去，因为没有能使女孩子受教育的学校，所以她们不得不去服侍别人，而在今天，则需要在考虑其利害得失的前提下另做选择了。

十四、乱世的武士并无独立精神

自古以来，日本就号称忠义武勇之国，武士勇猛而果敢、忠诚而率直，与亚洲各国相比毫不逊色。尤其在室町时代末期，天下大乱，群雄割据，战乱不止，大约是日本历史上武勇之风最盛的一个时代。当时，既有一败涂地而彻底失去政权者，也有一战击溃敌人而迅速崛起者。也就是说，这些都与家族门第或出身丝毫没有关系，获取功名全凭实力，荣华富贵也可在转瞬间获得。此时的日本如果同罗马帝国末期北方日耳曼蛮族入侵欧洲的时代（4世纪至6世纪）相比，尽管二者的时代不同，文明程度也各不相同，但应该说非常相似。在完全信奉实力的时代，日本的武士本来也应该自然地产生独立自尊的精神，正如日耳曼民族为后来的欧洲留下了自主独立的精神一样，我国国民的精神也应该从此为之一变。然而遗憾的是，实际上并非如此。正如本章开头所叙述的那样，从有史以来，权力的非均衡状态就已经渗透日本社会的方方面面，社会不论如何变动，都很难打破这一权力结构。

这一时代的武士，看起来显然非常活跃勇敢，然而表面上看起来活跃勇敢的这种性格，却并非产生于真正的独立意识和独立精神，即这些武士并没有自觉地意识到自己是一个独立的男儿，缺乏那种不顾一切去追求自由的精神和气质。他们的勇气，或者是受到外在力量的诱惑而产生，或者想要借助于外在力量而产生。那么，什么是外在力量呢？就是为了祖先、为了君王、为了父亲或者为了与自己身份相称的名誉等。也就是说，在这一时代的所有战争中，战争双方都必然借这样的名义和理由来进行战争，即使在没有这些理由的情况下，也会特意捏造出一些似是而非的名义和理由来作为自己出师的借口。无论在智慧与武力方面多么超群的英雄豪杰，也从未听说仅仅依靠其智慧与武力就可以来谋划战争。在这里，我们再举出若干历史事实来进行说明。

在室町时代末期，很多地方豪杰以各种各样的理由纠集党羽起事，比如为了赶走主人，或者为了替君王或父亲报仇，或者为了重振祖先家业，或者为了维护武士的荣誉等，并随意强占他人的土地，形成了所谓群雄割据之势。不过，他们这样做其实最终只是想要立刻去往京城，即为了能够参见天皇或将军并借助他们的名义来号令天下，在难以实现进京目的的情况下，也想要接受来自遥远皇室的封官拜爵，并利用这一官爵给自己脸上贴金，这样就更容易获得人心。这些做法自古以来都是日本武士常用的手段，即使源氏与平氏这样的武士首领（比如源赖朝与平清盛等），也概莫能外。至于处于执政地位的北条氏，则并没有直接要求最高的官爵位置，而是将名义上的将军置于上位，自己甘居五品，不过却实际掌握着天下大权。也就是说，北条氏不仅将皇室作为工具来利用，同时也利用将军。如果只从表面上来看，北条氏的统治既清廉又十分有效，但是如果仔细观察其内幕，则仍然是利用权威主义的卑劣政治策略而已，应该说令人感到既可鄙又可憎。至于（南北朝时期）足利尊氏采纳赤松圆心的进言（为了避免逆贼的恶名），请求后伏见天皇（实为后伏见天皇之子光严天皇）降旨立其皇子（实为光严之皇弟）光明天皇为北朝天皇，无论在任何人看来，都不会认为这是真心尊崇天皇。甚至，（在战国末期）织田信长最初拥立将军足利义昭（作为自己号令天下的一种策略），但是很快意识到将军的权威不及天皇，于是立刻驱逐了足利义昭，直接利用天皇（正亲町天皇）的名义来进行统治。由此也可看出，织田信长对天皇的忠诚心其实也并没有多么坚定。上述所有情形其实都能够看出来只是一种策略而已，只要是稍有一些常识的人，就很容易看穿这些人的内心。然而，为什么这些武士仍然要在表面上高唱忠信节义，借用如同儿戏一样的所谓大义名分，不但自己认为这一策略高明，而且世人一般对此也没有质疑呢？因为整个武士阶层，据此都获得了利益。

从最初开始，日本的武士就遵从社会的习惯，在权力非均衡状态下成长起来，因此并不以常常屈从于别人为耻。这一点与欧洲各国民众重视自己地位和尊重自己身份及主张各自的权利相比，存在着显著的差别。而且，甚至连战国时期的巨大战乱也未能改变这一社会习惯。比如在一个大家族中，其首领有大将，大将之下有家臣，再次有骑士、步卒直至杂役奴仆等，上下身份等级明确。而且，身份的不同也就意味着权利的不同，其中任何一个人都要承受来自上司的压迫，但同时也都会去压迫自己的下级。也就是说，每个人都既要被强行压迫但同时也要强行压迫别人，即一方面要卑躬屈膝和阿谀奉承，而另一方面又会趾高气扬和傲慢无礼。例如，假定这里有甲、乙、丙、丁、戊等十人，即使乙在甲面前要低头赔笑，看起来似乎承受了难以忍受的耻辱，但是在面对丙时则可以趾高气扬，从而获得一种傲慢的快感。因此，前面所遭受的耻辱可以通过后面的快感来得到补偿，这样自然可以使二者相抵以消除不满。同样，丙可以从丁那里获得补偿，丁又从戊那里求得补偿，以至于这一循环会不断持续下去。这种情形，也可以说就如同某人借钱给西邻但同时又催促东邻还债一样。此外，如果拿物质来做一个比喻，那么西洋人的权力就像是铁，既不易膨胀也不易收缩，而日本武士的权力则像是橡胶，会随着接触物的不同而发生伸缩变化，对下使用时会极度膨胀，对上使用时则会立即收缩。不过，尽管日本武士的权力存在这种极度的膨胀或收缩，但将武士的权力综合起来看，则可以称其为"武士的威严"。遭受武士权力压迫的人，是那些无处倾诉苦情的可怜民众，尽管这些民众非常值得同情，但正是依靠所谓"武士的威严"才能够维持一个武士的社会，也才使得那些从上至下不同等级的武士共同获得巨大的利益。

而且，武士作为一个整体不仅得到了本阶层的共同利益，其上下关系的森严等级也使其保持了一种良好的秩序（武士道德）。虽然这里所谓的秩序显示了武士之间按照身份高低，下对上卑贱屈辱的这一陋习，不过作为一个整体的武士阶层却将武士的威严作为自己的荣耀。而且，他们既放弃了个人的自主独立，也丝毫不在意那些或张狂或卑贱的丑态，彼此之间形成了一种特别的道德秩序，并为此而感到骄傲和自豪。长期以来，武士就生活在这样的习惯之中，最终这种封建道德便成了武士们的第二天性，甚至面对任何事情都不会发生动摇。从这里，我们也可以看到武士所谓"威武不能屈，贫贱不能移"的一种风格。因此，如果只是看武士内部的部分行为或某些情况下的行为，那么确实应该有很

第九章 日本文明的由来

多令人羡慕的地方。例如在江户时代，三河武士对世袭主君德川家尽忠尽责就是这方面的例子。

因为武士社会是按照这样的权力制度形成的，所以为了维持这样的社会就需要有一个统率武士的精神权威。代表这一精神的最高权威，就是皇室。不过，人世间的权威仍然需要具体人物的实际智慧与道德，所以即使是天皇，如果缺乏实际的智慧与道德，也难以成为真正的权威。因此，武士们就谋划设计了一种办法，即只保留天皇的名义，使皇室空有虚位，而让实权掌握在武士首领手中。这就是战国时代各地群雄都想要进入京城并特意打出骗人的大义名分旗号来加以利用的原因。总之，从根本上来说，日本武士缺乏自主独立的精神，所以对那些卑劣的行为并没有感觉到羞耻。

十五、重视名讳是一种屈膝卑劣之风

在这里，还有一件自古以来人们忽略而缺乏关心的事情，不过这件事也足以证明日本的武士是多么缺乏自主独立的精神，即有关人们姓名的问题。本来，人们的名字都是父母赋予的，虽然也有成人之后更改名字的，但并不是按照他人的命令去更改。有关衣食住的事情，简单来看好像应该是根据个人的喜好自由选择的，但是实际上这些事情会受到众多的社会因素影响，比如会受到自然与时代风尚的决定性影响。不过，人的姓名却不同于衣食住这样的事情，起什么样的名字，当然无须听从他人的命令或指示，即使是亲戚朋友，也无须和他们商量，总之别人不应该对此插嘴、说三道四。因此，可以说姓名是人类社会的现象中最为自由的东西。如果生活在法律禁止更改名字的国家，自然应该遵守法律，不能说这是侵犯个人的自由。在可以自由更改名字的国家，如果想将"源助"这个名字更改为"平吉"，或者不愿意更改，都完全取决于自己的意志，这就如同晚上睡觉是右侧着枕还是左侧着枕一样自由，完全不允许他人干涉。

然而，在日本的武士社会中，自古以来却存在由主君赐予"偏讳"（在主君名字中择一字）以及允许臣子冠以主君姓氏的习惯。应该说，这是一种卑劣愚昧的风气和习惯。甚至连上杉谦信这样的英雄也不例外。本名为长尾景虎的上杉谦信就曾接受将军足利义辉的"偏讳"，将自己的名字更改为辉虎。更有甚者，在著名的"关原会战"之后，天下政权都归德川家所有，过去丰臣家所允许冠以姓氏的诸侯全部恢复了原有的姓氏，其中甚至有曾经接受了松平（德川氏本姓）的诸侯。当然，这些更改姓氏的做法，有些是自己主动要求更改，有些是被赐更改，但无论如何这样的事情本身都应该说是卑劣下贱的事情。

或许有人会说"更改名字，或姓别人的姓，是当时普遍的风俗习惯，也是人们自己的选择，并无人介意，因此现在不应该成为问题"。但其实绝不是这样。因他人姓名强加于己而感到不快的心情，无论古今都应该是一样的。作为这方面的证据，据说在室町时代的永享六年（实际是永享十年，即1438年），镰仓的总管足利持氏的儿子在成人后被命名为义久，当时持氏的重臣上杉宪实向持氏进谏，认为应该按照习惯请求室町将军的"偏讳"，但是没有被持氏所采纳。当然，或许当时持氏已经有背叛将军谋求独立的想法，我们暂且不论这样的想法对错好坏，但至少可以明白的是，持氏已经意识到接受他人所赐的名字是一件卑贱的事。此外，在德川时代，据说幕府试图赐予细川家（熊本藩主）以松平的姓氏时，被细川家所拒绝，此事在民间一时被传为美谈。这件事情的真假虽然并不确定，但是同样证明了人们将拒绝接受所赐姓氏的态度视为高尚纯洁，这种感受从古至今都是没有改变的。上述这些有关姓名的事例，本来并不是什么大不了的事情，但是这些事例让人们知道，自古以来就以忠义武勇而著称的我国武士其实也是非常卑劣的，同时也说明掌握权力的政府的力量是多么可怕，它甚至完全占领和控制了人们的内心世界。因此，在这里对此就再赘述几句。

十六、德川家是巧妙运用非均衡权力政治的高手

正如以上所论述的那样，日本社会从上古时代开始就被分为统治者与被统治者两个阶级，形成了权力的非均衡状态，而且直至目前这种情况都没有发生变化。不言而喻，这种情况是因为民众中没有主张自己权利的人，宗教和学术也都被统治阶级所垄

断，完全不能够独立存在。战国动荡时期的武士，看起来似乎非常忠义武勇，但最终并不懂得自主独立的精神。无论在动荡的乱世还是在和平时期，社会从上至下的方方面面，一切都处在非均衡权力的控制之下。如果不依赖于这一非均衡权力，就将一事无成。这种政治形态，恰如医治任何疾病都只用一种药一样，利用专制这一种万能药的功效来强化统治阶级的力量，再进一步将这一力量集中到最高权力者手中。正如我们所论述的那样，不论王朝时代的政治还是镰仓幕府的政治，或者北条和足利政权的政策，或者德川政权的政策，其本质并没有什么根本的不同。它们之间的区别仅仅在于，哪一个政权的政治相对好一些，或哪一个政权的政治相对坏一些，并以此来判断专制手法的高明与否以及政治的成败得失。只要能够巧妙地实施专制手段并将最高权力控制在统治者手中，便是巨大的成功，此外别无所求。

在自古以来的习惯中，有"国家"这一用语。不过，这里所谓"家"并非指民众的家，而是指统治者的家族或门第。由此看来，国就是统治者的家，统治者的家自然与国成为一体。甚至，增加政府的财富也被称为"国家利益"。如此一来，整个国家都融于统治者的一个家族之中。正是因为以这样的思维来决定和实施政治，所以往往只能够将专制的权力集中在统治者一个家族的手中。赖山阳在《日本外史》中曾对足利幕府的政治提出批评，称"尾大不掉"（属下势力过大，上级调度不动）是其执政的最大失策，即存在所谓"下克上"的现象。然而，这一判断最终也是将其归结为未能实行严厉的专制,指责其没有将权力集中在足利将军手中。赖山阳作为专制时代的儒学家,有这样的看法并不奇怪,不过这种看法仍然只是承认存在统治者的家,而没有考虑到更为重要的国的存在。

如果指责足利政权的"尾大不掉"为失策,那么相反的看法就应该满足于德川政权的"头重脚轻"。从根本上来说,自古以来还没有哪个政权能够像德川氏那样巧妙而充分地运用非均衡权力来实施政治。德川家在统一天下建立幕府之后,就开始不断地大兴土木,消耗了诸侯们的大量财富,同时拆毁了诸侯各藩的守城堡垒,并禁止各藩修筑城堡和建造大型船只,不允许运送枪炮进江户城。此外,还将诸侯们的家眷扣留在江户作为人质,并让其建造豪华的诸侯府邸,吸引其沉醉于江户城的奢侈萎靡风尚,使其远离政治等各种有益的社会性活动。对于那些仍有多余精力的诸侯,则让他们参与幕府的建设工程,或者让其担任幕府的警卫守备等,总之会以各种名义让诸侯们成天疲于奔命。德川幕府这些强迫诸侯执行命令的做法,就如同先把别人的手足挫伤再与人家角力较量一样。因此,作为一种非均衡权力的政治,应该说德川家为了自己的利益非常巧妙地使用了各种方法,堪称模范。

当然,为了维持一个政府,中央必须掌握能够控制与平衡全局的权力。这一权力的平衡,不仅在日本,在世界上的任何国家都是需要的。即使在野蛮未开化的古代日本,人们也懂得这样的道理，因此从很久以前就一直对专制的精神情有独钟，在已经逐渐文明开化的今天，当然更没有人会期待剥夺政府权力后（无政府状态下）实现文明的进步。总之，国家需要有一个中央权力，这是连小学校的儿童都知道的道理。不过，西洋的文明各国，其权力的来源并非只限于一处。国家的政令虽然出自政府机关，但也代表了国民的总体意志，或者说即使不能完全代表国民的总体意志，但也会基于社会舆论，做某种程度的修改纠正，在综合各阶层意见的基础之上，仍然通过政府来公布实施。然而在日本，自古以来政府与国民却不仅仅是一种主从的关系，甚至不如说是一种敌对关系。例如，德川幕府让诸侯们耗费钱财，就如同战胜者打败敌人之后索取赔偿，禁止民众造船以及不允许诸侯们建城，也无异于战胜者在取得战争胜利后拆毁敌国的炮台。这些行为，都不能说是对待同一个国家的人所应该实施的行为。

十七、文明有初步与进一步的区别

世间所有事情，基本上都可以区分为两个不同的阶段。从最初迈出第一步开始，就必须将其视为准备迈出第二步的前提条件。或者换句话说，也可以说第二步其实已经预先规定了第一步的迈出方式。比如，谚语"苦为乐源"以及"良药苦口"说的就是这样的道理。将痛苦仅仅简单地视为痛苦而回避它，或者仅仅认为药苦而厌恶它，这是人之常情。如果只是看到事情的第一阶段，那回避痛苦和厌恶药苦都理所当然，但是如果再进一步考虑第二阶段所带来的安乐和身体的痊愈，那就必须忍受第一阶段最初的痛苦。

因此，即使是权力的非均衡，也是为了暂时安定国内的人心和维持社会秩序不得不采取的方法，而绝非人们的恶意所导致，尤其在文明的初始阶段，是完全必要的措施。而且，在能够巧妙运用非均衡权力的情况下，也有可能获得暂时的成功并因此而得到世人的喝彩。不过，一旦进入第二阶段，就会暴露出这种权力模式的弊端以及得出最初方向错了的结论。如此看来，专制政治越是运用得巧妙高明，其弊端反而更甚，其统治得越是长久稳定，遗留给后世的弊病自然更大，以至于成为一种很难根除的永久性国民遗传病。比如，德川时代的长期稳定统治，就是一个很好的例证。目前，日本社会正在进入文明改革的第二阶段，但也存在很多困难，原因就在于，德川幕府的专制手法极其巧妙高明而幕府稳定统治的时间又太过长久。

对此，我曾经有过一个比较浅显易懂的比喻性评价："努力完善专制政治就如同一位闲散的隐士在不断地打磨自己心爱的酒葫芦，虽然从早到晚不停地打磨，但最终仍然是个圆形的酒葫芦，最多不过增加了一点光泽而已。眼下时势已发生变化，我们正在进入文明的第二阶段，但是有些人却依然羡慕留恋古代秩序及其文明，殊不知时势已然大变，却仍然执着于追求那些早已不可能的封建遗风，自我妄想试图使其再现并为此而烦恼。这就如同不知道酒葫芦越打磨越薄甚至上面已经有了洞却仍然在打磨一样，简直是太过愚蠢了。"事实难道不是这样吗？总之，坚持专制政治就是仅仅执着于文明的第一阶段而不知道还存在第二阶段，止步于第一阶段而并没有想要进入第二阶段，甚至试图以第一阶段来阻碍第二阶段。如果这样的话，那么即使第一阶段的非均衡权力维持了稳定的社会秩序，其实也并非一种真正稳定的秩序，（而是将人心驱向死胡同，）将社会带向停滞的死亡之路。在使社会停滞这一点上，赖山阳所谓足利幕府的"尾大不掉"或者所谓德川幕府的"头重脚轻"，哪一个有可能会做得更好一点呢？当然，我们很难立刻对此做出判断，但不管怎么说，赖山阳等人仅仅是着眼于社会发展的第一阶段，即只不过是与隐士打磨酒葫芦一样的想法。

十八、非均衡权力不可能在维持秩序的同时推进文明

现在，我们来看德川幕府所谓稳定的天下秩序。民众处于拥有非均衡权力的政府统治之下，整个日本社会中的几千万人，就如同被关闭在几千万个牢笼之中，或者被几千万堵高墙所阻隔，丝毫不能移动。人们都被区分为士、农、工、商等各种不同的身份，即使在同样的士族之间，也有不同的身份区别，比如有的人是世袭了祖先留下来的高官及俸禄，还有些人是（服务于幕府或诸侯的）儒学学者或医生等专业人士，这些人的职业地位也为世

袭且不能改变。农民也有门第之别，工商业者则拥有股份（即经营垄断权；以及同业行会）。总之，身份壁垒坚硬如铁，任何力量都难以打破。在这样的社会环境里，即使是有才能的人，也很难依靠自己的力量去从事各种事业，因此就只能采取消极态度保全自己的性命了。经过几百年的漫长时间，这一习惯终于形成了全体民众的普遍性格，即完全丧失了所谓积极进取的精神。

比如在日本，穷人因为无知没有文化而遭受世人蔑视，而且年年岁岁贫上加贫，这种痛苦堪称人类社会都难以见到和类比的痛苦，但是这些遭受痛苦的人却没有自我克服困难和成就事业的勇气。他们能够极度忍受那些难以预测的灾难，但是却意识不到自己的困难，也没有想要去追求未来的幸福。而且，不仅仅穷人是这样，甚至学者和商人也是如此。因此可以说，日本人缺乏人类普遍自然具备的一种活力而甘心沉溺于死气沉沉的深渊。这也就是德川幕府统治的二百五十年间日本很少有人去谋划成就重大事业的原因。最近，虽然有了废藩的重大改革，不过还不可能让整个国家的人都立刻改变这一性格，统治者与被统治者两个世界泾渭分明的情形丝毫没有改变，其原因也仍然是这一性格。如果我们溯本求源，应该说这仍然是由于权力的非均衡，以及存在着缺乏对社会进步第二阶段认识的弊端。因此，既然意识到了这一弊端，如果不能够消除非均衡权力所带来的遗传性疾病，那么不论天下安定与否，都不能期望会有文明的进步。不过，治愈这一疾病的方法，眼下首先应该是政治家自身的实践问题（政治家自己必须主动地去纠正非均衡权力的状态），而详细讨论这一方法并非写作本书的目的，在这里仅仅是指出日本国民性遗传病的一些表现而已。

当然，即使西洋各国的国民，其贫富强弱也各不相同，富有强大者在对待贫穷弱小者时也会冷酷残忍，也会有傲慢无礼的态度。贫穷弱小者也会为了名利而谄媚奉承富有强大者或者去欺骗暗算对方。这些丑陋的行为，西洋人同日本人并没有什么不同，甚至也许西洋人比日本人还有过之而无不及。不过，即使在这些丑陋的行为中，西洋人也自然有着独立自主的性格，保持着精神上的自由，比如富有强大者的冷酷傲慢仅仅是因为其具备富有而强大的力量，而并非还有其他可依赖的权力，贫穷弱小者的谄媚奉承或者欺骗的唯一原因就是贫穷弱小，而并不是因为担心和恐惧其他权力。而且，不论富有强大还是贫穷弱小，都并不是绝对不可改变的自然现象，而是依靠人的知识的力量就可以改变的。因此，既然通过知识的力量贫穷弱小者有希望成为富有强大者，那么他们即使最终未能实现这一目标，但也会相信自己的力量，走独立进取的道路。

如果我们向西洋各国的穷人询问一下他们的想法，他们虽然口头上不会说，但内心一定会如此回答："因为自己贫穷，所以才会暂时服从于富人，即只是在贫穷的时候才会受他们的支配，而且这种服从也会随着贫穷的消失而消失，即如果自己也成了富人，当然就不会受他们的支配了。"也就是说，所谓精神的自由，就是指这种依靠实力的精神。与此相反，我们日本人自古以来却是被世间所流行的权威主义精神所支配，在人与人的交往中不管对方的贫富强弱，也不管其是否有知识有智慧，而只是将身份阶层作为价值判断的标准，根据对方的身份地位来决定是轻蔑还是恐惧（如对平民就会轻蔑，对贵族和武士则会恐惧），丝毫没有独立自主的精神，而只是一味地将自己局限在本阶层的藩篱之内。这与西洋人相比，简直是具有天壤之别。

十九、非均衡权力对经济也是有百害而无一利

此外，权力的非均衡对日本整个国家的经济所造成的影响也不能被忽视。一般来说，经济理论非常复杂，要理解它并非易事。而且，由于每个国家的情况各有不同，不能一概而论，所以当然不能将西洋各国的经济理论完全照搬到我们日本来。不过，在任何国家和任何时代，都存在着两项普遍适用的重要原则。

第一项原则，即财富的积累与消费。财富的积累与消费之间的相互关系是最为密切而难以割裂的。也就是说，积累是消费的手段，消费反过来也是积累的手段。（就如同春天播种是秋天收获的手段，为衣食住消费财富是为了保持身体的健康及充沛的精力，反过来又进一步成为生产衣食住所需物资的手段。）

然而，在面对积累与消费的问题时，有时也会出现只是单纯消费而没有积累的情形，比如当出现火灾或水灾等灾难损失时就是如此。或者，穷奢极欲大肆挥霍浪费，以至于将财富消耗殆尽，这种情形也类似于遭受水火灾难。从事经济活动最重要的问题，绝不是要禁止消费，而是要根据消费之后的所得多寡来对其结果的好坏做出判断。也就是说，如果其所得大于消费，就可以称其为利益；如果其所得与消费相等，可以称其为无益；如果其所得少于消费或者完全无所得，则可以称其为损失或完全损失。经济学家的目的，往往就是使所得大于消费，不断地在积累与消费的循环过程中增加全国的财富。因此，积累与消费二者的作用，其实很难说哪个是手段哪个是目的，也很难说哪个在先哪个在后，即既无先后缓急之分，也无难易轻重之别，而应该将二者视为可以发挥完全相同作用的一体来对待。因为，只知道积累而不懂得消费的人，最终也不会有太多的积累，只知道消费而不去积累的人，也不会有大量的消费。因此，使国家走向富裕的根本途径，就只能是不断地扩大积累与消费，只有积累和消费都规模巨大的国家才能被称为富国。由此看来，不论是国家财富的积累还是消费，都必须按照国民整体的意志来进行。也就是说，既然已经有了"国家财富"之名，那么我认为也应该有"国家意识"之说，即必须以"国家意识"来应对"国家财富"的问题。政府每年的收入和支出自然是国家财富的一部分，因此在西洋各国，政府的财政要（通过国会的形式）由国民协商决定，就是基于这样的原则精神。

经济的第二项原则,即在积累或消费财富时必须具备同处置财富相适应的智力与习惯,即处理经济的能力与经验非常重要。如果没有这样的能力与经验,比如富豪们的后代败家破产,或赌徒们难以真正拥有不干净的钱财等,都是因为钱财与其拥有者的智力与经验不相匹配,所以难以被永久地拥有。如果让缺乏智力与经验的人拥有与其身份不相匹配的钱财,那么不仅其最终会失去钱财,甚至就如同让儿童手持利刃一样极其危险,反而可能伤及自身和他人。从古至今,这样的例子是很多的。

二十、国家财富是由农民、工人和商人积累的

如果承认上述两项原则是正确的,那么以此为依据来进行分析,就可以明确地判断自古以来我们日本所实施的经济政策的得失利弊。古代的情形暂且不谈,(对于武士时代,)星野葛山先生在其著作《田制沿革考》中有如下记载:

"到了源平之乱的时代,征税这一权力已经不再是作为公家的政府在行使(占有土地的豪强和武士任意为之),民众不知道究竟应该向谁纳税。甚至,一块土地,要向朝廷缴纳一部分租税,还要向平氏或源氏缴纳一部分,以至于形成了双重或多重征税。不但如此,还常常有恶霸土匪来抢夺粮食,使得欲诉无门的民众陷入了难以忍受的困苦之中。后来,源氏夺得天下,在各国

(州)设立守护,在庄园设立地头,不过王朝时代的国司和庄司仍然存在,因此民众就如同有两个主人一样……足利将军统治全国后,甚至在没有通过任何政令的前提下将所谓国、郡、乡及其庄园全部分给了手下的武士,租税则任由这些武士征收,另外还需要再征收年贡的五十分之一来作为将军家的收入。例如,假定某人有一块需缴纳年贡米五十石的土地,那么他就需要另外多缴纳一石运往京都作为将军家厨膳之用。甚至,有些年份还会将这一需要多缴纳的贡米增至二十分之一。同时,守护和地头可以随意地按照其支出来决定其获取收入的方法,因此对于民众而言,这堪称双重的负担……除此之外,还有'段钱''栋别''仓役'等各种不定时的临时性费用需要缴纳。所谓段钱,即按照土地的面积及其产量缴纳的税,类似于眼下的土地税;所谓栋别,即向每一家分摊收取的费用,类似于眼下的房产税;所谓仓役,即特意向拥有仓库的富商富豪收取的费用,类似于眼下的财产税。其中的仓役,在足利义满(第三代将军)时是一年按四季征收,到足利义教(第六代将军)时就已经一年征收十二次,到足利义政(第八代将军)时,更是在某一年的十一月一个月就征收了九次,十二月一个月征收了八次。因此,详细描述'应仁之乱'的《应仁记》中记载,百姓们放弃土地和房屋四处逃散,商人们也关闭商铺停止销售。丰臣秀吉统一天下之后,直到文禄三年(1594)正式确立有关法律,规定全国租税的三分之二由各领主征收,余下的三分之一归百姓自己所有。紧接着到了德川幕府时期，当政者感觉按丰臣秀吉所定税法征收仍然过重，于是削减三分之一，并制定法律规定了'四公六民'的比例，据此才使百姓脱离了沉重的赋税困境。"

根据《田制沿革考》的这一记载来看，显然自古以来我国的租税是非常重的，只是从德川幕府时期开始才稍有缓解，但是经过了几代人的时间，不知不觉又倒退出现了（"五公五民"或者更为苛刻的）重税。

此外，过去一些被称为有识之士的人中曾有人严厉地指责工商业者，认为"农民为国之根本，而工商业者却很少纳税，只是过着悠然自得、饱食终日、无所作为的日子，这是非常不合理的"。不过，如果我们进一步探究这一说法，就会明白，其实工商业者绝非无用之人。当然，偶然也会有一些大商人整天过着吃喝玩乐的生活，但这些人是依靠其财产来生活的，其实就如同乡下的大土地所有者依靠所拥有的广阔土地而过着优越的生活（不能够因为其商人的身份而对其加以指责）。尤其是那些地位低下的小商人，即使不直接向政府纳税，其经营之困难其实也无异于农民。在日本，自古以来从事工商业就不需要纳税，所以从事工商业的人数自然会增加，不过这一增加仍然有一个限度。这一限度恰好位于农业利益与工商业利益的平均线上。例如，农民耕种"四公六民"的纳税土地，当然这一比例并不令人满意，不过在平常年景据此可以养家糊口，免遭饥寒之苦。而工商业者虽然居住在城市，从事着不需要纳税的工作，因而与农民相比条件似乎更为优越一些，但其实也有很多人为最基本的穿衣吃饭之事所苦。那么，为什么会这样呢？因为存在同行之间的竞争。也就是说，全国工商业工作岗位的数量是有限的，如果存在一定数量的人员但却不增加工商业场所和岗位，或仅仅不停地增加人员，结果本来只需要十人从事的工作分给了二三十个人去做，应该分配给一百个人的劳动工资却必须分配给二三百人，本来可以有三成利润的商业也只能减至一成，本来可以得到两千文的工资也只能减少为五百文。因为这种同行之间的竞争，工商业的利润就会降低，即出现对消费者有利的结果，农民也自然可以得到低物价的利益。

因此，工商业者虽然表面上看起来不需要纳税，但实际上同需要纳税的农民并无什么两样。如果出现工商业者有着更多利益的情形，那么其原因一定是政府按照学者或其他一些人的意见，设置了各种各样的条件来阻止农民转变为商人。如此一来，工商业者的人数比例就会少于农民，所以工商业者就可以独占这些利益。不过，考虑到上述这种情形，农民与工商业者其实具有共同的利益，即都从事对国内有益的事业，因此即使存在着表面上有税与无税的差别，但其实都是对国家有益的国民，对于为国家积累财富而言，双方都是非常重要的。

二十一、士族挥霍浪费国家财富而缺乏管理之道

因此，正如我们前面将社会众人区分为统治者与被统治者一样，如果在经济上进行区分，则可以区分为生产者与非生产者两种人。也就是说，农工商及其以下的被统治者是国家财富的生产者，而士族及其以上的统治者则是非生产者。或者，借用前述的说法，也可以将前者称为积累阶层，将后者称为消费阶层。如果我们来看这两个阶层之间的关系，彼此在苦乐得失方面当然是不公平的，不过在人口数量超过国家资本数量从而导致人们相互竞争求取职业时，（由于此时的劳动力价格低廉，）这对处于上层的人比较有利，而处于下层的人则不得不辛苦劳作。当然，这种情况并非只在我们日本存在，在世界其他地方同样存在这一社会弊端，而且很难克服，所以对此并不需要给予太多的指责。而且，尽管将士族以上的统治者称为非生产者或者消费阶层，但是这些人作为政府官员，去处理应对文事武备（文化教育和军备）以及维持社会秩序等事务，从根本上来说有助于国民的经济活动，所以也不能一概而论地说政府的经费开支都是无益的浪费。只不过我国的经济，特别是不同于其他文明国家的不合理的地方，主要就在于本来应该相互协调构成一体的国家财富的积累与消费却不是以同样的体制与态度来运营的。

按照我国自古以来的常规，民众一般会想方设法地积累财

富。如果按照"四公六民"的税法，租种土地的农民用六成的所得来养家糊口，其余的四成则作为租税缴纳给了政府。然而，这些租税一旦上缴，我国的民众完全不知道这些租税去了哪里、用于何处以及有所剩余还是不足。简而言之，日本民众只是知道积累而并不知道如何消费。同时，政府虽然收取了租税，但最终却忘记了这些租税从何而来，也不知道是通过什么手段得到的，这些租税似乎就像是从天上掉下来的一样，因此在消费时也完全是任意挥霍浪费。总之，日本政府是只知消费却不懂积累之道。

根据上面所列举的经济第一原则，积累与消费应该是相互协调、难以割裂、融为一体的行为，因此当然也应该以综合一体的态度来应对和处置。然而，我们来看看眼下日本的情况，却是以两种不同的态度来应对和处置这一对关系。这就如同是由两个人分担偏和旁来书写同一个文字，那么当然任何书法家也难以写出漂亮的字。在积累与消费这一问题上，人们的态度分成了统治者的态度和被统治者的态度，而且二者之间有着各自不同的利益，相互之间也缺乏交流，甚至都对对方的行为抱有不信任感，这样怎么能有好的经济状况呢？该花费的地方不花费，不该花费的地方却大肆浪费，国家的经济当然难以得到协调发展。

历史上也有一些这样大肆铺张奢侈的例子，比如室町幕府的将军足利义政在"应仁之乱"最为混乱的时期兴建银阁寺，以及花费六十万贯（一贯为百文）在"花御所"（将军府邸）的建筑物屋顶上用金银珠宝玉器加以装饰，"高仓御所"（将军母亲的府邸）每一间屋的隔扇就要花费两万钱。为此，幕府就要向各藩民众收取"段钱"或"栋别钱"，但即使如此，政府仍然国库空虚。因此，那是一个整个国家上下各个阶层都陷于贫困的时期。丰臣秀吉在平息战国混乱状态统一天下之后，兴建大阪城，紧接着又征伐朝鲜，在对外战争中消耗大量兵马钱财，在国内也极其奢靡享乐，而且还铸造金马贮藏。可以说那是一个下层贫困而上层富有的时期。与此相反，在历代统治者中有贤君之称的北条泰时、北条时赖和北条贞时等北条政权的执政者们，生活确实节俭朴素。即使到了德川时代，在初期也出现了很多所谓明君贤相，幕府的政治无可指责。这种状况同前述足利义政等的时代相比，自然不可同日而语。不过，即使在北条或德川实施所谓善政的时代，为什么也没有听说有民间人士发财致富而兴办大规模事业呢？在今天，北条氏和德川氏遗留下来的遗迹中最为著名的，有镰仓五山（反映北条氏信仰）、江户城和名古屋城（德川家康建造）、日光山（安葬德川家康之所）、东叡山的宽永寺和三缘山的增上寺（两寺都是将军的菩提寺，即代代埋骨之寺）等。这些遗迹都是极其宏大的建筑，但令人感到不可思议的是，在当时的日本为什么要实施规模如此巨大的工程呢？即这些工程最终是否适合于当时整个国家的经济能力呢？依我来看，是绝对不合理的。

在日本，目前仍然遗留众多古时的城池、神社、佛寺等古迹，以及大佛、大钟或大珈蓝等文物，不过这些宏大之物一般都并不能证明当时神道教或佛教的繁荣昌盛，而只不过意味着当时独裁君主的权力极其强大。虽然偶然也有输水管道或运河等为了民生而实施的工程,但这些工程并非按照民众自身的意见来实施的,而仅仅是当时的执政者及其官僚出于某种善意,体察民间疾苦,为民众生活提供一点便利而已。当然,因为当时是一个民众缺乏知识的时代,所以由政府垄断所有事业也是应当的,而且也没有人对此表示质疑。也就是说,我们不能以今天的眼光去指责当时政府的所作所为。不过,将国家财富的积累与消费截然分开,在经济上造成了极度的不合理与不平衡,则不论是在所谓明君贤相的善政时代,还是在暴君污吏的劣政时代,无疑都未能避免这一弊端。因此,眼下已经明白了这一道理的人们,就不应该再重复古人的错误了。

所谓的明君贤相,一定会将钱财花在那些有益的事业上,不过只是这些人所认为的有益,所以会因人而异,有些人认为强化武备对国家有益,而有些人认为加强文化事业对国家有益。当然,也会有人将那些真正有益的事情当作有益的事情来对待,不过有时也会将那些无益的事情视为有益的事情来对待。例如,在足利义政时代,幕府曾下令废除社会上所有的借贷关系并因此被称为德政,在德川幕府时期也有过类似的事情。站在幕府的立场上来看,这样的行为或许可以说是对债务人的恩德(然而如果从债权人的角度来看则明显属于暴政)。总之,当时的氛围是,日本的财富积累者(被统治者),对财富消费者(统治者)所采取的经济措施丝毫不能干预过问,所以政府自然没有其支出的预算和决定收入的来源范围，以至于支出与获取收入都毫无节制。只要能够考虑一般民众的生计，不再征收比过去更多的租税，就已经是最大的仁政了。也就是说，长期以来年年都在重复同样的事，即民众积累政府消费，恰如一个文字由两个人来书写的状态，并且这个状态一直延续至数百年后的今天。如果我们回过头来对古今进行比较并思考一下日本经济的历史，真是应该为其进步的缓慢而感到吃惊。

比如，在德川幕府统治的二百五十年间，国内几乎没有发生过战乱，可以说是古今东西都罕见的一段和平的时期。正是因为这世所罕见的太平盛世，所以即使当时的民众无知，即使当时的制造工业还不发达，即使社会积累的速度还比较缓慢，在这二百五十年间也理应在经济上获得显著的进步。然而，事实却并非如此。那么，这又是为什么呢？应该说，这并不仅仅是将军或各诸侯缺乏道德所导致的结果。即使社会不幸遇上了无才无德的统治者，无才无德也未必是他们个人的过失，即只要是位于统治者的地位，当时的形势就使其不得不浪费国家财富。因此，从经济角度来看，所谓明君贤臣也不可信赖，所谓天下太平也并没有什么益处。

有人曾经说过："战争确实是可怕和可恨的灾祸，不过它对国家经济的影响可以说就像是人身体上的刀伤，虽然一时造成巨大的痛苦，但只要不伤到要害处，很快就会恢复。而经济上特别应该感到可怕的，并非像战争一样的刀伤，而是像肺结核病一样慢慢地使人衰弱的慢性消耗的疾病。"如此看来，日本经济之所以长期停滞不前，发展缓慢，最大的原因就是权力的非均衡状态和社会财富的积累者与消费者二者的分离及彼此之间没有联系。因此，经济即使不是变得越来越衰弱，也是经年累月都处于同样的状态，或者在数百年间即使获得一点进步，最终也并没有达到一种规模宏大与充满活力的状态。即使在德川幕府二百五十年的社会安定局面下也没有看到显著的进步，应该说就是因为患了经济上的肺结核。

二十二、理财之道在于士族的活力勇气与平民的节俭勤勉相结合

经济的第二项原则，即在进行财富的生产及消费时必须具备与此相适应的智力与习惯。经济的关键在于充满活力与勇气的行动以及努力做到节俭与勤勉。只有同时积极发挥二者的作用，使其很好地相互制约、相互协调，才能够大规模地扩大积累与消费。如果偏重一方，缺乏勇气而只是节俭，就会出现贪婪吝啬的弊端。相反，如果不注重节俭而只是一味地充满勇气去行动，那么就免不了会出现挥霍浪费的弊端。总之，应该说偏重一方的做法都违背了经济的原则。然而，正如我们在前面所述，全体国民被分为积累者与消费者两个阶层，如果两个阶层之间的差距过大，双方就必然会偏重某一方。也就是说，积累者阶层虽然具有节俭勤勉的精神，但是因为失去了勇气而陷入了吝啬的弊端；消

费者阶层虽然具有活力与勇气的精神,但是因为失去了节俭的精神则必然会陷入挥霍浪费的弊端。

虽然日本还没有普及教育,但我国民众并非天生愚钝,因此没有道理认为他们在经济上特别缺乏能力,而只是自古以来社会上遗留下来的习惯,将本不应该分离的经济活动分离开来,形成了不同阶层各自不同的习惯,最终导致彼此的精神也产生差异,陷入了一种不能令人满意的状态。日本人的性格,从其基本素质来看,其实绝非恶劣,如果适当加以调整,在活力勇敢的同时再增加节俭勤勉的精神和性格,自然就会在经济上产生理想的效果。然而,这种效果没有出现,政府流于挥霍浪费,民众倾向于贪婪吝啬,这最终并非由于国民素质恶劣,而是因为没有能够很好地协调积累与消费的关系。例如,如果将氧和氮化合,会生成空气,可以发挥动植物生存所不可缺少的效用,但如果将两种元素各自分解,则不但将失去上述效用,反而会有害于万物的生命。

如果来看我国自古以来的经济状况,能够运用钱财从事一些事业的人一般都属于士族以上的统治阶级。由政府来大兴土木工程或谋划文化武备事业,自然不必说。(作为个人,)能够读书、习武,或者研习技艺,或者爱好风雅,即不论是追求实用的学习,还是为了趣味娱乐,只要是在衣食住以外仍有一些闲暇来关注高雅文化生活的人,都必定限于士族以上的统治阶级。因此,这些人的性格自然敏锐而具有活力,也不缺乏促进各种事业的能力,应该是构成我国文明中心的人物。然而遗憾的是,唯独对于经济，他们仍然因袭数千年来的习惯，虽然知道支出之法却不知道取得收入之道，虽然懂得消费却不知道如何积累，虽然知道消费现成的东西却不知道如何去生产出没有的东西。其结果，当然就难以避免挥霍浪费的弊端。甚至，长时间的习惯形成了武士社会独特的风气，即谈论金钱不是君子（绅士）所为，不懂经济并不会感到羞耻，反而以懂得经济为耻。以至于典型的君子就等于对经济完全无知的人。真不知世上竟有如此荒唐的事情！

与此同时，再来看看农民和商人等社会底层的被统治阶级，他们却与上层的统治阶级有着明显的差别，就好像作为被统治阶级的平民形成了另外一个世界，其风俗人情完全不同于统治阶级。这些平民不但受到武士的统治和侮辱，而且在语言的使用和座位的次序上也有上下之别，还有服装上的限制和法律上的差别，甚至平民的生命权利也控制在武士阶层的手中。比如，德川幕府的法令规定："即使下级武士，如若遭受卑贱地位之商人农民的语言攻击等无礼对待而不得已格杀者，经调查确系由对方无礼引起，则免于问罪。"根据这一杀人者免于追究的法律，商人农民就如同常常要面对成千上万的敌人，能够平安无事地活着就算万幸。既然连生命都难以得到保障，还怎么可能进一步去顾及其他呢？自然既不会有廉耻心和功名心，也不会有志于学问和技艺，而只是服从政府的命令，竭尽全力去缴纳各种费用租税。可以说，商人农民身心两方面的自由都已经完全丧失。

不过，作为人类的天性，内心的思想活动是任何手段都难以完全压制和禁锢的，它总会千方百计地寻找空隙并发现可以自由宣泄的出口。因此，农民和商人尽管身份难以随意地改变，但是在积累财富振兴家业方面却具有充分发挥其智慧的广阔空间，很少遇到妨碍。所以，一些有魄力有能力的农民和商人就只能专心于积累财富。他们历经千辛万苦，过着节俭的生活，其中有些人甚至积累了巨额的财富。不过，从根本上来说，这些人积累财富的目的就是财富本身，而没有其他目的，即财富并不是实现其他任何目的的一种手段，其本身似乎就是人生唯一的目的。对于这些人而言，这个世界上除去财富之外再无任何值得珍视的东西，没有任何东西可以同财富进行交换，他们对学问等社会上追求的高雅事情不但不予理睬，反而认为其是一种奢侈而加以拒绝，看到武士阶层的生活，也只是偷偷嘲笑其迂腐奢侈而不切实际。这种风气，尽管在当时似乎也有些道理，但是其卑劣和缺乏进取精神的做法，却完全应该遭到唾弃。

如果我们来调查一下眼下日本富豪们家族盛衰的历史，就可以实际证明上述结论的正确。自古以来，一些富商大地主等振兴家业者，都并非学者等知识阶层的人，一百个人中有九十九人都是不学无术的下人。这些人不以可耻之事为耻，忍受难以忍受之事，只懂得刻薄吝啬地积累财富。而与此相反，再来看看那些败坏家业者，不外乎是由于缺乏魄力和能力且懒于积累，或沉溺于酒色游宴等声色欲望而败家者。在这一点上，这些人无法与士族相比，武士们即使同样贫穷，但他们会超然于尘世而不顾及生活的困苦，自甘清贫，去做有关学问的各种风雅之事，不肯屈膝降低志向，愿为理想而献身。当然，不论是沉溺于肉欲酒色而败家者，还是超然于尘世而败家者，都没有改变败家的事实，但是其志向高下，却完全不同。士族的长处是仍然喜欢运用智慧与道德，而农民商人却只是喜欢金钱和沉溺于感官上的欲望。二者的风格和精神完全不同。

由于以上这种情形，被统治阶级的节俭勤勉变形为贪婪吝啬，统治阶级的活力勇敢却变质为挥霍浪费，二者都无法适应正常的经济活动，而且这种情况一直延续至今。一般认为，我们日本是一个贫穷的国家，但是其实日本并不缺乏自然物产，尤其在农耕技术（集约农业）方面，甚至有很多可以向世界各国夸耀的东西。因此，绝不能说日本天生就是一个贫穷的国家。或者，也许有人会说是赋税太重的缘故，但是即使赋税较重，也并不是将这些税金集中起来扔到大海里，而是留在国内成为国家资产的一部分。然而，在现实中我们日本为什么会如此贫穷呢？其主要原因并不是缺乏财富，而是缺乏运用这些财富的知识和智慧，甚至将知识和智慧分解成两个部分，即活力勇敢的知识与智慧同节俭勤勉的知识与智慧相互分离，上下两个不同阶级只是各自担当其中的一个方面。因此可以说，自有史以来，日本的国家财富还没有遇到足以掌控和运营这些财富的知识与智慧。

我认为，当下日本经济最为紧迫的事情，就是将分为两部分的知识与智慧融合为一体并使其发挥实际的作用。当然，由于多年以来的已有习惯，目前的情形并非通过一朝一夕的努力就能够得到改善的。比如在维新之后，虽然看到了士族与平民二者之间相互接近的一些好兆头，但是双方仍然没有相互学习对方的长处，却反而出现一种模仿对方短处的倾向。（例如，士族被农民和商人的卑贱低劣风气所感染，也开始追求中饱私囊，商人则利用士族的特权谋求一夜暴富。）日本目前的基本经济状况仍然是积累与消费之间缺乏协调，不过这种状况很难说是个人之罪，因为天下大势奔流不息，从古至今没有任何变化，并影响着所有的国民，人们只能随波逐流。眼下，当然同样难以立刻不顾一切地去抗拒这一大势。

第十章 论我国之独立

一、我国的文明正处于谋求本国独立之阶段

在前面的第八章和第九章中，我们论述了西洋各国文明与日本文明的由来，如果将二者综合起来加以比较，则不得不说日本文明要落后于西洋文明。既然文明的进步有先后之别，那么先进国家支配落后国家，或者落后国家被先进国家所支配，就是理所当然的。在过去闭关锁国的时代，我国的民众根本不知道西洋各国的存在，但是在今天，我国民众不但已经知道其存在，而且也知道了其文明的情况。以这一文明同日本相比较，也明白了文明进步有先有后，明白了我国的文明还远不及对方的文明。既然已经知道落后国家要受先进国家支配的道理，那么人们首先想到的就是如何实现我国的独立。

一般而言，文明是一个范围极其广泛的概念，几乎涵盖了人类知识所能够包括的所有领域。因此，在面对外国的情况下谋求

本国的独立这一问题，只不过是文明论中最为细微的一个问题。不过，正如本书第二章中所说的那样，文明的进步具有不同阶段，所以要根据文明进步的程度来采取相应的对策。眼下，我们日本人正在为争取实现本国的独立而担忧，就是因为我国文明的状态正处于担忧本国独立的阶段，所以我们所关注的也是这一问题，对其他的问题则无暇顾及。因此，本章作为本书的最后一章，提出了我国独立的问题，主要就是根据日本人普遍的要求，仅就目前我们应该关心的问题展开议论。至于提出何谓最高文明这样的问题并进行详细深入的研究，则留待以后的学者去完成了。

二、封建时代的阶级秩序

在过去的封建时代，君臣主从关系统治着整个社会。幕府或各藩的士族对当时的主人表示忠诚义气自不必说，甚至一般也不忘久远的祖先以来的光辉历史，一心一意地努力为主家服务。也就是说，士族会非常严格地约束自己，既然领受了俸禄，就应该懂得为主君而献身。而且，主君与臣子的关系就如同父母与孩子的关系，彼此之间以"恩义"为纽带很好地保持了一种上下亲密的关系。即使以今天的眼光来看，这种关系也很让人羡慕。即使并非真正的忠臣义士，一般也具有珍视忠义的习惯，因此会遵从这一习惯，人们自然可以保持人格的高尚。例如，在士族社会惩戒孩子的时候，一定会使用与其身份或门第有关的语言，比如"身为武士不能做卑劣之事""要对得起先祖的门第""对不起主君"等，其中的"身份""门第""主君"等语言，就成为士族应该遵守的至高道德准则，也是维持士族人格的所谓纲常，或者就是西洋人所说的"道德纽带"（moral tie，道德的支柱）。

而且，这一习惯并非只是存在于武士与其主君之间，而是已经广泛地渗透整个日本的民间社会，商人和农民也在按照这一习惯行事，甚至在贱民与乞丐中这一习惯也得到遵从，即几乎在所有存在社会关系的地方都存在这样的习惯。例如，商人和农民有嫡系和旁系的不同，贱民和乞丐也有头领和喽啰之分，其义理规矩之严格，与士族的君臣关系完全一样。

我们将这一风俗习惯称为"君臣之义"或"先祖的光辉历史""上下名分""嫡系旁支之别"等，然而不论使用什么名称，总之这一习惯支配了有史以来直至现代的日本社会，并造就了今天的日本文明。

三、维新后的社会变化

然而，近年来日本人已经开始同外国人有所交往，如果将我国的文明同这些国家的文明进行比较，就会明白，我国不但在有形的技术工艺方面落后于这些国家，而且在精神文明方面也相差甚远。西洋各国的国民具有知识，充满活力，能够自主地支配自己，其社会也得以整顿，具有秩序，其大至一国的经济，小到一人一家的生活，根据眼下的情形来看，已远非我们日本人所能够企及和比拟的。总之，我们必须明确和毫无保留地承认，西洋各国已经进入了文明社会，而日本还处在未开化的阶段。

因此，日本的领导者们开始寻找我国未开化的原因，他们首先意识到了自古以来的习惯有问题，于是特意为了完全消除这些古老陈旧的陋习而着手进行改革，从废藩置县开始，断然废除了所有的旧物陋习。结果，过去的诸侯转变成了所谓华族，武士则变成了所谓"贯属"（士族的别称），即标明归属某地的平民，言论也变得可以自由表达，各类人才也可以自由地被录用。过去可以得到五千石俸禄的家臣现在有的也变成了一名普通的士兵，而过去的下级武士有的也当上了县知事，已经传承了若干代人的大型钱庄也有破产的，而过去一文不名的赌徒有些却转身变成了政府的御用商人，寺院变成了神社，僧侣变成了神官。总之，所谓的富贵和幸福只取决于每个人自己的才能，社会进入了一个所谓任何利禄功名皆可通过奋斗获得的新时代，有史以来早已深入我国民众心中的所谓恩义、辉煌的门第、名分、等级差别等观念渐渐不再存在，被重视的只有人们的实际能力。这种情形，如果以其积极的意义来形容，可以说是一种人心充满活力和社会文明迅速进步的形势。

四、旧道德已遭废弃而新道德还未出现

然而，在这种通过自己奋斗即可获取功名以及文明迅速进步的社会形势之下，国家的那些领导者是否最终实现了预定的目标呢？是否可以认为这一文明的进步就是真正的进步而别无所求了呢？应该说绝非如此。真正的有识之士，绝不应该满足于眼下的文明状态，因为看目前的社会形势所给予我国民众精神状况的影响，恰如刚刚卸下祖先遗留下来的沉重负担但还没有肩负起新的重担一样，似乎正处于休息的阶段。比如，废藩之后，诸侯与其所属武士之间的君臣之义不复存在，如果有人私下按照这一礼仪行事，反而会被人耻笑落后于时代而感到难堪，甚至过去的下级武士如今成了部队里的长官并对自己过去的上司发号施令，过去的上司也必须服从。总之，似乎一切都与过去不同了，新时代的规则似乎也很严格。然而实际上，过去的上司通过金钱贿赂也可以免除兵役，现在的新长官仍然可以轻轻松松地做自己的官，那些被免除兵役的老上司们也可以悠闲自在地度日。过去的赌徒虽然由于自己摇身变为政府的御用商人而洋洋自得，但那些破产的商人也已经意识到这为时势所致而不再指责自己无能，同样可以轻松悠闲地度日。神官为迎来神道的新时代而庆幸无比，而僧侣也由于可以公开娶妻而欣喜万分。总之，目前是一个上下贵贱各个阶层皆大欢喜的时代，除去贫穷所带来的不如意之外，已经没

有什么可以束缚人们的身心发展了。与过去有所不同，如果战斗而死，复仇就成为徒劳之举，出战面临危险，切腹则充满痛苦，因此对一切都只求平安无事。不论做学问还是做官，都只是为了金钱，只要有了钱就没有必要再学习任何东西，真所谓"钱之所向，天下无敌"，似乎人品的高低也可以用金钱来衡量。这样的情形同过去那种困窘的时代相比，已经是非常轻松愉快了。因此可以说，眼下的民众已经卸下了过去那些沉重的负担而正处于一种休息的状态。

不过，休息是没有任何工作的一种状态。如果是工作了一段时间或没有应该做的工作，休息当然无可指责，但是根据我国目前的情况来看，并不是没有应该做的工作，甚至目前需要做的工作比过去更加多且困难。社会上的有识之士其实也已经意识到了这个问题，也懂得目前并非可以休息的时候。因此，为了努力将人心引导至有益的方向，学者们开始创办学校教书育人，翻译家们翻译外文原著公开出版，政府和民间都在努力特意提倡和奖励学问和技术。当然，在普通民众的各项活动中，还难以看到令人满意的成果，虽然从事学术活动的年轻人也在努力增进学业，但是他们似乎还完全没有意识到目前是一个应该以认真的态度为国家做贡献的时代，甚至应该为此而献出自己的财产和生命。总之，目前的日本是一个几乎没有任何烦恼而感到轻松愉快无所事事的社会。

五、皇室学者们的国体论还不足以维持人心

有些人认为,眼下人情淡薄的原因在于人们忘记了皇国之古老,于是强调所谓大义名分论(君臣之义或忠君思想),主张复古主义。这些人提倡古时之道,从过去的神治时代寻找证据,主张所谓的国体论,并试图以这一理论来维持人心。这些人就是所谓的国学者。这些人的说教并非完全没有道理,在君主国家崇尚君主并主张将政治权力托付给君主也是理所当然的,同时也是政治上的一个重要问题,因此对尊王的主张并不应该简单地加以否定。不过,国学者们却在此基础上更进一步认为,国民崇尚君主的理由不仅仅是政治上的利害得失,还有作为日本人的怀古之幽情。甚至,他们只是随意地将天皇视为一种标志性的象征来供奉,忘记了其实际效用,而只是崇尚一种形式而已。

一般而言,民众的自然感情不会由于一时的政治性变革(比如王政复古)而急剧改变。因此,就像国学者们所说,为了依靠眼下的国民感情来实现尊王的理想,首先就需要改变人们的情感,使其忘却旧时的幕府时代,而必须完全倾向于眼下的新时代(但这并不是可以协商之事)。然而,在数百年间,我国民众几乎不知道天皇的存在,天皇只不过是存在于过去历史记忆中的一个形象而已。由于维新的变革,尽管政治体制又恢复到了数百年前的王政,但是在目前的皇室与民众之间,却并没有非常密切的感

情交流，其中出现的新现象，仅仅是政治上统治与被统治的关系，从人的感情之亲疏远近来看，民众由于从镰仓幕府时代以来就一直受着封建领主的统治，所以对皇室的感情亲近度远远不及对那些封建领主。虽然存在着君临天下者只有天子一人这种大义名分的说法，但是实际上却并不一定像人们所希望的那样。按照眼下的形势发展，民众很快就会忘掉过去，对封建领主的怀念及感情也会渐渐变得淡薄，不过要想立刻培养民众对皇室敬慕的感情并将其教育塑造成发自内心忠于天皇的子民，从目前日本社会的人心或文明的情形来看，是非常困难的，或者说是几乎不可能的。

当然，也有人认为"王政复古和明治维新是基于民众怀古之幽情，即在感情上厌恶幕府和敬慕皇室的结果"。不过，这只不过是不了解事实的说法。如果真像这种说法所认为的那样，人们的感情倾向于怀旧的话，那么也应该是怀念和敬慕数百年来已经深入民众之心的幕府封建制度，因为在当今的士族及其他社会里能被称为由先祖留传下来的遗风，大都来自遥远的镰仓时代的习惯，其封建制度的传统极其古老，影响也非常广泛。或者，也许有人会认为明治维新是人们在感情上忘却旧有传统而喜好新物的结果（这也是错误的），但实行的王政是在封建制度之前更为古老的制度，如果要忘掉二者之中的某一个，也肯定是忘掉王政制度而非封建制度。

或许还有人会说"人们的感情之所以倾向于皇室，并非由于时代的新与旧，而是国民意识到了'大义名分'的结果"。然而，既然是大义名分，那么就应该是（超越时间的）真实且绝对不变的真理，因此对于人们而言也应该是须臾不可忘却之道。但是实际上在镰仓时代之后，差不多有七百年的时间人们并不知道有皇室的存在，那这七百年的岁月是什么样的时代呢？如果按照"大义名分"论者的说法（他们把大义名分限定为狭隘的尊王之心），那么这七百年就是人们都脱离正道、大义名分完全绝迹的野蛮黑暗的时代。当然，对于历史上的良好治理或动乱不安，不能简单地以某一年或数年短暂时间中发生的事件来做出判断。（因此，在某个时点上，肯定出现过野蛮的事态。）但那些还具备良知的我们的祖先难道明知自己背离了正道，却在长达七百年的时间里一直背离正道吗？（那种事在常识上根本无法想象。）而且，实际上在封建时代的七百年间也并非都是（"大义名分"论者所想的）道义颓废的野蛮黑暗时代，甚至可以说我国文明中十之七八的内容就发端于武家时代并得以成长发展，这一时代给今天的文明留下了众多有价值的东西。

根据上述的议论，王政革新并不是因为民众厌恶中世以后出现的幕府而敬慕古代的皇室，也不是因为忘却了旧有的封建制度而盼望新的天皇制度，更不是因为突然想起了已经被忘却多年的所谓大义名分。（不管皇室存在与否，）人们仅仅是厌倦了幕府政治而想要有所改变。（皇室只是现下偶然间被利用的工具罢了。）眼下，既然明治维新已经获得成功，所有权力全部归于皇室，那么作为日本的国民尊崇皇室就是自己当然的义务。不过，民众与皇室之间只不过是政治上的联系，而精神上的感情联系则绝不是立刻就可以建立起来的，如果强行去建立这种精神上的联系，那么不但难以达到目的，反而会让社会上增加众多的伪善者，只会导致社会上的人情越来越淡薄。因此，国学者们的所谓国体论在今天已经难以维持人心，也难以让人们的品格变得更为高尚。

六、耶稣的教导也不能维护一个国家的独立

还有一类学者，为眼下人心的浅薄而感到忧虑，宣扬标榜国体论又没有效果，于是就期待改变人们的灵魂世界，想要通过传播基督教来改变人心，即用宗教来使人们进入安身立命的境界，统一民众的思想，为其规定人类应该向往的远大目标。当然，这种想法也并非随意产生的，具有这种想法的学者们所依据的理由似乎是："眼下的日本人，几乎每个人都有不同的志向，不仅仅在政治问题上缺乏共同的看法，即使在宗教上也难以决定是应该相信神道教还是应该相信佛教，甚至还有不信宗教者。作为一个人，如果连自己至关重要的灵魂都无所皈依的话，那怎么可能会顾及社会的道德等事情呢？既不知天道人伦也不懂父子和夫妇的伦理，这样的社会就如同地狱一般，因此对社会感到担忧的人必须首先去改变这种情形。而如果能够利用宗教成功地将人心维持下去，那么对于民众来说，就有了清晰的人生目标，如果再进一

步将其扩展至政治上,就可以形成一个国家独立的基础。"

因此,这种想法绝不是随意产生的虚妄之说。如果能够以基督教来教化眼下的民众,纠正其精神上的谬误,引导其进入道德之门,即使难以到达悟道的境界,但能够明白父子夫妇之道,激励孝道贞节之心,使人们认识到父兄有教育子弟的义务,纳妾、沉迷于美色是一种罪恶,也将会有效地促进社会的文明,当然也就不应该对此有所非议。不过,根据目前我国的现状来讨论其得失利弊,我并不完全同意以上的这一想法。(虽然基督教本身很好,但是)一些学者试图将基督教的道德扩展至政治领域并以对神的信仰来构筑一个国家独立的基础,我对这种想法不能苟同。

本来,基督教所追求的人生目标是"永远的天国",也期待自己的幸福安康在死后的世界得以实现,认为这一生的灾难与痛苦可以在来世得到补偿。甚至,对来世罪恶的恐惧超过对现世罪恶的恐惧,对来世上帝审判的重视度超过现世的裁判。也就是说,基督教的理论是让处于此岸的现世与处于彼岸的来世并立,其说教往往显得比较高远而深邃,与其他的学说全然不同。因为在上帝的面前人类皆为兄弟,所以整个世界就如同一个家庭,人与人之间不应该有亲近疏远的差别。既然世界已经像一个家庭,那么为什么还要划分不同的国界呢?然而,现实的世界却是被分成了众多的国家,人们在(国家这样)狭窄的范围内结成集团,这些人被称为国民,并且为了集团的利益而建立了政府。而且,有时这些人会拿起武器去屠杀其他国家的所谓兄弟,去掠夺其他国家的土地，或者相互之间去争夺商业利益。这些行为，绝不能说符合宗教的精神，甚至应该说是一种犯罪，不仅仅会在来世受到神的审判，更应该在现世也受到制裁。从基督教的角度来看，这些行为都是犯罪行为。

不过，展望目前的世界形势，到处都存在国家，而且每个国家都有政府。如果政府能够很好地保护民众，民众也能够积极地去经商，政府通过战争能够使民众获得利益，就可以称得上是"富国强兵"。这样的国家，本国民众当然会感到骄傲，甚至其他国家的人也会对此感到羡慕并努力效仿其富国强兵的做法。之所以如此，是因为这就是世界发展的大趋势，尽管这些做法并不符合宗教精神。因此，在目前的文明阶段来考察世界各国间的相互关系，虽然在个人的交往中不乏相隔遥远的国家的人一见如故的例子，但是国家之间的交往却并非如此，彼此间的关系只遵循两项原则，即平时通过贸易互相争夺经济上的利益，而一旦遇到紧急情况则拿起武器互相厮杀。总之，当今的世界只能说是一个贸易和战争的世界。当然，战争的种类也有很多，其中也有为了制止战争而进行的正义战争，贸易从其本质来说也是各方互通有无的一种交换方式，完全是一种正当的行为。因此，不论战争还是贸易，都不能简单地将其本质一概视为邪恶，只不过从目前世界各国的战争和贸易的实际情形来看，距离基督教所提倡的高尚的博爱精神还非常遥远。

当然，如果按照前述基督教的观点来做出判断，或许会认为热衷于贸易和战争就是充满杀戮和应该鄙视的行为，但如果从目前的社会情形来看，却并非如此。因为虽然贸易过程中会有利益的争夺，但是并不能只是依靠武力去获得利益，而必然需要智慧，因此目前一定要鼓励国民从事贸易。而且，如果想要从事国际贸易，当然首先需要有国内的学习实践。因此，一个国家贸易的繁荣，就表明该国国民具有较高的知识水平以及该国学问与技术的发达，其影响力远及国外，成为一个国家繁荣的象征。战争也同样如此，如果只是将战争视为杀戮的工具，当然应该憎恶战争，但其实也并非如此。例如，如果有国家想要发动非正义的战争，即使在目前还未充分发达的文明阶段，也仍然有正在完善中的条约规定，还有通过谈判解决冲突的方法。也就是说，由于国际公法的存在，以及一些有识之士的舆论批评，那些随意发动的战争受到了相当的制约。当然，有一些战争不仅仅是为了本国的利益，而是为了国家的名誉或为了正义而发动的。因此，如果将战争视为杀戮和争夺利益的工具，当然会认为战争是违背宗教精神的卑劣行为，从而战争就难免被视为宗教之敌而遭到污名化。但是，在目前的文明阶段，战争也是不得已的事情，即战争是伸张独立国家权利的手段，而贸易则是一个国家力量的象征。

人们一般会将那些努力扩展本国权威、使本国民众富裕、增进本国的智慧与道德、提高本国名誉地位的人称为爱国者，其精神则被称为爱国心。这样做的目的在于将本国与他国相区别，尽管并无损害他国利益之意，但却有重视本国而轻视他国之意，即强调以本国之力来维护国家的独立。因此，爱国心虽然并不是想要满足个人私欲的一种情感，但却是追求国家利益的一种情感，即世界被分成若干区域，居住其中的人们组成各种集团，并都在谋求本集团（国家）的利益。所以，这其实也是坚持本国私利的一种不公平状态，所谓爱国心虽然与偏袒心说法不同（前者优美，后者令人不快），但是其内容实际上是一样的。如此说来，似乎会使人们深切地感到，作为基督教教义的上帝面前人类皆为兄弟与尽忠报国、国家独立的精神完全难以相容。因此必须承认，将宗教的作用扩大至政治，并试图以此来建立一国独立的基础的学说，其逻辑是错误的。宗教只能对个人的道德发挥作用，而与国家独立的精神没有丝毫关系。因此，即使宗教可以维持人心，但并不能期待宗教会对举国上下一致去保卫国家发挥大的作用。总之，以世界各国的现状同基督教的精神进行比较，那么后者显得过于宏大、高尚、理想和公正，而各国之间相互对立的现状则过于狭隘、低俗、现实和不公正，二者很难取得一致。

七、我们的担忧在于同外国的交往

此外，还有一些汉学家，见识比较广博，不像那些国学家一样只是依赖于怀古之幽情，但是他们的目的也只不过是通过政府所确定的礼乐刑法来统治民众。也就是说，他们试图以将君主的恩德与政府的法律相结合的方式来维持民心，因此也并不适合目前的社会。如果按照这些人的主张去做，民众就只知道存在政府的力量而不知道有自己的力量，只知道官员的权力而不懂得自己的权利，反而会使人们处于更加卑微屈辱的境地，其结果并不会提高国民整体的素质。关于这个问题，本书已经在第七章和第九章加以论述，在此不再赘述。

诚如上述，眼下我国的情况是非常困难的，然而民众却一直没有意识到这些困难，反而不如说因为摆脱了过去的束缚而感到轻松愉快。为此，一些有识之士深感忧虑，比如国学家倡导国体论，洋学家推崇基督教，一部分汉学家则主张圣人之道，他们都致力于维持民心及确定目标来维护我国的独立。但是，直至今天，这些主张或建议都没有取得成功，感觉未来也难以取得成功。对此，才真是应该感到忧虑。因此，我也发表一点自己的看法。

在讨论任何事物时，首先要明确其题目和性质，才能够找到应对处理的方法。比如为了防火，首先要了解火的性质，明白用水可以灭火后才能够确定防火的方法。因此，虽然说眼下我国陷入了非常困难的境地，但需要首先明确这些困难究竟是指什么问题。目前，并非政府的政令不完备，也并非民众不愿意缴纳赋税，更非明治后民众和官员突然变得愚昧无知或是官员全都变得腐败。如果来考察一下这方面的情况，日本仍然是过去的日本，并没有发生什么特别的变化，看起来也没有什么值得忧虑的问题，甚至同明治以前的情况相比，可以说日本的面貌焕然一新，得到了巨大的改善。那么，同明治前相比，说我国的情况更加使人担心究竟是指什么问题，忧虑的是哪些困难呢？这些问题必须弄清楚。

我认为，这些困难并非我们的先人所遗留下来的弊端，而肯定是近来才突然出现的，并且已经侵入渗透到了影响国家生存的地步，难以去除，想要去除又缺乏有效的办法，最终依靠我国原有的生命力已经很难克服。当然，如果日本仍然是过去的日本，客观形势并没有发生任何变化，那我们自然无须担心忧虑，但目前对国家的现状感到担心和忧虑，就证明肯定存在着（客观形势变化引起的）应该感到忧虑的新问题。社会上的有识之士所担心的也是这些问题，尽管我并不知道他们是如何定义这些问题的，但我将这些问题归纳为同外国交往的问题，即对外关系的问题。

八、应该担忧贸易的损失

社会上的有识之士，虽然并没有将这些问题定义为对外关系的问题，但是他们所担忧的问题其实同我担忧的问题是一样的，即无疑也是担心在对外关系上的困难。因此，首先问题的题目得以确定，其次就必须确定问题的性质。一般来说，外国人来日本的目的主要是进行贸易。那么，如果我们来看看眼下日本同外国之间的贸易情况，就会发现，西洋各国是制造产品的国家，而日本却只是出产物品的国家。所谓制造产品，即对自然物进行人为加工，比如将棉花织成布匹，或将铁制成刀具等。而所谓出产物品，即依靠自然力产出原料，比如日本出产的生丝和矿石等。因此，我们可以暂且将西洋各国称为"制造产品的国家"，日本则可以称为"出产物品的国家"。当然，严格明确地区分制造产品的国家与出产物品的国家其实是非常困难的，不过总的来说，前者使用人力较多，而后者则多依赖自然之力。

不过，一个国家在经济上的贫穷与富有，与其自然资源的多寡并没有太大的关系，而实际上主要取决于国民智力的高低以及是否能够充分发挥其效用。比如，土地肥沃的印度却很贫穷，而缺乏自然资源的荷兰却很富有，就是很好的例证。因此，制造产品的国家是使用无形和无限的智力与劳力，而出产物品的国家则是提供有形和有限的原料，两者之间的贸易即人的能力同自然物之间的交换。更详细地说，等于出产物品国家的民众没有使用自己本来应该使用的智力与劳力，而是雇用了海外制造产品国家的人，让其替代自己运用智力与劳力，而这一智力与劳力的补偿代价，就是本国所产出的自然资源。

例如，有位享受年三百石米俸禄且拥有十个家族成员的武士，每天过着轻松安逸无所事事的生活，早晚饮食都由饭馆送到家，夏天和冬天的衣物都购自绸缎庄，生活必需品几乎全部从商铺购买现成，这些费用都是由每年三百石米的俸禄支付。这三百石米可以说就相当于自然的出产物品，但每年都需要支付，因此很难有积蓄。如今我们日本与外国之间的贸易状况，就如同这种情况，最终不得不说还是我们日本的损失。

九、必须考虑外债的损益

目前的西洋各国通过制造众多产品而致富，而且随着文明的显著进步，人口也在年年增长。比如英国，可以说目前已经达致极高的水平。美国的民众也是英国人的后代，居住在澳大利亚的白人也是从英国移民而来，在印度和西印度群岛上也居住着英国人，总的人数几乎不可胜数。如果将目前分散在世界各地的英国人以及数百年来移民至其他地区的英国人的后代集中在一起，让他们全部回到本国的大不列颠岛和爱尔兰岛，同祖祖辈辈居住于此的三千多万英国人生活在一起，会出现什么样的情形呢？不言而喻，英国全国产出的物产都难以供给其衣食所需，全国土地的大半无疑都会变成住宅。总之，由此可以明确一点，即随着文明的逐渐进步以及生活条件的逐步改善，人口也会不断地增加。在繁育后代这一点上，人类与鼠类并无什么不同，不过鼠类无法保护自己，常常会因为饥饿寒冷或被猫捕获而难以大规模繁殖，而人类则只要生活条件改善，不发生饥寒、战争或流行疾病等灾难，其繁殖就会以所谓几何级数迅速增长。因此，欧洲的一些古老国家目前正在为解决这样的人口问题而烦恼。

对此，西洋国家的经济学家提出了三个办法作为养活这些增长人口的对策，第一是出口本国的工业制品并从土地富饶的国家进口衣物和食品原料，第二是促使本国人向海外移民。不过，第一个办法作用有限，难以完全解决问题，第二个办法也因为需要花费太多的费用而效果有限。第三个办法就是借贷给外国以赚取利息，并以此来促使本国经济的发展。也就是说，如果向海外移民，就需要选择那些已经开发了的地方，但是在已经开发的土地上当然会有独立的国家及其政府，其民众也会具有固有的风俗习惯，外国人即使想要杂居其间获取利益也只可能是个别而非大规模移住。因此，唯一有可能移民的地方只有那些工商业还不发达、财富和资本都较为缺乏且劳动人口充足的国家，因为这样的国家（为了开发土地、维持国民的生活而需要大量资金）借贷利息较高，因此就可以将本国富余的资金借贷给这些贫穷的国家进行融资，从而可以轻轻松松不劳而获。当然，这里所说的移民并非人的移住，而是让资金进行跨国移动。由于风俗习惯的不同，人们之间的杂居同化并不容易，但是如果是金钱，就不会有这些差别，使用这些资金的人只考虑利息的高低，也有可能选择借用其他国家的金钱，从而在无意之间向外国人支付了利息。当然，从借贷国家的立场来看，这种情形是最令人满意的。但是，从目前的情形来看，日本已经借入了不少外债，因此必须认真考虑外债的各种利弊得失。

从根本上来说，如果文明国家同未开化国家进行比较，二者的区别主要表现为国民生活状态完全不同。在文明国家，随着文明的进步及国民生活水平的提高，国民的生活费用也会逐渐增加。因此，即使暂时不考虑人口增加的问题，国民日常生活费用的一部分也必须通过与外国的交往来赚取。能让它们赚取到这些费用的国家，就只能是那些落后未开化的国家。所以，世界上的贫困之神也都集中在了那些未开化的国家。未开化国家借用文明国家的钱并支付较高的利息，就是确确实实已经被贫困之神缠住的证据。据此就可以明白，文明国家与未开化国家之间的金钱借贷，并不一定是由于文明国家的人口增长（文明国家人们生活水平的提高也是部分原因）。在此特意举出人口问题，主要是为了让读者更容易理解，西洋人必须通过借贷给其他国家来获得利益，人口是主要的原因之一。

十、要经受住外国人的傲慢与厌恶

以上我们描述了与先进国家进行交往的实际情形，并论述了落后国家经济上的损益得失，下面将就同外国人的关系如何影响日本民众的品格和风尚的问题进行论述。近来，日本人的情形也有了很大变化，国民同权的观念已经深入人心，几乎没有人对此提出异议。不过，所谓国民同权，并非仅仅指一个国家内部的人们具有同等权利，而是指国民与国民之间同权，国家与国家之间也同权。其基本精神就是，即使国家之间存在着贫富强弱的差别，但各国家的权利必须是相同的。当然，如果考察外国人来到日本开始通商以来的情形,尽管条约条文明文规定彼此具有相等权利,但实际的关系却并非如此。我们庆应义塾的同僚小幡笃次郎在《民间杂志》第八期上登载的文章就曾指出:"美国在最初要求与我国进行交往时,便派遣其海军司令官佩里率领舰队随意地进入日本的内海,并不由分说地强行要求通商贸易,其如此做的理由是:美国人和日本人共戴一天,同为人类,同是上帝之子。日本如果拒绝其他国家的人进入,那就是上帝的罪人,因此即使诉诸战争也必须开启通商贸易。其口吻及说法多么冠冕堂皇(甚至把上帝也抬了出来),可是其做法却非常粗暴,可见其言行太不一致了。如果将语言粉饰剔除而直截了当地表达其真实意思,就是:不同我们进行通商贸易者就该杀……让我们来看看眼下东京市内的情形,凡趾高气扬地骑马坐车并驱赶行人者,一般都是西洋人,如果有警察、行人或车夫等与洋人发生口角,这些洋人竟会旁若无人地对日本人拳打脚踢,而那些懦弱卑屈的日本人却丝毫不敢反抗,不得不忍气吞声地屈服于洋人,也不愿去法院申诉。虽然有时由于商业交易等也会有针对外国人的诉讼,但因为特别需要去五大通商港口接受当事者国家领事的裁判,最终(仍然会败诉)无法证明自己无罪。因此,人们一般都会觉得,与其诉讼难以申冤而继续遭受冤屈,还不如忍气吞声自我忍耐。此情此景,就像是年轻的新媳妇在刁钻凶恶的婆婆面前一样。既然眼下外国人如此有势力,又是从富裕的国家来到贫穷的日本而慷慨奢侈地大量花费金钱,所以一些见钱眼开的日本人争相取悦外国人，试图以此来发财。结果，外国人所到之处，不论是温泉、旅馆还是茶馆、饭店，都形成了一种轻薄的风气，即不问事情的对错好坏，只要有钱可赚就好，这使得那些本来就傲慢无比、目中无人的外国人更加蛮横无理。这种情形，真是令人感到厌恶！"

对于小幡君的这番言论，我深有同感。除此之外，同外国人有关的问题，还有外国人居留地存废的问题、外国人是否能够在内地旅行的问题、雇用外国人过剩的问题，以及恢复日本关税自主权的问题。对于这些问题，虽然表面上规定双方具有完全平等的权利，但是实际上日本在面对外国时很难有同等的权利。既然在面对外国时难以获得同等权利，如果我们再对此不加以提醒重视，那么我国国民的精神就会不断地陷入更加卑贱屈辱的境地。

十一、为何在同外国进行交往时很少有人要求同等权利

如前所述，近来有很多人在提倡"四民平等"之说，即有人主张"应该废除华族和士族的名称，一律称为平民，以此来体现全国范围内四民同权的平等精神，增强平民的自尊心，彻底摒弃旧有的卑贱屈辱的精神"。这种主张确实令人振奋，感到痛快，然而难以理解的是，在对外关系方面，却很少有人提出这种平等

同权的主张。不论是华族、士族还是平民，都同样是日本国民，他们之间存在权利的不平等，就会有人认为不对并主张平等化。而对于利害风气各异，甚至语言、风俗、肤色、体格完全不同且居于遥远海外的外国人同我们之间权利的不平等，却反而没有人担忧，这究竟是为什么？真是令人感到不可思议。当然，对此可能会有各种各样的理由来进行解释，我觉得其中最主要的理由可以举出两点。第一，社会上的同权论者对于自己的主张还缺乏彻底的自觉；第二，进行对外交往的时间还比较短，其弊端还没有清晰地显现出来。下面，我就对此进行说明。

第一个问题，虽然目前社会上有很多人主张国民必须同权，但大部分都是知识阶层的人，也就是士族，即日本国内中等阶层以上及过去有过特权的人。这些人不同于那些在过去并没有权力而被人欺负的平民，而是属于握有权力欺压平民的阶级。因此，由他们来提出国民同权的主张，免不了会让人们多少感觉到有不彻底之嫌（因为那只不过是接受西方学问的学者的纸上谈兵而已）。例如，要想知道食物真正的味道，就必须自己去吃，牢狱中真正的痛苦，只有那些经历过牢狱生活的人才说得出。眼下，只有使日本的所有百姓都具有了知识，让他们说出过去受到那些有权者欺压的切身仇恨，而且能够了解他们当时所遭受的痛苦，才能够说是自下而上真正深刻的同权论。不过，那些缺乏智慧又胆小如鼠的百姓即使碰到了应该愤怒的事情，也找不到发泄愤怒的方式，就算内心极度愤怒，也不懂得向别人诉说。因此，别人也很少了解百姓们所经历的痛苦。甚至，即使在今天，虽然肯定会有很多民众对社会上的不平等现象表示愤怒与痛恨，但是这些人的内心情绪仍然很难把握，只能依靠我们的想象去推断他们的内心想法。因此，从根本上来说，眼下流行的国民同权论（并不是产生于平民自身的痛苦体验），只不过是基于中等阶层以上的士族阶层之想象的一种观念而已。

因此，社会上的有识之士如果想要探寻同权的本质并确立准确的论述，其实并不需要借助他人，而是首先应该回顾一下自己从少年时到现在为止的亲身经历，自然就会有所发现。不论何种身份的人，即不论是华族还是士族，只要认真地回顾一下自己的生活经历，在生活中肯定碰到过不平等的事情并因此而感到不快。这种不愉快的实际感觉，无法得到别人的理解，只能反躬自问，自我体会。

从我自身的经历来看，我出生在旧幕府时代一个世袭小藩（中津藩，藩主为奥平氏）的下级武士家庭。在当时，每每接触到藩中的重臣或身份地位较高的武士时，总是遭到冷遇蔑视，对此我童年幼小的心灵就已经感到愤愤不平。然而，这种愤愤不平的感受，只有我们这些身份地位低下的人才能够理解，而那些曾经担任过重臣或身份地位较高的武士，即使在今天，估计也想象不到当时我们这些人的心情。此外，在离开所属藩地外出旅行时，如果碰到了公卿贵族、幕府家臣或"御三家"（水户、尾张、纪伊这三个德川亲藩）的家臣，在驿站他们就会独占所有的轿子，在渡口也是他们优先通过。甚至，我们不被允许与他们同住一家旅店，常常发生睡到半夜三更突然被赶出旅店的事情。这些痛苦的经历，在今天看来只不过是一场笑话而已，但当时的那种懊恼气愤，至今都记得清清楚楚。不过，那种懊恼气愤的心情也仅仅是作为小藩世袭诸侯家臣的我们的真情实感，而使我们懊恼气愤的那些公卿贵族、幕府家臣或御三家的家臣，对此却肯定是丝毫不觉。就算这些人意识到了我们的懊恼气愤，那也仅仅是靠其主观想象而非实际的感觉。如果再仔细想想，我在当时的日本人中，不管怎么说都是中等阶层以上的武士中的一员，尚且对比我身份地位高的人怀有不满，可想而知，那些比我身份地位低的平民百姓，肯定有着更多的不平和不满，只不过我不明白就是了。世间万事，如果不是自己亲身经历，就不可能有那种切肤的真实之感。

如此想来，眼下的同权论虽然似乎正确，但是却并不是作为被害者的平民自己的主张，而只不过是依靠想象被害者的感受而由旁观者提出的。因此，这一主张还不能说是建立在准确情形的基础之上，在论述权力不平等的弊病时，自然也免不了会被指责为粗俗而不切实际。在面对国内问题时，这一同权论就存在众多缺陷，在将目光转向对外关系，考虑到与外国人的权力争夺时，就更难以想象了。不过，今后如果我们的国民能够不断地广泛接触外国人，并且有机会同外国人直接进行权力的争夺，同时也像过去平民百姓受士族欺压或世袭小藩的家臣受到公卿贵族、幕府家臣和御三家家臣侮辱轻慢一样，那么到了那时他们才会明白眼下的同权论是多么不切实际，就会明白同外国在权力上的不平等才应该是最可恶、最可恨、最可愤怒和最为可悲的事。

不仅如此，过去的公卿贵族、幕府家臣、上层武士等，虽然傲慢无礼，但毕竟同样是日本人，而且他们也并无什么智慧，所以一般平民对他们完全可以采取敬而远之的态度，表面上尊敬奉承而暗中利用他们赚钱。这种行为虽然有些卑劣，但据此平民可以发泄对华族、幕府和武士的不满。而眼下外国人的狡猾强悍，却远非过去的公卿贵族和幕府家臣可比拟，他们既有欺骗人们的智慧，又有颠倒黑白的辩才，既有与人相争的勇气，又有与人相斗的实力，即可以说是一些兼备智慧、辩才、勇气和力量且无法无天的华族或士族。日本国民万一被这些人所支配并受其管束，悲惨状态将不可想象，可以说就像空气的流通也停止了，日本国民就只能窒息而亡。（如果是这样，日本人之间的同权争论等就会成为"杯中的风暴"。）一想到这种情形，就不由得让人感到毛骨悚然。

十二、印度可谓前车之鉴

作为日本的鉴戒，现在我们来举出印度的例子。英国人对印度实施统治的政策残酷无情，令人难以忍受。比如，印度政府在录用官员时，规定英国人和印度人具有相同资格，学问才能考试合格后均可录用，但是对印度人的录用考试又规定限制在十八岁以下，而且为了参加考试必须熟读英文书籍并详细了解有关英国的情况。因此，印度人在十八岁之前，除去学习本国的学问外，还必须学习英文，而且要以其英文的学习能力同英国人进行竞争，只有超过英国人，才能够合格被录用。如果超过一岁即到十九岁才完成学业，由于年龄的限制，则不管其才学品行如何，都不会被录用，完全不被允许作为政府官员从事有关政治管理的工作。而且，英国政府并不满足于这些无情严苛的规定，又将考试场所规定为英国本土的伦敦，特意让印度人远渡重洋去参加考试。因此，即使是符合年龄规定并具有获得考试合格学力的印度人，如果没有能力花费大量金钱远赴英国参加考试，也不可能成为政府官员。也就是说，贫穷的人受其条件所限，不论其学力如何，都不可能成为政府官员。或者，虽然也偶然有人豁出去，不惜花费巨资赴伦敦参加考试，但如果不幸落第，其结局就是倾家荡产。这种岂有此理的事，简直难以形容。英国的暴政，实际上是运用得极为巧妙的。

还可以举出一例。印度政府在履行其审判职能时，规定其陪审员只限于英国人而不能是印度人。据说，有一个英国人在印度的某个地方枪杀了一个印度人，从而引起了一场诉讼，但是被告在辩护中却声称"当时看到了一只动物，以为是只猴子，所以就开枪了，没想到不是猴子而是个人"。对此，陪审员们都没有表示异议，因此被告人被宣告无罪。

最近，英国的几位学者在伦敦组成一个民间团体，想要致力于改革英国对印度的政策。上面所举的枪杀诉讼案，就是在1874年（明治七年）春天一个印度人向该民间团体提交的书面材料中记载的。我是从当时在伦敦留学的老朋友马场辰猪君那里听说此事的。马场君目前也在参加英国人这一民间团体的活动，亲耳听到了这样实际的事例，不过据说类似的事例数不胜数。

十三、我国国民还不知同外国交往的重大弊端

（以上论述，主要是想促使读者认识到，相对于国内，同权论更应该适用于对外关系。以下，将就前面提出的第二个问题进行论述，即想要指出由于我们同外国进行交往的时间比较短，日本人自身还未充分意识到的一些弊端。）

外国人*开始同日本有所交往，只有短短的二十年时间。在此期间，虽然开放了五个港口，但是进出口货物并不多，外国人主要居住在横滨，其次是神户，其他三个港口城市（长崎、新潟与函馆）外国人仍然很少。根据条约的规定，五个港口城市均设有外国人的专有居住地，并同日本人的居住地划界相区别，外国人的旅行范围限定在以五个港口为中心的四方十里（40公里）以内，在此范围之外则需要获得特别许可才能够进入。此外，关

---

* 这里指的是西洋人。——译者

于不动产的买卖或金钱的借贷等，法律也对外国人同日本人之间的交易进行了限制。因此，尽管今天外国同日本之间的交往已经越来越广泛而频繁，但人与人实际的接触程度还很低。即使有由于接触而受到损害并感到不平的日本人，一般只是开埠港口附近的少数人，能够让整个日本都知晓的事情则非常少见。（所以，大部分国民并不会关心对外关系。）

而且，自从幕府被迫打开国门之后，有关政治方面的外交事务都由政府来掌控，民众对其实际情况则完全不知情。然而，由于（1862年发生在横滨的）"生麦事件"和（1863年的）"下关战争"，幕府分别向英国和美国支付了十万英镑和三百万美元的赔款。同样是在旧幕府时代，幕府曾向美国订购军舰，与法国人缔结条约以借其力开办横须贺造船厂。即使到了明治时期，新政府也曾从外国购入炮舰，（依靠外国工程师）建造灯塔、铺设铁路、架设电线等。在此期间，由于经常需要募集外债或雇用外国人工作，所以同外国的交往变得日益复杂。在这种情况下，虽然日本还没有蒙受过那种完全毁灭性的损害，但是肯定存在意想不到的条约上的一些差错而造成的损失。总之，外国方面完全不会担心受到损害，而日本方面是否能够充分地获得利益与名誉，则存在疑问。不过，由于对外交往只能够由政府来承担，所以民众完全不了解内情。甚至，不仅仅是那些下层民众对此无从知晓，学者、知识分子以及并未直接参与对外交往的政府官员也同样毫无所知。因此，我国国民对于同外国的关系，既不知道彼此是否平等，也不知道日本是否在交往中曾有过损失，即完全不知道其利害得失，就像在看其他国家的事情一样淡然。这或许就是日本人在面对外国人时不去争取权利的原因之一。也就是说，正因为不知道实际情况，自然就不会感到担心忧虑了。

十四、欧洲人所到之处恰如要断绝土地的生机

外国人来到日本的时间还比较短，而且直至今天还没有给我们国家造成什么重大损失，日本的名誉和尊严也没有遭受严重的损害，所以国民对此感受不深。然而，对国家前途真正感到担忧的人则必须开阔视野，去考察从古至今的整个世界历史。眼下的美国，过去是什么人的国度呢？作为这个国家主人的印第安人，难道不是被白人所驱逐，从而二者的主客地位发生了变化吗？今日美国的文明，是白人的文明，而并非美国本来的文明。此外，东洋各国以及大洋洲诸岛的情形又是怎样呢？欧洲人所到之处，还有哪一个国家能够维护自己的权利与利益并真正保持本国的独立呢？请看波斯、印度、暹罗（泰国）、吕宋、爪哇的结局是什么。桑德威奇岛（夏威夷）在1778年由英国人詹姆士·库克（James Cook，1728—1779）所发现，据说该岛的开发与开化程度远远超过邻近诸岛，不过该岛在刚刚被发现时尚有三四十万人

口，但是到了1823年却仅剩十四万人，即在近五十年间其人口每年以百分之八的速度减少。当然，人口的增减有着各种各样的原因，我们暂且不论，然而如果看其所谓的开化，其实不过是指岛上的土人改变了食人肉的恶习而成了白人忠实的奴隶而已。中国幅员辽阔，西洋人因此还未能深入到内地，其足迹还仅仅停留在沿海地区，但是观察其今后的发展趋势，中华帝国无疑正在成为西洋人的庄园。

白人所到之处，似乎土地也断绝了生机，草木也不再生长，甚至土著人也常常遭到灭绝。如果能够认识到这些事实，同时也明白我们日本同样是东洋的一个国家，就会对日后可能发生的祸患有所担忧，尽管在迄今为止的对外关系中我们还未遭受重大的损害。

十五、没有国民整体独立意识的文明没有意义

如果上述内容准确无误，那么我们日本的对外关系，不论在国家经济的利害得失方面还是在国家独立权利方面，都面临着非常严峻的局面，就如同前面所描述过的那样，应该说是患了国家核心利益遭受损失的重病。而且，这一重病是全体国民共患的疾病，因此必须由国民自身来找出治疗的方法，病症加重或减轻，都只能依靠自己，其利害得失，都应该是国民各自应对的问题，而不能依赖其他国家（同时对政府的应对也不应该袖

手旁观)。

一些思想肤浅的人,看到近来社会状况的变化,便认为这就是文明,并乐观地认为我们日本的文明是同外国进行交往的结果,所以随着对外交往的进一步扩大和频繁,日本的文明也会更为进步。然而,这些人所谓的文明,只不过是形式上的文明,根本不是我所希望的文明。也就是说,这些外来的文明,即使得以高度发展,如果在全体国民心中没有确立坚定不移的独立意识,那么这一文明也丝毫无助于日本,当然也就不能说是真正的日本文明。

从地理学的意义上来说,有土地山川即可称为国家,而我却以为土地与国民结合起来才能称为国家。只有国民团结起来保卫自己的祖国,维护自己的权利与尊严,才称得上一个国家的独立和文明。如果国家的独立和文明仅仅附着于土地之上,而与国民没有关系,那么对于今天美国的白人文明,原住民印第安人不是也应该感到高兴吗?(而实际上却是,对印第安人来说,这是一个非常不幸的文明。)如果我们日本也将政治和学术等一切都交给西洋的文明人去掌控,日本人则作为其奴隶被驱使,会怎么样呢?对日本的山川草木来说,没有丝毫的影响和变化,而且日本自然会成为一个比目前的日本文明程度更高的白人文明的独立国家。(不过真要如此,就不能说是日本的文明了。)不言而喻,不能想象存在一个没有国民的文明。

十六、世界上既然存在国家就应该承认国民对自己国家的情感

还有一些学者认为："各国的交往乃基于天地公道，即世界共同正义，并非怀有互相伤害的目的，因此尽可以自由发展贸易关系，自由往来，一切任其自然就好。在这种情形之下，如果我们日本的权利受到损害，丧失了国家利益，就应该通过国民的自省来找出原因，而不应该拒绝自我反省却对其他国家提出过多要求。既然今天我们已经在同各国进行交往，就必须自始至终具有诚意，不断增进友好交往，而绝不应该对其他国家抱有怀疑态度。"诚然，存在这样的看法是完全有道理和可以理解的，如果是个人之间的私交，确实应该如此，但国与国之间的交往则完全不同于个人之间的交往。我们回顾一下过去封建时代日本各藩的关系就会明白，各藩的人从个人角度来说，并非都是自私自利的人，但是在藩与藩之间进行交往时，就常常不得不为了本藩的利益而去争斗。这种本藩优先主义原则对其他藩而言虽然"不公平"，但对于本藩而言却会被称为"忠义"，即维护了本藩所谓"自身利益"。这一"自身利益"，不能以天地公道之类的单一理想去消除，即只要有各藩存在，这一意识就会同各藩共存并永远持续下去。几年前实行了废藩，所以才消除了各藩之间的对立，过去各藩的人们也正在逐渐摆脱过去传统的对立情感。不过，在

废藩之前，是决不能指责这种对立情感的。

　　日本国内各藩之间尚且如此，竟然有人在同与东方相互隔绝、远在万里之外的外国人交往时一味地主张天地公道，真不知是何意图。也太不符合实际情况了吧？这一主张不过就是一种所谓"老好人"的论调。天地公道、世界正义当然是我们所希望的，如果西洋各国能够按照这些原则同我国交往，日本当然会非常高兴地以同样的原则来对待，而决没有任何理由拒绝这样做。不过，要做到这一点，首先需要全世界的政府都解体，即像日本废藩一样，整个世界成为一个国家。社会上的学者们能够相信这种可能性吗？如果没有这种可能性，那么世界上的国家就仍然会处于对立状态，也都会有自己的政府。只要各自都存在着政府，就没有办法消除各自国家国民的自私利己性。既然没有办法消除，那么我们日本人在同外国交往时也只能始终以日本的利益为中心。因此，（正如我们前述的那样，）所谓"偏袒心"与"爱国心"只是名称不同而已，其实质其实是一样的。

十七、不要误解憎恨外国人之意

　　如上所述，对外关系是我国一个很难根治的疾病，要想痊愈，只能依靠国民自身的力量，而且不得不说这一责任极其重大。因此，本章的开头所说的，眼下我国还不能够过太平日子，甚至形势比过去更加困难，其实就是指这一对外关系的痼疾。此外，所谓眼下正应该以认真的态度应对，甚至不惜献出财产和生命的说法，说的也是对外关系的问题。既然如此，现在的日本人为什么还能够无所事事轻松悠闲地度日呢？过去，君臣大义、先祖的光辉历史、上下名分、贵贱差别等都是问题。而在今天，这些问题都已经转变成了对祖国的忠诚、祖国的历史、祖国的荣誉和祖国的独立等。仅此而言，我们的责任就更加重大了。

在旧幕府时代，萨摩藩的岛津氏同相邻的日向藩（宫崎县）的伊东氏一直相互为敌，因此伊东氏的家臣非常憎恨萨摩藩，据说每年元旦他们总要登上城楼，首先相互告诫："绝不忘记对萨摩的仇恨！"然后才开始举行新年祝贺仪式。在欧洲也有类似的事情，即在法国的拿破仑一世时期（18世纪末至19世纪初），普鲁士曾被法国打败，蒙受了从未有过的耻辱，从此以后普鲁士人对法国抱有深深的敌意，时刻不忘复仇。为此，普鲁士不但时刻勉励自己的国民要发愤图强，还将曾经大败于法国并蒙受奇耻大辱的情景绘成图画悬挂于国内的教堂或其他人群集中的场所，总之想尽一切办法激励国民，试图统一民心以图谋复仇。终于，在1870年的普法战争中，普鲁士大败法国，洗刷了过去的耻辱。

这些事例反映的都是一些不应有的偏激观念，因此一般并不值得人们去崇尚和赞美，不过通过这些事例可以明白，保卫国家是多么不容易，爱国需要付出多么大的代价。我们日本在对外关系上，虽然还没有遭遇类似伊东氏和普鲁士人那样的痛苦经历，但是看看印度及其他一些已经发生的事例，我们就有必要像伊东氏和普鲁士人那样保持高度警惕。甚至，我们的国民不仅要在每年的元旦那天，而且要在每天早晨都相互告诫"对外关系千万大意不得"，之后再吃早饭。

由此看来，今天的日本人虽然已经卸下了祖先遗留下来的沉重负担，但是却不得不承受新的负担，而且这些负担压在肩头比原有的负担沉重百倍。我们有责任挑起这副重担，而且要比过去多付出几百倍的气力。在过去，国民只是需要忍受封建制度的压迫，而眼下则不仅要忍受来自外国势力的压迫，而且需要具有同外国进行竞争的活力。要提高国民素质及改变社会风气，就必须具备这种忍辱负重的修养、活力、勇气和智慧。然而，我们的国民尽管承担着如此重大的责任，但是却仍然每日悠闲度日，就是因为没有认识到作为国民应有的责任及其重要性，或者即使认识到了，但是却不知道该如何尽到这种责任。例如，社会上有很多人憎恨外国人的蛮横霸道（但是却不懂得以堂堂正正的手段去进行较量），不知道为什么憎恨，该憎恨的事情不去憎恨，不该憎恨的事情反倒会去憎恨。因此，只是单纯地以猜疑和嫉妒的心情对眼前一些无聊的事情感到愤慨，或者（对所有看不惯的人）进行暗杀，或者积极地推进攘夷运动，结果反而损害了日本的利益。这帮人简直就是一群疯疯癫癫人，应该说就是一个患病国家中的危重病人。

十八、目前同外国的交往不应该通过加强军备来维持

此外，还有一种忧国忧民的爱国者，同上述攘夷论者相比，对外国人具有比较清醒实际的看法，不会盲目地排斥外国人，但是却认为日本在对外关系中存在困难的原因在于军备不足，如果日本能够强化充实军备，就能够对抗海外列强。因此，他们主张增加陆海军军费，购买大型军舰和大炮，修筑炮台，建造武器库等。这些人有这样的想法，可能是因为看到英国拥有千艘军舰，所以认为如果日本也拥有千艘军舰就可以与之对抗。然而，这种想法是不懂得各种事物相互联系的一种论调。英国是拥有千艘军舰，但这不仅仅是拥有千艘军舰的问题，既然拥有千艘军舰，就必然会拥有万艘商船，既然拥有万艘商船，就一定会有十万航海人员，而为了培养这十万航海人员，就必然会重视与繁荣学问。只有拥有众多学者和商人、法律完备、商业昌盛，以及各种社会条件完全具备，从而具有了与千艘军舰相应的国力，拥有千艘军舰才会具有价值。建造武器库或构筑炮台等也是同样的道理，一个社会的各项条件，即国家的经济、学术等各个方面，都必须相互协调平衡。如果不顾这一协调平衡，只是简单地强化充实军备，仍然难以使其为国家发挥作用。就如同在一间门户大开的房屋前即使架设一门 20 英寸的大炮也难防盗贼一样。

有不少这样的国家，特别偏重军备，甚至不顾及各种情形，

一味地把大量金钱用于军备，以至不惜向外国借钱，最终导致国力衰微。这或许是因为巨舰大炮可以抵抗拥有巨舰大炮之敌，但却难以战胜借贷负债这一敌人。眼下的日本，即使要强化充实军备，大炮军舰自然不必说，连步枪军服的百分之九十九都必须依赖外国制品，因为我国的制造技术还很落后。而制造技术落后，就证明了国家的文明还不够发达。在还未成熟的文明中，仅仅强化充实军备，而不顾各事物之间的相互平衡，就不会有实际的作用和效果。因此，在目前的对外关系中，强化充实军备并不能维持国家实力之间的平等。

十九、要保持日本的独立就必须追求西洋文明

如上所述，暗杀或攘夷等主张，当然解决不了任何问题，再进一步试图通过扩张军备增强国力的方案似乎也不适用。而前述之国学家的国体论或基督教信徒的宗教论以及汉学家的儒学等学说，也都不足以维持国民的精神。那么，该怎么办呢？我以为，只能确定明确的目标，积极学习吸收西洋文明。至于这一目标，则是在明确内外事务之不同的基础上维护国家的独立。而维护国家独立的手段，仍然只能是西洋文明。

总之，眼下引导日本国民追求西洋文明，就是为了维护日本的独立。也就是说，维护国家独立是目的，学习掌握西洋文明的知识只是达到目的的手段。社会上的所有事情，都在其目的与达

到目的的手段之间存在着无数的阶段。例如,纺棉是制纱的手段,制纱是织布的手段,织布是缝制衣服的手段,衣服是防寒的手段,等等。众多不同的阶段互为手段和目的,维持了人体的正常温度,为达到维护健康的最终目的发挥了作用。本章的所有论述,其最后的重点就在于维护本国的独立,我在本书一开始曾说过,所有事物的利害得失,如果不明确其目标与标准,就不成其为问题。(必须明确对什么有利,对什么有害,否则就无法讨论。)在此,也希望能够综合考虑这一问题。(只有为了国家独立而学习吸收西洋文明,才会获得利益。)

也许有人会说:"就人类的使命而言,不应该仅仅以本国的独立为目的,而应该有别的更为高尚而远大的理想。"确实如此,如果考虑到人类智慧与道德的最高境界,当然其理想应该是高尚而远大的,而不应该局限于一个国家的独立这样低层次的事情上,当然更不能仅仅因为免受其他国家的欺侮就骄傲地称自己为文明国了。不过,考虑到目前世界文明的水平,国与国之间的关系还难以达到可以谈论那些高尚而远大的理想的阶段。如果有人提出这样的问题,只能说是远离现实的空谈而已。尤其来看日本目前的状况,会越来越深深地感到事态的紧急和严重,除去国家独立之外已无暇顾及其他。首先,要保证日本作为一个国家及日本国民的存续,才能去讨论更高级的文明。如果没有了作为国家的日本及其国民,(无论实现了多么高级的文明,)也不能称之为我们日本的文明。我之所以将论述范围缩小,仅仅以本国独立作为日本文明的目的，就是因为如此。因此，本书的论述是在考虑到目前世界形势的前提下，谋求日本的利益，应对目前日本所面临的最紧迫事务，就此提出主张，而并非论述高远文明之理想。希望读者不要将我的论述误认为是文明的本质，因为我不想让人们因为这一误解而蔑视文明从而毁损了文明这一用语。

此外，虽然我认为日本的独立是目的，但我并不鼓励全体国民都成为政治活动家，每日都从事政治运动。人们各自有不同的工作，而且必须有所不同，有的人有志于高尚远大的学问，沉醉于高深的理论，不断地思索，废寝忘食地埋头研究；而有的人则从事经营活动，日夜东奔西走无片刻闲暇，连家庭也顾不上。这些工作当然不应该受到责难，反而这些工作同样作为我国文明的重要组成部分应该受到称赞。不过，我唯一的希望就是，学者们在废寝忘食进行研究或商人们在不顾家庭忙碌经营的同时，一旦遇到关系到日本独立的重大问题，就要以像被蜜蜂蜇了一样敏锐的感觉振奋起来。

二十、国家的独立就是指实际能够独立的能力

或许有人还会说："如果像上面所说的那样本国的独立如此重要，那么干脆完全断绝同外国的关系岂不是更有利吗？在过去外国人还没有来的时候，就算日本不是一个文明国家，但却是一个完全独立的国家。目前，如果将独立作为目的，那最好就是返回

过去的锁国状态。因为只是在今天我们才担心独立的问题，而在嘉永年间佩里航海来到日本之前，没有人会为此感到担心。特意打开国门而又担心国家的独立，就像是自己求病而又担心患病一样。既然担心患病，那就返回到无病的过去好了。"

如果要让我说，则完全不是这样。我所说的独立，是指具备维护独立的实力，而并非仅仅指偶然独立的形式。所谓在外国人来到日本之前我们日本的独立，并不是真正具备实力的独立，而仅仅是因为那时还没有同外国接触，只是偶然具有独立的形式而已。也可以说，那时的日本就像是一座还未经受过风雨的建筑物，因此难以证明其可以经受住风雨的考验。风雨是否会来取决于外部世界，而建筑物是否坚固则取决于内部结构等因素，二者是完全不同的两个问题。在风雨没有到来之前，无法证实建筑物是否坚固，因为在没有风雨时建筑物一般不会坍塌，只有那些在暴风雨中仍然屹立不倒的建筑物才称得上是真正坚固的建筑物。我所说的国家独立，就是指我国国民在同外国人的交往过程中不断地经受各种各样的考验，最终与其相比毫不逊色，就如同能够经受暴风雨的建筑物一样，而不能因为担心恐惧而再退回到过去的锁国时代，依靠那种"偶然的独立"而沾沾自喜。甚至，如果能够适当地利用眼下的对外关系，就可以使其成为有利于振奋国民精神的要素，据此就可以积极地促进日本的文明。总之，我的目的主要是积极促进我国培养保持独立的实力，而坚决反对那种仅仅满足于独立国家的虚名的保守做法。

二十一、以国家独立为目的才会有文明

在这里,如果重新强调一下上述观点,即说到底国家的独立才是目的,目前我国的文明只不过是为了实现独立而采取的手段。这里所说的"目前"是特意使用的,因此希望读者能够给予重视。在本书的第三章中我们曾指出"文明的范围无限宽广,其重要性难以估量,人间万事莫不以文明为其目的",即以人类能够达到的高度文明为目的所进行的论述。不过在这里,仅仅是将论述的焦点放在目前的日本,有意缩小论述的范围,只是将实现本国独立的手段暂且称为文明。因此,这里所说的"目前我国的文明"并不是讲文明的本质。就目前的情况而言,首先作为文明的第一阶段,以本国独立为目标,之后作为文明的第二阶段,在未来不断走向更高层次的文明。

因此,如果将以上论述的范围加以限定,就可以认为国家的独立就是文明。如果不依靠文明,就不能保持日本的独立。也就是说,在这里"独立"和"文明"似乎具有相同的意思,不过使用"独立"这个词,给读者留下的印象会更加清晰和更容易明白。如果使用暧昧模糊的"文明"一词,就会给人一种错觉,似乎有一种文明同本国的独立或本国的文明之间没有关系。甚至,有可能误解为本来就存在着另外一种危害本国独立或本国文明的文明。(但这与真正的文明完全不同。)

例如，在目前日本的开埠港口，停泊着西洋各国的各种船只，岸上也建了很多规模宏大的外国商社，几乎就像是西洋各国的海港一样。乍一看此情此景，应该说真是盛况空前，因此一些思想浅薄的日本人很容易立刻认为眼下全世界的人们都羡慕我国的法律宽松，争先恐后地集中于我皇国，并扬扬得意地说"看看开埠港口的样子就会明白，我国的贸易规模巨大，文明快速进步"。不过，这种看法似乎也是极大的误解吧。外国人绝不是因为羡慕我们皇国而来，而只是想得到日本的茶叶和生丝。开埠港口的繁荣盛况，确实是文明的景象，但港口的船只是外国的船只，岸上（居留地）的商社也是外国人经营的商社，这些东西与日本的独立和文明有什么关系呢？当然，或许会有一些并无任何资本的投机者，利用外国人的资本之力，不断地在国内扩大其贸易规模，但是其所获利润的绝大部分被拥有资本的外国人所赚取，只是表面上看起来促进了港口的经济繁荣而已。还有一些人，通过向外国借贷，购买外国货物并将其陈列于国内，以显示文明景象。其他如西洋建筑、铁桥、轮船、军舰、枪炮等，也都是依靠外国资本。由此看来，日本并非文明的发源地，而只不过是一个文明的客居之地（暂住）而已。如此徒有其表的商业繁荣景象所显示的所谓文明，反而会使日本更加贫困，长远来看必将损害国家的独立。因此，我在这里不使用"文明"一词而特别强调使用"独立"一词，就是想要避免引起这样的误解。

二十二、目前要维持人心只有本国独立

如此说来，我们最终的目标，就在于追求本国的独立。当我们将全体国民所从事的活动都统一到这一目标并将所有活动都作为实现本国独立的手段时，这些手段其实是非常多的。也就是说，国家的制度、学问、商业、工业都可以作为实现目标的手段。甚至，连那些世俗无聊之事或一次娱乐游戏活动，如果仔细深入地探究其性质及其最终效果，也往往能够成为（与国家独立有关的）文明的要素之一。

在研究社会现象即考虑得失利弊时，如果只是片面地观察其中的部分现象，那么就很难做出正确的判断。例如，自古以来学者们就有各种各样的论述，有人认为朴素节俭的风尚为美德，也有人赞美优美华丽的风尚，有人认为专制独裁有利于社会，也有人主张自由放任，总之意见百出，百家争鸣，如果甲从左的立场加以论述，乙就会从右的立场进行反驳，天下的议论几乎无穷无尽。甚至，还有一些毫无定见或投机取巧的机会主义者，只是根据不同场合提出有利于自己的议论，或者总是按照自己的立场提出议论。更有甚者，有些御用学者先是投靠政府，在取得保护自己的护身符后，凭借从政府那里得来的一些可怜的权力，强行推行自己的主张。这些人丝毫不考虑自己的议论对于社会的利害得失究竟会发挥什么作用，自私至此，真可谓卑劣到了极点。

总之，如果来形容这些学者的各种议论，就如同无的放矢或

向无法庭的地方提出诉讼一样，因为都缺乏是非善恶的标准，所以难以辨别其优劣对错，或甲论乙驳，只能说彼此都无聊幼稚得如同儿童一般。不过，也可以从另一个角度去思考，天下所有事物，如果只片面地观察其中的某些部分，那么既有优点也有缺点。例如，朴素节俭的风尚虽然不免显得有些粗俗野蛮，但作为一种个人的生活方式，仍然应该给予鼓励。优美华丽的风尚虽然不免流于奢侈堕落，但如果从提高全体国民生活水准的角度来看，也同样希望能够继续促进这一风尚的形成。顽固保守的国体论虽然会严重阻碍民权的伸张，但对于强化目前的政治基础和维持其秩序却非常有效。过激的民权论虽然对君主政治构成了巨大的威胁，但是作为彻底摒弃民众卑贱旧习的手段，却非常重要。此外，忠臣义士的道德论、基督教徒的宗教论以及儒者或佛家的学说，也可以说既愚蠢无聊又智慧富有道理，即根据不同的时间或场合，既有好的一面也有不好的一面。甚至，那些热衷于搞暗杀者或攘夷论者，尽管其行为属于非法行为，但是详细分析其初衷，不得不承认其中有着某种爱国之心。因此，本章开头所说的君臣之义、先祖的光辉历史、上下名分、嫡系旁支之别等封建遗风，在形成我国国民的人格过程中也应该受到尊重，也应该成为促进我国文明的手段之一，而不能简单地一概加以排斥。只不过，在使用这些手段时，究竟有益还是有害，只能视其使用方法来决定了。作为国民，只要不是出卖国家利益的坏人，都会对国家利益有所考虑，即使不幸做出了对国家有害的事情，也不过是由于使用方法错误而造成的偶然过失。

社会上的所有事物，一般都是综合运用多种手段才能够完成。因此，当然应该尽可能具备多种手段。只是在使用这些手段时，要特别注意在使用方法上避免发生错误。例如，应该认真思考"这一手段究竟是否符合目的，如果符合目的，那么应该从哪个方向着手"或者"是应该直接实现这一目的，还是应该使用其他手段作为缓冲来分阶段地实现最终目的"。如果存在两种使用方法，就应该考虑哪种方法重要或先使用哪种方法，哪种方法不重要或后使用哪种方法。总而言之，最为重要的是，在做各种各样考虑的同时，始终不能忘记最终和最主要的目的。就如同下象棋一样，虽然棋路千变万化，但最终的目的是护卫好自己的主帅，拿下对方的主帅，如果错误地为了保车而弃帅，那么只能说其棋技拙劣低下。

因此，目前要将本章重点提出的"我国独立"作为最重要的问题来对待，只有首先明确内外之不同，告诉国民应该追求的目标，才能够明白和决定事物的轻重缓急，在此基础之上，昨日使人愤怒的事，或许会成为今日喜悦的原因，去年使人快乐高兴的事，或许会成为今年新的忧虑，往日的骄傲或许会成为眼下的担忧，快乐的日本或许会变成痛苦的日本。不过，只要能够唤醒国民的自觉意识，就能够举国一致，将过去的仇敌变为现在的朋友，将外人变为兄弟，共同承受国家的喜怒哀乐，实现我们共同的目标。以我所见，要维持目前日本社会的人心，唯一能做的就是唤醒民众追求国家独立的自觉意识。

伊藤正雄的说明

1. 本书的成书过程

《文明论概略》与《劝学篇》皆为福泽谕吉先生创作巅峰时期的代表性著作。《文化论概略》于明治七年（1874）开始写作，次年完稿并出版。明治七年二月，福泽在给当时身在京都的门下学生庄田平五郎的信中说："我已经无意再进行翻译，今年要停止一切事情，完全专心于读书和学习，慢慢让身体逐渐康复，使自己的知识更加集中，在这大约一年的时间里积累学问。"大致就是从那时起，他开始准备撰写《文明论概略》。一般而言，福泽初期的著述大部分是翻译作品，没有超出对西方文明的启蒙性介绍的范围，但他对此深感不满，总想尝试自己创作一部更为严肃的杰作。从明治五年开始，福泽撰写连载《劝学篇》（共十七编），就在写上述信函的明治七年二月，《劝学篇》第六编出版。不过，《劝学篇》的第一编至第八编中，仍然有相当多的内容是对威兰德（Wayland）《修身论》(*The Elements of Moral Science*) 的翻译，而且该书基本上是以年轻人为对象的大众读本。因此，已到不惑之年的福泽想要有能够充分显示自己知识观念的力作问世，是很自然的事，这种心情在上面的信中似乎就有所表露。

完稿和出版

于是，福泽花了大约一年的时间，完成了六卷本总共十章的力作《文明论概略》。明治八年四月，福泽在给故乡中津的前辈岛津复生的信中说："拙作《文明论概略》已经完稿，出版则需要三四个月的时间，一般都会这样……我从去年三月开始构思这本书，在自己的讲义和一些西方著作的基础上，又阅读了一些汉语和日语的书籍，但仍知之甚少，存在各种各样的写作障碍，因此不得不多次中途搁笔，继续研读一些经典原著，就这样不断阅读不断书写，如此心绪不定，难脱尘世烦扰，其中如果有错，也只是我个人的错误，无论如何，我下定决心要为后来学者的进一步发展做好铺垫，尽可能阐述眼下与我的智慧相应的愚见。"也正因为这封信函，我们可以知道这一著作写作的大致经过及完稿的时间，即明治八年三月，也就是《劝学篇》第十四编出版的时间。《文明论概略》出版的时间，则大约是在这一年的八月。根据《福泽谕吉全集》的编辑者富田正文的介绍（在全集第四卷后记中），大致在明治七年九月书稿已经完成，不过后来又进行了部分修改，最终定稿大约是在次年的三四月份。福泽的原稿留存至今，富田说："手稿是经过多次修改才完成的，有些地方甚至修改并重写了四五次之多,最终是在第五稿的基础上又添加一些内容完成的。"福泽平时的写作往往是一气呵成,而这本书的写作却是呕心沥血反复修改,可见这本书确实是福泽寄予厚望的一部作品。

2. 写作意图和特点

关于《文明论概略》的写作意图、性质以及普及状况等,我们可以从福泽于明治三十年亲撰的《福泽全集绪言》中有所了解,这是作者生前首次在全集开篇对自己的著作进行说明,其主要内容如下:

过去的译著,主要的目的在于引介西洋的新事物,去除我国的各种传统陋习,可以说无异于一点一点地现买现卖文明,而在明治七年和八年间,社会逐渐安定下来,人们的想法也渐渐成熟起来,是时候将西洋文明的概况写下来展示给世人,尤其是那些对社会变动深感忧虑的儒学遗老,如果能够得到这些人的赞同则深感幸甚,希望他们不再视西洋文明为敌,而是开始利用这些文明并逐渐将其变为自己的东西。正是在这样的想法之下,我完成了《文明论概略》六卷本的写作。因为读者都是五十岁以上的人,视力减退,且从少年时代就习惯于阅读字号粗大的版本,因此文明论的版本特别使用了大号字,以与古书《太平记》相同的版式来印刷。这本书的发行量也非常大,达到了数万册的规模,不知道那些旧式学者是否真的如作者所愿认真通读了这本书,不过在书出版后却意外地收到一些老先生的来信，并得到了众多好评，其中就有已故的西乡隆盛老先生，他通读了《文明论概略》并嘱咐年轻子弟要好好研读这本书。

正如这一说明所显示的，《文明论概略》的书名，其实就是"西洋文明概论"的意思，如果将这本书与《劝学篇》进行对比，《劝学篇》整体十七编各编的主题并不相同，借福泽自己的话来说，就是"一点一点地现买现卖文明"的书，而《文明论概略》则整体十章之间具有联系和递进关系，是前后统一的一部著作。在福泽先生一生所写的众多著作中，《文明论概略》是唯一系统阐述了自己思想的著作。

本书的结构

关于本书的特点，我们之后将详细叙述，这里先来说说它的主要结构，可以说整体十章由以下六部分构成。

第一章"确定议论的标准"是全书的总论部分，主要详细说明了我们在思考和进行论述时的一些基本思想基础，以及在听取他人论点时的一些体会或感受。

第二章"以西方文明为目标"和第三章"论文明的真正含义"的主要观点在于提出"西方文明必要论"，即尽管西方文明并非完全无可指摘，但眼下学习西方文明就是促进日本文明所必需的，而且这一文明并不与日本的国体相违背，反而可以说是维持日本国体即国家独立所必需的。

第四章和第五章"论一国国民的智慧与道德"的主要目的在

于提出"整体主义的文明论",即一个国家的文明意味着国民整体的智慧与道德水准,因此,推动历史前进的动力并非少数英雄伟人的行为,一个国家文明程度的提高,也就是整体民众的智慧与道德的进步,即造就一种"时势"或"舆论"。历史人物的成败,说到底其实就是这些人如何去应对"时势"或"舆论"的问题。当然,另一方面,民众虽然数量众多但却无知,舆论往往难免陷入愚昧状态。在这种情况下,就需要有识之士洞察"时势",先行一步,引导"舆论"并努力去创造新的文明。

第六章"智慧与道德之辩"和第七章"论应该运用智慧与道德的时间与空间"的主旨在于主张"知识性文明论",即尽管文明取决于国民智慧与道德的进步,但其中的"道德"的性质是静止不变的,并不会随着时代的不同发生巨大变化,而"智慧"却与此相反,总是在随着时间的推移不断地进步。因此,文明的推动力,主要就在于国民智慧的提升。在民众无知的愚昧时代,或者在一个较小规模的地方社会,统治者依靠德行就可以获得权威,但是在民智高度发达的广大近代文明社会,当权者的德行已经不再起什么作用,只有基于法律规则的契约才是治理社会的主要保证。

第八章"西洋文明的由来"和第九章"日本文明的由来"主要是提出和论述了"国内权力的非均衡论",即如果对东西文明的历史进行比较,就会发现,在西方文明社会,自古以来文明就是在多种权力的对立抗争中产生的,而与此相反,日本文明的根本性缺陷就在于,整个社会处于一种"非均衡权力"状态。

第十章"论我国之独立"作为最后一章,主要提出了"本国独立论",即明确指出眼下国际社会中西方势力的蛮横霸道与东方国家的危机,深切地认识到日本的自主独立是一项迫在眉睫的事情,反复强调引入吸收西方文明说到底只不过是手段而已,目的就在于争取本国的独立。

与《劝学篇》的比较

相对于《劝学篇》主要是以青少年及社会大众为对象的启蒙书籍,《文明论概略》以具有相当知识和见识的成年知识分子阶层为对象,其论述内容当然也更有深度。因此,文章在某种程度上有一定的理解难度和严肃性,福泽比较擅长的幽默感则较为罕见。而且,从书籍用纸来看,《劝学篇》的主要目的在于扩大阅读范围,所以装订成了简易的小册子,而《文明论概略》却同过去的汉文书籍一样采用了比较厚重的日本纸,很容易就能觉出这两本书的性质有所不同。总之,《文明论概略》应该说是福泽倾全力创作的著作,也是其全部著作中在各个方面都最具学者风格的著作。在篇幅上,概略也仅次于《西洋事情》和《福翁自传》,同《福翁百话·百余话》基本相当,比《劝学篇》则大约多出了百分之四十的篇幅。

3. 本书的传播与反响

由于书籍性质的不同,本书自然不可能有《劝学篇》那样多的销量，不过，正如福泽自己所说，仍然达到了"几万部的数量"，并且对社会上的有识之士产生了巨大影响。前述福泽家乡中津的有识之士岛津复生在书出版之前，就收到了福泽所赠的著作抄本，为此他在给福泽的感谢信中写下了读后感："先生的学识真是太了不起了！唯其有了先生的这些言论，才会有我们日本！此书出版之日，全日本的学者将得到巨大提升，必将更上一层楼，而且社会上各种各样的人也会齐心向着文明开化迈进。因此，我急切盼望书的出版。先生其功莫大焉！"果不其然，在《文明论概略》出版后，甚至已经归隐鹿儿岛的西乡隆盛也很喜欢阅读这本书，并特别向自己私立学校的学生推荐。通过这些事实，也可以看出当时《文明论概略》被广泛传播的盛况。

福泽在明治七年三月开始写作《文明论概略》时，恰巧也在撰写《劝学篇》第七编的《楠公权助论》，该文用辛辣的笔触讽刺了封建的旧道德，字里行间充满了冷嘲热讽，因此受到社会上保守派的一致攻击，激愤之余，甚至有些过激派想要伤害福泽。在福泽写作《文明论概略》的时候，也正是他遭受社会指责最为激烈的时候，但福泽却不以这些保守派为敌，反而抱着要让这些人接受文明并成为与自己志同道合的人的想法来写作，所以在论述西方文明之利与东方文明之弊时，尽量避免使用刺激性语言，而是通过循循善诱的说理方式去说服别人。可想而知，就连那些过去不喜欢西学的传统儒学家，也开始接受文明主义，改变了对福泽的看法。在前述福泽的友人岛津复生的来信中也可以看到这

伊藤正雄的说明

样的话:"时至今日,考虑到文明开化程度与先生高论的影响力已大大提升,我不再担心先生会遭到暗杀了。"从中也可以看出,《文明论概略》的出版对于消除由《楠公权助论》带来的误解起到了相当大的作用。

明治十年代

自明治十一年(1878)起,福泽就在庆应义塾内的万来舍围绕自己的著作进行系列授课,每月一次,最初的课程就是文明论。他在课前所发的通知中曾写道:"读别人的书,自然不可能完全理解,作者在书中往往会有很多难尽其意之处。因此,作为作者本人,我福泽谕吉,将于每月十日下午三时半在庆应义塾内的万来舍讲授我自己写的书,对其内容进行详细讲解,十月十日的第一次讲授,将从《文明论概略》开始。义塾内外之人皆可自由出席。"据此可以看出,福泽自己也认为《文明论概略》是其最为满意的力作。一些作品记载了当时听课学生的相关回忆,比如石河干明的《福泽谕吉传》。

毋庸置疑,《文明论概略》在当时的自由民权运动活动家中间受到了极大欢迎,比如植木枝盛就受其影响,在他的言论著作中随处可见明显来自《劝学篇》或《文明论概略》的众多改头换面的词句。此外,根据德富苏峰晚年的回忆录,其父德富淇水曾经在熊本开办私塾,那时就特别崇拜福泽,向学生们讲授《文明论概略》等福泽的著作。德富苏峰自己从青年时代起就以做一名记者为志向,那时就孜孜不倦地阅读了福泽的书籍,尽管他自己并没有这么说，但作为他进入社会成为名人契机的《未来日本》（明治十九年刊）、《新日本青年》（明治二十年刊）等初期的论著，就都明显受到了福泽的《劝学篇》、《文明论概略》和《民情一新》等著作的启示和影响，为免烦琐在这里不得不省略一些具体事例，然而，不容置疑的是，《文明论概略》成为德富苏峰思想形成的重要一环。

明治中期至大正时代

即使是如此有影响力的力作，到了福泽晚年，阅读的人也很少了。明治三十四年福泽离世时，许多人送上悼文，日本的众多报纸杂志也刊登了各种追悼的文章，这些悼念文章全部被收入同年出版的庆应义塾学报临时增刊《福泽先生哀悼录》。然而，遍览全部文章，只是一般性地介绍了福泽早期的一些启蒙性书籍，如《西洋事情》、《世界国尽》和《劝学篇》等，以及像《福翁百话》、《福翁自传》和《忍耐之说》等福泽晚年用来总结训诫自己的一些代表性书籍，而并没有对《文明论概略》给予特别介绍的文章。福泽离世后出版的介绍福泽的书籍也同样如此。在当时，提到福泽谕吉，一般的形象就是，在明治初年撰写过众多浅显易懂的庶民读本及帮助大众了解西方物质文明的人物，也是曾经撰写奇文《楠公权助论》等文章以否定旧道德的人物，同时还是在庆应义塾进行市民教育及鼓吹掀起拜金主义思潮的人物，而《文明论概略》中那种极力追求国家独立的气概，以及认为首先应该学习西方的精神文明而非物质文明这一警示性看法几乎被人们忘记了。

其中被认为稍微有所不同的,是早稻田派哲学家田中王堂在大正四年(1915)所著的《福泽谕吉》一书,该书可能是从学术角度系统详细论述福泽启蒙精神的最早著作,而且特别重视和强调《文明论概略》所具有的意义。田中在书中大声疾呼:"我的同胞们,如果你们不知道作为现代生活创造者和最卓越改革家的福泽谕吉,那么你们就不能理解现代生活。眼下世人所记得的福泽先生的著述仅有《福翁百话》,而要真正触及其启蒙性的天才精神,则必须阅读他具有里程碑意义的两大作品即《劝学篇》与《文明论概略》。"也就是说,田中主要向人们推荐了《劝学篇》与《文明论概略》两本书,并进一步说明了福泽启蒙思想的超凡意义,让福泽所倡导而已经被人们忘记的独立精神有所回归。尽管《文明论概略》在数十年后又一次获得了人们的认可,但这一次对这本书的强调和颂扬却并非来自庆应义塾的后来者,而是早稻田派的思想家,这稍稍使人感到有些讽刺的意味。

昭和时代

遗憾的是,其后《文明论概略》仍然在很长一段时间里没有引起世人的注意;被大部分世人所关注和接受,应该说是昭和六年(1931)作为岩波文库的一种,由石河干明增加注解的《文明论概略》出版以后了。之后,在昭和三十七年又出版了由富田正文编辑的修订版,使《文明论概略》得到进一步的广泛传播。《劝学篇》与《福翁自传》等著作,目前有若干文库本与普及本,但《文明论概略》全卷的普及本则只有岩波文库本，即由松泽弘阳校注，并由庆应义塾大学出版会以著作集第4卷的名义出版的版本。

《文明论概略》作为日本思想史上的不朽名著，近年来越来越被人们认识到，比如在前些年，岩波书店委托各方有识之士从岩波文库中选出现代日本国民必读的古今东西名著"一百册图书"，《福翁自传》和《文明论概略》被选入其中。在今天，毋庸置疑的是，正像田中王堂曾经指出的那样，《文明论概略》是福泽著作中远比《福翁百话》等著作更为重要的作品。

过去在战争期间，福泽的著作曾因具有浓厚的英美等敌对国家的思想色彩而被军部所厌恶，与军人有关的学校公开在课堂上对福泽进行批判和攻击；然而，在战后，随着时代的急剧改变，过去的旧军人也开始被推荐阅读《文明论概略》，福泽的思想使这些人觉醒。中国也先后于1958年和1959年出版了福泽先生的《劝学篇》和《文明论概略》的汉译本。

4. 什么是文明？

简单用一句话来概括《文明论概略》，它主要就是讨论什么是文明的问题，或者说是对东西文明的比较论述。福泽曾说："现代世界，从整体而言，还处于极不发达的阶段，即尚未达到完全的文明阶段，但至少可以肯定的是，西方文明要比东方文明先进，因此，我们日本人必须想方设法学习西方文明。当然，我们学习西方文明,最终只不过是维护日本独立的手段,只有维护本国的独立才是学习吸收西方文明的终极目的。"这其实就是《文明论概略》的核心思想。这本书也是将福泽的文明思想与国家精神高度系统地结合在一起的杰作。

在这里,福泽所强调的文明的本质,其要点大致如下:

(1)在文明还未开化的时代,一般由具有强大武力或智力的人掌握军事和政治权力来统治人民,并且以人民对统治者的尊崇与绝对服从来保持社会稳定;然而,随着文明的进步,人民会逐渐意识到自己的力量,同时改变社会的要素也不再仅仅是武力或政治,而是增加了工商业以及学问等各种要素,它们对社会的影响日益重大。因此,文明的进步就在于构成社会的各种力量的多样化和复杂化,而且这些力量的相互独立与自由竞争非常重要且应该保持均衡。也就是说,文明的本质在于价值的多元化和各种力量的均衡。

(2)文明指全体人民生活水准的提高及智慧和道德的进步,如果只是少数有识之士或有权力者的文明,还不能称之为文明社会,即文明社会的必要条件就是大多数人民享有高水平的物质和精神生活。

(3)文明就是人民智慧和道德的进步,道德自有人类以来几乎没什么变化,而智慧却在不断进步。虽然在孔子和耶稣之后再没有出现过圣人,但人类的知识,特别是被福泽称为实学的科学性知识,却显示出了巨大的进步。即使是古代的圣贤,在智慧方面，也与今天的三岁孩童差不多。因此，所谓文明，应该说主要就是智慧的进步。

（4）在文明还未开化的时代与社会，统治者的道德占有重要地位，即必须依靠且也有可能依靠道德去感化愚昧的民众；然而，随着文明的进步以及社会规模的扩大，个人的道德声望不再有效，完备的法律及规则契约则成为维持社会的主要力量。也就是说，文明社会并非道德主义与人情主义的社会，而是法治主义与契约主义的社会。

（5）推动文明进步需要"怀疑的精神"。文明的真谛就在于，对过去人们坚信不疑的东西抱有怀疑，不断向前追求新的真理。如果笃信过去而没有任何怀疑，就没有文明的进步。正是由于存在众多围绕一些所谓"异端邪说"的争论，才孕育了文明的进步。

对儒学封建价值观的否定

以上就是福泽从西方文明中学习到的文明的重要意义。对这些内容的强调，是为了对过去一直支配日本知识分子头脑的儒学的、封建的精神进行反省，因为以儒学为基础的封建社会尚古且传统，是一个武力与政治权力优先于经济与学问的社会，即价值未分化的社会，也是一个少数统治者和拥有知识者对多数民众具有绝对优越地位的专制社会，在这样的社会里，道德超越科学的实证知识，德治主义被视为政治理想，古代圣贤的话被视为金科玉律，不允许所谓异端邪说的出现与争论。《文明论概略》最大的使命，就在于指出这些儒学封建价值观的时代错误，真实诚恳地向人们说明西方近代文明的特质。因此，《文明论概略》作为"迈向近代文明的启蒙之书"所具有的革新性与划时代的意义，给予如何高的评价都不为过。

知性和理性的偏向

然而，《文明论概略》在试图革除传统弊病时，有时在逻辑上也显得有些牵强，特别是由于它持有强调重视智慧的立场，写作上自然不会关注道德的作用。当然，这应该说是在18世纪启蒙思想乃至19世纪科学万能主义的世界性潮流冲击下，明治开化时期社会的共同倾向。不过，《文明论概略》最大的特征就是全书充满了知性和理性精神，但毋庸置疑的是，也存在一些偏向。福泽是一位对科学文明的未来寄予无限希望的乐观主义者，但现代世界，特别是在日本，科学文明曲折发展的结果，导致自然的破坏和人性的丧失，由此而来的众多社会矛盾也给人们带来烦恼，这些问题都是作为19世纪思想家的福泽难以深刻预见的。福泽思想中的这些瑕疵，在今天当然也需要公正地进行讨论。

5. 基佐与巴克尔的影响

从福泽的一系列论述中，其实也能看出是以若干西方著名书籍的学说为其蓝本的，尽管福泽在《文明论概略》的"序言"中对此并没有做出说明。在这里可以列举出的有英国自由思想家密尔（John Stuart Mill）的《代议制政府》（1861）和《政治经济学原理》（1848）等，尤其重要的是法国政治家、历史学家基佐（François Guizot）的《欧洲文明史》（1828—1830），不过福泽阅读的是 C. S. 亨利（C. S. Henry）加了注解的英译本（*General History of Civilization in Europe*，1842），以及英国历史学家巴克尔（Henry Thomas Buckle）的《英国文明史》（*History of Civilization in England*，1857—1861）这两本著作。在前述福泽写给岛津复生的信中曾记述写《文明论概略》时的辛苦，其中有"不得不多次中途搁笔，继续研读一些经典原著，就这样不断阅读不断书写"的话，所说的"原著"无疑主要是指这些书籍。此外，他可能也受到了斯宾塞的社会学学说等的影响。

基佐与巴克尔的两部"文明史"，即使是在当时的欧美，也被视为最新的代表性的文明史而获得极高评价。基佐的《欧洲文明史》是他在于巴黎大学担任教授时全十四讲的讲义基础上形成的，对罗马帝国灭亡后至法国大革命的欧洲历史概况进行了简洁明快的叙述。巴克尔的两册《英国文明史》虽然因为作者英年早逝而没有完成，但却是一部显示作者雄心且具有独特历史观的巨著，即认为人类的历史同样应该受制于自然科学规律。其书名虽为《英国文明史》，但实际上其写作指向的却是世界文明史。

这两部著作都是在明治初年进入日本的，在知识界受到了极大欢迎，并且很快就有了日语译本。福泽大约是在明治五年或六年至七年间得到了这两本著作，爱不释手地读了起来，并且在庆应义塾开始讲授相关课程。毫不夸张地说，正是因为接触到了这两部著作，福泽才打开了对历史的全新认识之眼，甚至有人认为，正是因为福泽极为推崇这两部著作，才有了写作《文明论概略》的动机。

基佐的影响

基佐著作对福泽的影响，特别明显地体现在第二章"以西方文明为目标"、第三章"论文明的真正含义"和第八章"西方文明的由来"等章节中。福泽所说的"文明在未开化时代是同质的，随着其不断进步就会像细胞分裂一样持续分化，各种力量自由竞争，在价值多元化中才会有文明社会的发展"，其实就是基佐所强调的欧洲文明的基本特点即精神，福泽只不过是沿袭了这一学说。福泽进一步在第八章"西方文明的由来"中，详细介绍了基佐所撰文明史的整体框架，证明西方社会自古以来王侯、贵族、僧侣、平民等各种势力就在不断接触竞争的事实。在紧随其后的第九章"日本文明的由来"中，福泽又着力提出日本社会各方面权力不均衡，这一结构是阻碍文明发展的最大原因的观点，应该说也是对基佐观点的应用。

巴克尔的影响

巴克尔著作对福泽最为明显的影响，体现在第四章和第五章"论一国国民的智慧与道德"、第六章"智慧与道德之辩"、第七章"论应该运用智慧与道德的时间与空间"以及第九章"日本文明的由来"等章节中。巴克尔研究历史的基本宗旨是记录普通民众的生活状况，从而将历史从过去传统的以英雄伟人等少数人的事迹为中心的研究中解放出来。这一模式的历史研究，可以依循自然科学的规则，探究气候、风土、食物等自然条件与历史不可分割的关联，重视运用客观性统计方法的必要性。此外，他还认为，促进文明的要素并非人类的道德，而是理性知识，欧洲人的文明之所以在世界范围内最为卓越，不外乎就是由于其优越的理性知识成果，只有活跃的"怀疑的精神"才是文明发展的原动力。巴克尔历史观的这些纲领性观点，都被详细记录在其巨著《英国文明史》开篇的"总论"部分。《文明论概略》有关文明的论述，就来自这部分。福泽在《文明论概略》序言开篇说"这里所谓的'文明论'，也可以称为'民众心智开化论'"，其实也是依据巴克尔的历史观；在前述第四、第六、第七、第九各章中，也到处可见对巴克尔历史观的阐述与灵活运用。由此可见，福泽的文明观无疑受到了巴克尔观点的重要启发。

与巴克尔的不同

需要注意的是，福泽当然并非全盘接受巴克尔的观点，比如巴克尔曾信誓旦旦地发表议论："在穷山恶水的环境里，人类面对自然缺乏抵抗能力，理性被压抑，迷信大肆横行，而与此相反，在山清水秀的环境里，理性将得到发展。印度属于前者，欧洲则属于后者。欧洲文明的发展，得益于这里的人较少受到恶劣自然环境的影响，于是逐渐培育出能够克服和征服自然的理性知识。"但福泽对于这种应该被称为"唯地理论"的宿命决定论的观点并没有给予关注，因为对于急于改变日本现状的福泽而言，将自然条件视为绝对因素的宿命论没有任何作用。在第九章中，福泽举了巴克尔的这类观点，他说："将这种观点直接应用于我们日本的情况，肯定是不合适的，因此不应该接受宣传这种观点，如果文明进步与否完全由自然环境决定，那岂不是抹杀了人的作用。"[1] 这足以证明福泽的看法和观点。

此外，巴克尔认为文明的进步在于民众心智的发达，福泽则指出，"促进文明进步的并非仅仅是民众的数量，而是智慧，即使人数较少，只要存在一些有智慧的人能够引领社会，就可以提高文明的水平"。这对社会上具有远见的有识之士给予了极高的评价。也就是说，福泽承认所谓"舆论所向，天下无敌"，但反过来又说，"所谓国家舆论或公众意见，其实都是中等阶级以上的智者的学说，其余的愚昧民众就只能按照这些学说行动，被局限其中，为智者的意见所引导，而难逞一己之愚。天下急务，首先在于纠正舆论的错误"。当然，巴克尔也有类似的观点，但福泽比巴克尔更为强调个人力量改变社会这一点，因此这也更清楚地体现出福泽的自主独立精神。

巴克尔的文明史虽然标榜科学的实证主义，但他试图以不同维度的自然科学规律去分析复杂的历史现象，其结果反而有陷入非自然非科学的独断专行之嫌。《英国文明史》尽管在出版时给

---

[1] 说明发表早于现代日语译本，说明中的引文来自松泽弘阳校注的岩波文库本。——编者

世界史学界带来一股清新的风气，在日本明治的启蒙时期也作为一种从未有过的新历史观而深受欢迎，然而，在今天其声誉已经大大下降，原因就在于其过于朴素简单。福泽在学习吸收巴克尔观点的同时，却没有像巴克尔一样陷入极端机械论和宿命论。这说明，除去基本的性格之外，福泽还有一种提高日本文明的热情和作为教育家及社会领导者的使命感。巴克尔曾乐观地认为，"战争因人类缺乏智慧而起"，"在现代文明不断进步的欧洲各国，好战的气氛正在逐渐减弱"，但福泽并不相信这种说法。总之，应该看到，福泽如饥似渴地从巴克尔或基佐的历史观那里学习吸收了应该学习吸收的营养，又很聪明地对那些现实日本社会不需要或不适用的部分予以舍弃或修正，提出并展开了自己独立的文明论观点。

不保留翻译的腔调

特别是在《劝学篇》的前半部分，可以看到非常明显的翻译威兰德《修身论》的痕迹，而《文明论概略》虽然将基佐和巴克尔的著作作为写作的参考资料，但一直尽量避免和减少原封不动的纯粹翻译。从翻译西方著作起家的福泽，通过学习吸收西方学者的观点而逐渐成长为能够表现自己思想的著述者。《文明论概略》就显示了这一变化，相对于《劝学篇》，已经有了巨大的进步。而且，在《文明论概略》出版之后，福泽的著述就脱离了西方原著的风格，而具有显著的时事评论的性质。

6. 相对的价值判断与现实的思考方法

福泽无疑是一位思想家。传统上，日本学者承认有所谓"历史的变化"，但不承认有"历史的进步"，这些学者不论是国学学者还是汉学学者，都将古代社会视为理想社会，一般都崇尚古人的行事规则。福泽却坚信文明的进步是无限的，这一观点与传统日本人的历史观乃至社会观具有划时代的不同，通过学习西方，日本社会开辟了新的历史观。

福泽对人类知识的快速进步抱有绝对的信任，同时，他相信看起来亘古不变的道德义气即便相对滞后也会有所进步，而且在遥远的未来，必将实现智慧与道德完备的绝对和平的世界。例如，他曾说："随着文明的进步，智慧与道德也会增多，人们的私心会转变为公心，公共的智慧与道德会延伸至普通民众，社会趋于稳定，和平与日俱增，争斗日益减少乃至最终消除，不再有争夺土地和贪婪财富者……世界人民都相互礼让宽容，整个世界会沐浴在道德义气之海。"这种说法有些夸张，但确实反映了福泽对未来的乐观思想。在福泽晚年所著的《福翁百话》等书中，可以频繁地看到他这种对美好未来的期待。

尽管如此，福泽同样具有冷静的现实观念，即认为所说的理想和平世界不可能很快实现，因此，在前面如此乐观的文字后面紧接着说："不知道要经历几千几万年才会达到那种理想状态，这已经不是我们这代人能知道的事情了。"也就是说，眼下人类还处于文明未成熟与未发达的阶段，因而不可能期待一个完美的社会，但要确定正确的方向，一点一点地向前发展，即不奢求完美而是脚踏实地地追求更好。这种态度，不会被极端的观念所束缚，而是以相对自由和具有弹性的做法去应对现实。

福泽还说："在讨论事物的得失损益时，必须考虑到时代和场合……如果不考虑时代和场合，就没有事物的得失损益之说……世上之事，并无一以贯之、一成不变的应对之术，而只能根据时间和场合随时调整行事。"这些想法构成了福泽特别是其后半生精神状态的核心。应该说，《文明论概略》中的世界观、国际观、政治观和社会观就是这一精神状态的具体体现。在福泽初期的著作中，充满了对西方文明的崇拜，具有强烈激进的改革追求；随着思想的逐渐成熟，他趋向主张更加现实的渐进论，这一变化应该说基本上是从《文明论概略》开始的。

本书第一章的重要性

能够反映前述福泽基本思维方式的，是《文明论概略》的第一章"确定议论的标准"，这一发现充分显示在政治学者丸山真男先生于昭和二十二年（1947）九月发表在《国家学会杂志》上的论文《福泽谕吉的哲学》中。丸山先生说："与《劝学篇》开头一句'人人生而平等'相比，《文明论概略》的开头并没有什么名句，然而，它的第一章却很容易被视为其余内容的序言而受到忽视。其实，《文明论概略》第一章的要旨就如同'人人生而平等'成为《劝学篇》的中心内容一样，不仅贯穿整本《文明论概略》，某种意义上甚至可以说简洁地反映了福泽所有著作的共同思维方式。"诚如其言。

《文明论概略》第一章开头的一句话："事物有轻重大小的区别，通过比较其价值才能够舍小取大，这就是所谓'议论的标准'或'价值判断的标准'，比如以小的虫子来喂养大的动物，以泥鳅作为仙鹤的饲料，体现的就是这种精神。"这充分显示了福泽现实性的思维方式。按照福泽的想法，眼下的社会还难以做到百分之百的善，因此，需要接受即使有一定程度的牺牲，也要向着次一等的善迈进。按照丸山先生的说法，就是"价值判断相对性的主张"。同样，在第一章中，福泽又告诫读者："在讨论事物的利害关系时，双方往往因为持有极端的看法而难以取得一致，就比如喜欢喝酒的人和不喜欢喝酒的人都以自己的喜好来争论究竟是酒好还是年糕好，这样极端的有关利害的空泛争论没有丝毫意义。"这也能说明福泽并不会被一些观念所束缚，最终是一位尊重常识的现实主义的思想家。

7. 本国独立论与国体论和政体论

福泽在书中多处指出，西方文明也有很多缺陷，绝非十全十美，只不过在现阶段是世界上更为进步的文明，因此他极力主张日本的当务之急就是学习西方以缩小文明差距，这也直接显示了他的现实主义精神。特别是在书中第二章"以西方文明为目标"谈及论述事物时，他表示："文明是流动且不断进步的，必须经历一定的顺序阶段……如果要追求一国文明的进步，就需要将欧洲文明作为目标，即确定议论的标准，并以这一标准来谈论事物的利害得失。"从中即可看出他的这一主张。

强烈的民族主义

福泽学习西方文明自始至终是为了日本的独立。在第十章"论我国之独立"中，他大声疾呼，竭力强调日本的独立。这其实也是他写作《文明论概略》的最终目的。关于这一点，虽然在前面已经有所叙述，这里再将其主要内容叙述如下：

所谓文明，是一种无限宽广且高尚的状态，如果要想象文明的极限，那么可以想想宗教家所说的那种人人平等、四海之内皆兄弟的理想世界。文明倘若发展到这种状态，那时或许会实现万邦一家，既没有国界，也没有军备和战争，甚至没有贸易的竞争，那将是一个真正和平的时代。时不我待，我们应该坚信文明的无限进步，不断努力向前推进文明。单纯考虑本国独立的实力，只不过是文明的初级阶段。现代的人类世界，还处于尚未成熟的幼稚阶段，因此脱离"国家"的文明是难以想象的。如果有人追求无视国家存在的文明，那么不得不说此人就是一个不顾现实、高高在上的空想家。至少在现阶段，首先应该优先考虑本国的利益而非他国的利益，将"本国独立"作为至高无上的事业。所谓"报国心"（福泽将"爱国心"表达为"报国心"），其实就是追求一国利益的一种偏颇心理，或可称之为"利己主义"，是比四海之内皆兄弟的理想低一个层次的状态。不过，今天的日本人，确实生活在一个竭尽全力谋求本国独立的时代，还没有余力去考虑更高层次的文明。维新以来，我国国民已经从过去那种没有自由的封建制度下解放了出来，正在享受自由的空气，然而环顾四周，西方列强正在施加压力，日益紧逼东方国家。审视开国以来的日本现状，就会发现在贸易上和所有的外交关系方面，都处于有形无形的各种不利和屈辱状态。眼下的日本，并不处在应该安闲自在、醉心于欧美文化和梦想自由和平的时代。我国国民应该将作为敌人武器的西方文明夺过来，使之成为我们的武器，尽快增强日本虚弱的国力，努力建成一个独立强大的日本。当然，用什么手段方法去做，每人因立场不同而不可能完全一致，但只要是日本人，就要经常关注国际关系，不论事情大小，凡是涉及我国独立的事宜，都要立刻有所反应。

这一章的内容，充满了热烈的情绪，福泽甚至慷慨激昂地高呼："我国国民要每日清晨相互勉励，万万不可轻易疏忽与外国的关系，然后方可安心用餐。"

这一主张，其后反复出现在他的著作文章中。在当时，对日本社会确实起到了振聋发聩的作用，因为日本作为东方的一个小国，在欧美列强帝国主义的压力之下，走错一步，国家的独立性就会丧失。民族主义并非高尚的道德，只不过是一种国民性情感，然而，如果没有民族主义，在如此严酷的现代国际社会，日本将没有生存之路。福泽就是如此冷静地提出了现实与功利的认识，没有用华丽的辞藻去粉饰所谓爱国心，而是指出未来达到更高层次文明的唯一过程。

富有灵活性的国体论和政体论

另外一个充分显示福泽现实与功利精神的是其国体论，这一内容体现在第二章"以西方文明为目标"和第三章"论文明的真正含义"中。当时，正值西方文明进入日本，在一些保守的国民中间存在着根深蒂固的畏惧与反感，这些人担心西方文明会改变国体，即万世一系的天皇制会被否定而出现如美国或法国那样的共和政治。福泽对此做出了诚恳认真的回答：没必要如此担心。一个国家的政治形态有赖于其历史及文明程度等各种各样的条件，只要各自采用适合自己国家的要素就可以了。西方文明的输入，并不意味着必然实现共和政治。君主制虽然有陷于君主一人专制的担忧，但共和制同样有陷入多数民众暴政的危险。究竟哪一种政体优越，其实很难一下说清楚。目前最重要的事情是，每个国民都要首先立志学习西方日新月异的学说，提高整体的文明水平，以此来增强国力和巩固国家的独立。只有如此，那些保守的人所看重的万世一系的天皇制才能够维持。也就是说，文明的进步与国家的独立才是最根本的，政治形态如何并不重要。

按照福泽自己的话说，就是"文明具有巨大的包容性，怎么会连一个国君的地位都不能容忍呢。国君也好，贵族也好，都具有人权方面的平等，因此丝毫没有必要对国体变革持怀疑态度"。"自开创政治形态直到今天，可以说社会一直处于实验状态，各国的政治眼下也正处于实验过程中,因此,究竟哪一种政治形态更为优越,还有待观察,我们只是将多做有益于文明之事的政府称为良好政府,将很少做有益于文明之事或做有碍于文明之事的政府称为恶劣政府。"

也就是说,福泽认为,自然科学的规则是全世界普遍适用的,而在政治方面却还没有找到适用于所有国家的简单万能的形态。政治理论不同于科学证明,由于人们立场各异,因此会产生各种各样的意见,最终各个国家只能根据本国的情形不断试错,按照本国的实际状况一步一步地改善政治形态。

有关世界各国的政治正处于实验阶段的认识,即使在今天看来恐怕也是正确的。政治上最需要做的,就是对确切状况作出正确判断并找到恰当的应对方法。如果只是固守某一种意识形态对政治形态进行变革,极端地认为这样做就可以让每个国家的人民同样得到幸福,那么这无疑过于迷信政治的作用。

8. 对多元价值的尊重与学术独立

福泽有一句名言,即"政治只是文明(或人事、社会)的一小部分",这也是他标志性的口头禅。这句话在他不同的文章中多次出现,在《文明论概略》中同样如此。比如,在前面所引第三章有关国体论和政体论的论述中,他就指出:"无论如何定义政治,它都只不过是人类交往的社会的一部分,我们不应该仅凭对这一部分的形态的观察来判断文明的价值。"总之,福泽认为,政治仅仅是文明社会价值的一部分，因此不应该只是将政治价值视为文明的重点。

或者换句话说，文明的要素极其多样。用福泽常用的一句话来说，就是"文明在巨变中进步"。在《文明论概略》第二章中就有这样的表述："从社会发展的过程来看，在野蛮未开化的时代，首先是武力强大者占有绝对的支配权，然而，随着社会的进步，一些有智慧的人的力量增强并取得了政治权力，但仅靠武力与政治权力统治的社会还不能称为文明社会。只有随着人类的持续进步，社会变得更加复杂多样，学术和经济等要素逐渐占有更大比重，这时才能够称得上文明社会。因此，文明的进步在于构成社会的各种力量的多样化和复杂化，而且这些力量的相互独立与相互竞争非常重要且应该保持均衡。也就是说，文明的本质在于价值的多元化和各种力量的均衡。"

如前所述，福泽的这一观点被认为主要是借鉴了基佐的《欧洲文明史》，但其实也可以说，是他从一开始就具有的坚定信念。福泽思维方式的最大特点就是他对多元价值的尊重以及重视价值的相对性。正因为如此，他才能够在对政治表示关心的同时自外于政治，毫不动摇地在学术与教育领域坚守自己的使命。

学者的使命

福泽坚信，政治家的权力优先于学者的权威的社会绝不是真正的文明国家。因此，他一直在努力以学术的权威来对抗政治权力，在这一点上应该说他所达到的高度无人可及。而且，他并非仅仅在口头上如此呼吁，在行动上也屡屡实践。福泽的伟大之处就在于言行一致，常常以自己的行为示范社会。在《文明论概略》第四章中，他表示："政治家和学者各自有着不同的任务，二者对于社会的重要性不分上下，前者的任务是处理国家当前面临的各种问题，后者的使命是考虑国家的未来并为国家确立百年大计。""政府的作用如同外科手术，学者的论述如同养生之法，二者的区别就在于轻重缓急不同，但都是身体健康所不可缺少的。政府的作用在现在，学者的作用在未来，但二者对于国家而言同样不可或缺，重要的是二者不要相互妨碍，而是要相互协助和相互激励，共同促进文明的进步。"这些言论，无疑表现了作为时代先驱的福泽的抱负与气魄。

在西方国家，学者同政府之间没有关系，只是依靠自己的力量从事各项研究，而日本的学者一直缺乏独立精神，在很大程度上一切都依赖政府。福泽毫不留情地指出了这一点，《劝学篇》第四编的文章《论学者的职责》就呈现了这一代表性观点。他在《文明论概略》中也指出："日本的学者被关进了政府所指定的牢笼中，他们以这一牢笼为自己的世界，并在这个狭小的世界里苦苦挣扎……真是屈辱卑劣至极！""世上的学者或许是不知道学者的本来职责，总是喜欢去参与政治，不顾自己本应承担的社会责任而积极参加社会的政治活动，甚至受到官员的操纵想要去处理应对眼前的各种事物，最终于事无补反而失去了学者的品格。真是糊涂至极！"在维新之后，福泽之所以没有成为官僚学者为政府所用，就是因为其坚守学术独立及学者的权威。此外，福泽也没有积极参与反体制的政治活动，因为他早已彻底认识到"政治仅仅是文明的一小部分"，与其去参加眼下轰轰烈烈的政治运动，还不如从事持久稳定的教育和学术事业，这样才具有永久的价值。福泽清楚地意识到，如果没有切实的学问和教育的积累来构筑高度文明的基础，而只是凭一时冲动进行剧烈的政治改革，最终决不会有益于国家和国民。总之，福泽终生远离政府，但也不鲁莽地参与那些反政府的活动，而是真正地坚持以教育学生为使命。应该说，福泽的言论对于身处现代的我们也有重要的启示意义。

自由的本来意义

既然文明社会建立在尊重多元价值和社会各种力量均衡发展之基础上，那么不论谁都不可能拥有绝对的自由。在重视自我自由的同时，也必须尊重他人的自由。在原始野蛮的时代，统治者拥有绝对的自由与权力，而被统治者则没有任何自由与权力。然而，随着社会的进步，被统治者的力量在增强，人民开始有能力要求自由与权利，统治者的自由与权力自然要受到限制。当然，在所有人中间也出现了自由与权利的均衡化现象。福泽认为，这一切就是文明的特点。

文明社会的自由，绝非牺牲他人的自由而获得的自由，而是尊重每个人的权利，容纳不同的利益，接受各种意见，允许各种力量存在差异，只要它们以一种平衡的方式存在于我们中间。或者也可以说，自由产生于不自由之中。这句格言充分体现了福泽的精神。为此，他也曾对那些肆意运用自由与权利的行为予以慎重警告："在人类社会，不论是政府还是人民，也不论是学者还是官吏，只要掌握了权力，一般就免不了会做坏事，所以人类社会的所有权力都不应该不受限制。拥有权力者在某种意义上必然会危害社会，这可以称作一种'非均衡之祸'。因此，任何权力都必须受到限制。"

福泽还进一步指出，日本人特别倾向于专制的风气。也就是说，世人一般只指责政府专制，即认为专制是政府的特权，其实只不过是因为政府的权力最容易受到人们的关注而已。专制是已经渗透于日本社会各个角落的通病，在不满政府专制的人的周围，也存在着专制的风气。因此，并非只有政府的存在才是专制权力的根源，而是要看哪些问题容易吸引专权者，以及是否为专权者提供机会使其能够通过一些宏大叙事达到专权的目的，即专制需要合适的环境。肆意使用权力导致力量非均衡的并非只有政府，而是整体国民的一种风气。即使在现代，也仍然缺乏对个人尊严的自觉尊重，社会到处都有大小各式领导者主宰的现象。

"自由产生于不自由之中"或"自由存在于不自由之中"，也是福泽常常使用的宣传口号，这些口号不失为直接表达自由的真正意义的名言。如果一个自由主义的社会只是不适当地尊重个人的自由和权利而不考虑其界限，那么这样的社会就同压迫个人自由的独裁社会一样，不可能有持续健全的繁荣。应该说，福泽的名言"自由产生于不自由之中"不仅仅是将多元价值共存作为前提的民主社会的原则，也是人类社会的真理。

9. 本质的把握与原点的探究

福泽还有一个著名的主张，即应该舍弃事物的细枝末节，把握事物的根本精神。这一点主要反映在《文明论概略》第一章的开头部分，即"考察任何事物，应该抛弃一切末梢枝节，回到它的本源去探寻它的最终本质。如果这样做，争论的点会越来越少，本质则会越来越清晰。例如，牛顿研究所有运动现象的结果就是发现了'运动定律'，这使我们得以用一个原理说明千差万别的运动。世间万事中最为重要的，就是去发现有关的规律原则。"

在第四章中福泽同样表示："所有现象中都存在近因与远因两种原因，近因容易被发现，而远因则不易被发现，近因数量较多而远因的数量可缩减到少数，近因多得使人眼花缭乱而难以应接，而远因则只要被发现就肯定不会再被蛊惑。因此，探究原因时要从近因逐渐追溯到远因。"

这一观点明显受到了巴克尔《文明史》的启示，即巴克尔的历史观认为，作为历史学家，最为重要的就是去发现那些深藏于历史现象之中的历史规律。不过，福泽所说"探究原因时要从近因逐渐追溯到远因"的观点，难道不应该同样成为我们牢记于心的真理吗？

我们应该学习的是西方文明的精神而非外在形式

主张舍末求本的福泽还强调，日本人在学习西方文明的时候，应该避免被其文明的外在形式所迷惑，而应该首先把握文明的精神。这一观点在《劝学篇》第五编和第十五编中已经有所论述，《文明论概略》第二章同样对此进行了论述："引进衣食住行等有形文明是非常容易的，因为只要肯出钱就都可以买到，向西方学习其政令法律等制度也并非难事，当然，在学习引入这些有形文明时要考虑到本国国情而加以取舍。然而，无形的精神文明却是用金钱也买不到的贵重品，学习引入这种文明极其困难，但恰恰是这种文明对日本而言非常重要而不可欠缺。也就是说，首先要学习西方的精神文明，使日本社会的人心发生根本性的转变，这才是解决一切问题的前提条件。如果本末倒置，先易后难，那么日本的文明不但不能进步，反而会有所倒退。"这里充分反映出福泽对民众仅从表面和形式上模仿欧美的深深忧虑。

福泽针对社会上的有关风潮发出感慨："应该说，我们日本并非文明的发源地，而只是文明的寄居地，因此，仅仅追求商业发达的文明，会招致国家贫困，经年累月后必定有害于国家独立。"也就是说，应该从西方文明中学习的，首先是民族独立的精神，如果反而陷入卑躬屈膝崇拜欧美的心理状态，那么无异于本末倒置。如果我们审视第二次世界大战战败后的日本人，究竟是从美国的优势中学习而收获很多，还是从美国的弱点中学习而失去很多，其实也是值得怀疑的。今后，我们会拓展同其他国家的交往深度，应该说，明治时期这些先行者的警告仍然具有深刻的借鉴意义。

国体为本，皇统为末

如前所述，针对当时保守主义者对于因引入西方文明而危及所谓万世一系的国体的恐惧，福泽不厌其烦地说："何为国体？其实不外乎就是国家的独立，因此，只有首先引入西方文明，增进国民的知识力量，强化国家的独立，才能够维持国体，同时延续万世一系的皇统。我们绝不要像印度或土耳其那样的国家一样愚蠢，只是骄傲于本国传统的古老而落后于世界文明，在其他国家的入侵面前丧失了自己最重要的独立。"在这里，也可以领会到福泽对民众往往容易本末倒置的告诫。

10. 智慧之必需

福泽认为，一个国家的文明取决于本国民众的智慧和道德，即民众智慧和道德的提高就是文明的进步。这一观点也是受到了巴克尔《文明史》的影响。福泽将民众的智慧和道德水准及一般性的思考方式称为"众论"，用时兴的话来说，就是舆论。

福泽无疑是一位大众教育家，他从所谓"人人平等"这一万民平等的立场出发，写出了《劝学篇》，向每个国民宣扬学习求知的重要性，而对培养出强权者或特权阶层的教育则嗤之以鼻。不过，在内心深处，他似乎总忘不掉一个对现实的认识，即民众愚昧。当今世界，没有哪个国家是贤达之人超过愚昧之人的，而且在可知的未来也难以期待改变这种状况。因此，如果对所谓的"众论"放任不管，它就很容易转变为一种"愚论"。所以，就需要优秀的领导者不断地对国民进行启蒙教育，提高整个舆论的水平，努力形成新的舆论。按照福泽的表述，就是为了增加"整个国家的智慧和道德"，领导者必须承担较大的责任。这其实也是福泽一生的使命，同时也是其写作《文明论概论》的主要目的。

不要担心被称为异端邪说

在《文明论概略》第一章"确定议论的标准"的结尾部分，就有论述上述观点的非常重要的内容，即"任何国家，任何时代，放眼一代人，愚昧透顶的人极少，智力超群的人也极少，世上的大部分人都介于智慧与愚昧之间，他们随波逐流，对于社会无功无过，安于常态，这些人就是社会上最为普通的人。所谓舆论，就是在这些人中间产生的议论。这些人代表了当前的风潮，他们既不会念念不忘传统而有所后退，也缺乏对后世未来的先见之明，就如同站在一个地方，一动不动"。

也就是说，福泽认为民众一般具有维持现状的惰性心理，他说："如果世上的为政者将这样的舆论视为绝对多数意见而加以肯定，将那些不同于这一舆论的少数有识之士的意见当作'异端邪说'予以指责和镇压，那么就很难想象文明如何才能进步。"他还列举了在提出和发表时被视为异端邪说的亚当·斯密的经济论和伽利略的地动说，尽管当时它们都受到了舆论的攻击，但在今天已经成为正确的定论，并激励着学者们的创意和勇气："所以，昔日的异端邪说，现在的一般通论；昨日的奇谈怪论，今天的常识学说。那么，今日的异端邪说也可能成为未来的通论和常识。作为学者，不要畏惧舆论的喧嚣，也不要担心被称为异端邪说，而应该勇敢地说出自己想说的话。"最后，他总结道："评判自己的利害得失并非难事，但要明确客观价值的是非曲直却并非易事。我们不应该以一己之利害去左右天下的公共问题，也不应该以一时利弊的判断耽误百年的规划，而是应该多多听取古今各种观点，广泛了解世间各种事情，确立以平等的心态达致至善的目标，排除万千艰难险阻，不为舆论所束缚，接受历史上有价值的思想，前瞻性地为后世提出有远见的看法。"

这些确实是应该倾听的至理名言，包含这些名言的文章也是格调较高的名篇。通过这些文章，作为一代先觉者的福泽向人们敲响了警钟。此外，福泽还提出，"顺应十名愚者的意见，不如接受一名智者的批评，获得百名愚者的赞誉，不如去消除十名智者的不满"。不过，眼下日本的知识分子却总是迎合当下的舆论，虽然人数众多却缺乏义无反顾的气概。因此，我深深地感到福泽提出这些警告的重要意义。

无智慧的道德和义气等同于无德

福泽虽然认为文明在于国民智慧和道德的进步，但他实际上更加重视智慧，比如他说："纵观古今，道德不论在千年前的古代社会还是现在都始终未变，即道德具有相对稳定性，而智慧却与此相反，总是处在不断进步的动态过程中。作为证据，在蒸汽机、电子通信等科学知识面前，即使是古代圣贤，也无异于今天的三岁孩童。因此，只有知识技能的进步才是文明的进步。"这一观点虽然也受到了巴克尔思想的影响，但是《文明论概略》第六章"智慧与道德之辩"专门对这一观点进行了详细论述，并告诫人们：在东方国家，一般比较重视道德而轻视智慧，然而，如果智慧不足，即使是有德行的君子也常常会做坏事。

在这里可以举一个事例，即福泽对幕府末年水户藩内讧的批评指责。水户藩一直以来以勤王和学术繁荣而闻名，但是内部派阀的对立争斗也非常激烈，派阀之间党同伐异、相互攻击与憎恶，不断进行残酷内斗，导致众多优秀人才为此献出了生命。最终的结果，在关键的明治维新时期，水户藩中已经人才枯竭，极度贫困。也就是说，虽然最初水户藩人才众多，但却整日围绕所谓正统地位而争斗不已，缺乏洞察时势动向的智慧。所以，福泽为他们感到惋惜，说道："在近世，为了论争而杀戮众多民众的属水户藩为最，这些行为可谓善人之恶之一例。"

福泽在其后的著作文章中，多次引用水户藩派阀争斗的悲剧，并以此来警示世人。成就事业不能仅仅靠所谓正义感，如果没有透彻的智慧，就不可能获得成功，没有智慧的所谓正义行动，最终将不得不悲壮地走向失败。福泽将这种情形称为"无智慧的道德和义气等同于无德"，并以此警诫人们。在《劝学篇》第十五编和第十六编中，福泽也表示："学问之要，在于具有明辨是非的判断力"，"人仅有积极活动能力而缺乏智慧，就如同蒸汽脱离机器，船只没有风帆，不但丝毫无益，反而会带来众多危害"。这些都属于匹夫之勇。这些话，应该说给了社会上那些所谓的活动家沉重的一击。

11. 作为史论的意义

《文明论概略》最大的特点，在于它开创了日本的文明史论。当然，本书的目的是文明的本质论，而非系统说明文明的历史。不过，"初学者的头脑很难理解无形的理论，因此，将原理与历史论著结合起来进行说明，有利于他们更快地理解"。《文明论概略》就是从这一立场出发，列举了众多历史尤其是日本的历史作为事例，尝试对东西文明进行比较，因此这本书也具有了文明史论的形式。

在《文明论概略》之前，福泽的著作中几乎没有论述历史的内容，最早在《西洋事情》等书中有客观介绍西方历史的记事，但并没有掺杂自己的意见去评价东西方的历史。即使在《劝学篇》中，也仅仅列举了楠公权助论等很少的两三个例子。从这个意义上可以说，《文明论概略》在福泽的著作中具有划时代的意义。不仅如此，即使在后来的所有著作中，像《文明论概略》一样史论占有如此比重的书也很少。因此，《文明论概略》是观察福泽历史观最为重要的著作。

从以英雄为中心的历史到以国民为中心的历史

《文明论概略》具有史论性质，无疑是因为作者当时通过了解巴克尔和基佐形成了新的历史观。如前所述，巴克尔的历史观是一种自然科学性的历史观或者唯物主义的历史观。按照这一史观，文明最终是社会整体的进步，因此他的《英国文明史》拒绝过往的以英雄伟人为中心的历史，而是试图描写人民大众的历史，用他的话来说就是："少数英雄伟人的成就，是被一些偶然和随机的事件决定的，而社会民众整体的精神与生活动向，却同自然科学一样，受一定的规律和原理的支配。历史学家的任务就是去发现这些规律和原理，从而创造真正的文明史。做这样的研究，就需要用统计学的方法，搜集人们日常生活与社会经济结构等相关数据，以此来解释这些物质性条件同历史之间不可分的关系。"

福泽完全接受了巴克尔的观点，并在《文明论概略》第九章"日本文明的由来"中，对过去的日本历史著作比如新井白石的《读史余论》等做出批评，认为这些著作只是叙述了当权者的事迹、政治的得失和战争的胜败等，并深刻指出："总而言之，这些著作并非日本国家的历史，而仅仅是日本政府的历史，学者们并未意识到这一点，但这却是日本国家的一大缺点。"当然，福泽的这些说法，其实也是完全借用了巴克尔指责西方历史学家的通病时所提出的忠告。此外，《文明论概略》第一章中的"考察任何事物，应该抛弃一切末梢枝节，回到它的本源去探寻它的最终本质"和第四章中的"探究原因时要从近因逐渐追溯到远因"的说法，如前所述，可见也是受到了巴克尔史论的影响。当然，论及探究事物原因的方法，福泽极力推荐使用统计学的方法，不言而喻这也是巴克尔的观点所强调的。

建武中兴史论与明治维新史观

不论是巴克尔还是福泽，都认为推动历史前进的并非英雄伟人的个人力量，而是社会民众的整体力量。只不过，福泽将这种力量称为"时代的一般风气"或"时势"。据此理解，历史上的著名人物都只不过是时势的产物，其中，顺应时代潮流者就会获得成功，逆时代潮流者则只能成为失败者。

因此，福泽首先以这一推理来分析建武中兴的历史，认为楠木正成在凑川战败而亡，是王朝末期出现已久的皇室积弊所致，即原因在于当时的民心早已远离天皇政治，断定"正成并非败于尊氏，而是败于当时的时势"。然而，过去大部分的历史学家好像都将建武中兴失败的原因归为后醍醐天皇没有给武士们论功行赏，或者是足利尊氏反叛等个人原因，但这些事情都只不过是一些近因；决定性的远因，是多年来皇室积弱所带来的民心背离，即时代的大趋势如此。

此外，福泽认为明治维新同样是时势的必然结果。即使在封建专制的江户时代，民众的智力进步也是势不可挡的，而随着这种进步，对专制门阀的厌恶情绪逐渐高涨，此时在幕府开埠事件的刺激下，立刻出现了尊王攘夷论，紧接着就取得了倒幕维新的成功。简单地看,幕府的崩溃似乎是由于尊王攘夷论的出现,其实这仅仅是近因,在那之前国内民众智力的进步才是根本性远因。他最终得出的结论就是:"王政复古并非依赖皇室的力量,皇室不过是借用了国内要求倒幕的名义,废藩置县也非政府强势人物的英明决断,他们无非是受国内时势所迫而做出顺应民心的决策。"

建武中兴史论和明治维新史论都没有涉及作为历史底层结构的生产关系和经济组织等方面,所以,以今天社会史的观点来看,稍微有些过于抽象,而且也很难断定这些看法是否同站在唯物主义立场上的巴克尔的文明史观完全一致。不过,这些看法作为一种精神史性质的见解,被认为是一种非常具有创意的观点。也就是说,《文明论概略》最为重大的意义在于,对于新井白石或赖山阳等江户时代历史学家只是关注政治动态及战争经过的历史观,以及崇尚正统的和汉学者与水户学者的历史观,给予了严厉的批判。因此,尽管巴克尔作为名副其实的文明史学家其最大功绩在于指出了"综合能力的重要性",但应该说,只有福泽才称得上是过去历史学家中从未有过的具有综合把握大局能力的史论学家。

非均衡权力结构是日本历史之弊

巴克尔史论的重要影响,如前所述主要体现在《文明论概略》第四章关于建武中兴史论和第五章关于明治维新史论等的论述中,而深受基佐史论影响的部分则主要体现在第九章"日本文明的由来"中。福泽在《文明论概略》第八章"西方文明的由来"中通过摘译基佐的《欧洲文明史》对其进行了介绍,即认为欧洲文明是从各种旧有势力的对立竞争中发展而来的,紧接着笔锋一转,福泽揭示出日本历史中存在着相反的现象,他在第九章中用从古代至近代各时代及各阶层的历史事实对日本文明史进行了充分论证,认为"非均衡权力结构"才是阻碍日本文明发展的根本原因。福泽指出:"在日本,自古以来,统治者与被统治者的二元结构截然分明,虽然统治者阶层不断发生更替,但是被统治者的地位却丝毫未变,因此就形成了专制与卑躬屈膝的风气,这就是日本文明停滞不前的原因。"他还列举了众多实际事例来说明,这种权威主义和趋炎附势的风气不仅存在于愚昧无知、无权无势的普通民众中间,在宗教人士和学者等有知识的人中间,或者在占据社会显著地位的武士阶层中间,也同样存在。对此,他曾斥责道:"在日本,宗教与学问都只是为统治者服务的,即使是在完全依赖实力的战国时代崛起的群雄,也都是在争夺进入京城的权力,以天皇或者将军作为自己的旗帜并向天下显示自己的权威,其内心其实是非常卑贱的。"

以上这些论述,所选择的历史事实都只是为了说明"非均衡权力结构"的观点,所以有时会受到指责,被认为失之偏颇。不过,福泽并非专业的历史学家,而且当时日本的历史学本身还很落后,历史资料不足,因此,以今天的眼光来看,书中不免存在一些事实性错误。然而,尽管有一些瑕疵,但能够如此直接清晰地从历史中挖掘出日本人的通病并对日本文明进行批判却是前所未有的。

特别值得注意的是，福泽在这一章的最后，尖锐地指出非均衡权力结构给日本国家财政带来的弊病，即"在封建时代，权力集中在武士手中，与生产没有联系、缺乏经济观念的武士阶级掌握着国家财政，而庶民阶级尽管作为生产者参加和了解经济的实际状况，却完全不能参与管理国家财政，所以武士就只是奢侈地消费取自农民、工人和商人的财富，而创造这些财富的人却难以享受财富。这种不合理的制度，虽然延续了德川时代三百年的太平，但也导致日本社会的财富难以积累"。"概而言之，日本自最初建国到今天，社会的财富还没有遇到与之相称的智慧（能够利用财富的智者）。"也就是说，福泽对日本官员浪费国家税收的奢侈做法提出了严厉批评，并警告如果不去除这一弊病，日本就难以成为一个真正富裕的国家。一个世纪以后的日本，当然已经不同于福泽所处的时代，但应该说这些批评仍然具有现实意义。总之，在"日本文明的由来"这一章中，福泽以历史事实论证其一生主张的独立自尊精神之必要，应该说具有深远的意义。

日中历史的比较

福泽史论中另外一个不容忽视的观点，就是日本与中国的比较论。他通过对日中历史的比较，得出结论认为，当时日本文明落后于西方文明，而中国文明则落后于日本文明。这一观点见于《文明论概略》第二章，其大致内容如下：

社会进步的原动力在于"人民自由的风气",即社会在"多方争论"的情况下取得进步。在专制的政府之下,绝不会有社会的进步。日本最初是君主专制的王朝政治,皇室处于"至尊地位"(拥有绝对尊严),具有"超强力量"(拥有绝对军事实力),然而,到了中古武家政治时代,"超强力量"转移到了武士手中,皇室只是保持了"至尊地位"。从此,在日本出现了国家权威的二元化,至尊的天子未必是最强大的,力量最强的将军却并非具有至尊地位。于是,权威的唯一绝对性不再存在,在民众中间便自然产生了理性的和批评的声音,自由的风气开始萌芽。即使在持续数百年的专制封建时代,正因为逐渐培育了民众的这种理性精神,才能够在突然受到西方近代文明冲击时为接受这一文明做好准备。而与此相反,在中国,不同于所谓万世一系的日本,虽然王朝多次更迭,但掌握最高政治权力的人同时也拥有绝对的军事力量,这种状况几千年来没有丝毫改变。也就是说,"至尊地位"和"超强力量"一般合于一体,而非像日本一样权威二元化。由于民众臣服于绝对权威,所以很难产生自由的风气与批判的精神。在这一点上,中国人的意识要落后于日本人,这也是当时中国很难引进吸收西方文明的原因。

福泽由此得出结论:"中国的元素为定于一尊,日本的元素为一分为二,如果仅仅以此来论述文明的先后,那么中国不发生一次巨变就不可能达到日本的水平,日本比中国更容易汲取西方的文明。"

这一看法应该说是对基佐历史观的实际应用，即认为文明的进步在于多种力量并存；另一方面，福泽虽然对作为非均衡权力结构根源的日本封建制度进行了批判，但也没有完全忽视这一制度的作用，他提出了自己的卓越见解，认为这一制度也阻碍了权力向皇室的集中，起到推动建立现代国家的作用。美国前驻日大使赖肖尔在昭和三十八年（1963）三月出版的《中央公论》上曾发表《日本与中国的近代化》一文，其中也有类似的观点，并高度评价了日本的封建制度。当然，赖肖尔很大程度上本来就是福泽的崇拜者，或者也可能从福泽的论述中得到了某些启示。

福泽时代的中国处于清朝的君主专制统治之下，今天的中国则是一个社会主义国家，其政体已经发生了根本的变化。福泽曾经预言"中国不发生一次巨变就不可能达到日本的水平"，未来是否如此不得而知，但这一预言难道不是一个非常有意义的问题吗？

之后日本文明史的母体

《文明论概略》不论如何评价，都不过是一部对文明进行论述的著作，而非文明史著作。因此，这本书缺乏作为史书的系统性，其中的一些史实也未必正确。然而，《文明论概略》出版之后不久，就有专门的日本文明史著作出版，比如新涌现出的历史学家田口卯吉发表的《日本开化简史》（明治十年至十五年刊）。田口是比福泽年轻二十岁以上的晚辈，但却是同福泽齐名的代表明治时期英国学派的自由主义评论家和出类拔萃的新闻记者。

《日本开化简史》是田口奠定其学术地位的代表性著作，第一次系统地记述了从古代至江户末期的日本文明历史，至今仍然是一部使田口扬名史学界的不朽著作。田口是一位独具特色的人才，他虽然从福泽的著作文章中学习吸收了很多言论，但他却常常尝试对这些言论提出反论，其著作《日本开化简史》明显受到了基佐、巴克尔和密尔等人的影响。当然，其在多大程度上受到了《文明论概略》的启发则是可以暂时搁置的另一个需要研究的课题，但毋庸置疑的是，《文明论概略》发挥了为《日本开化简史》做铺垫的作用。

12. 文章的特色

福泽文章的第一个特色即逻辑清晰，没有晦涩难懂的地方，文章用语非常平实易懂，使用了很多俗语，使人感到生动。以启蒙一般民众为主要目的的《劝学篇》的文章就是这方面的典型。与此相比，《文明论概略》则是以知识阶层为对象而写作的，文体严整，很少使用俗语，缺少幽默感，因为其主要目的是入情入理地去说服那些儒学遗老接受自己的观点。

挖苦讽刺

尽管如此，还是随处可见福泽本来擅长的挖苦讽刺，比如他认为自古以来道德并无任何进步，今天的道德与古代圣贤的教导相比没有任何变化，即"尽管宋代儒学兴盛，但所倡导的五伦也没有变成六伦，这就是道德较少发生变革的明证……就如同圣人所言，雪是白的炭是黑的一样，后人也不应该对此加以改变。在道德的问题上，古人占有垄断的权力，后人也只能延续其认识而难以改变，所以在耶稣、孔子之后再无圣人。"

此外，福泽还认为，古代圣贤不论如何苦心修行也无缘取得近代知识学问的进步，即"若论智慧，古代圣贤仅相当于今天的三岁孩童"或"达摩大师即使面壁九十年，也不可能发明蒸汽机和电子通信"。

进一步，福泽还对日本僧侣往往受到政治体制的庇护而不思进取、缺乏见识的现象进行了讽刺，即"佛教的兴盛，全靠政权的扶持，普照万方世界的并非佛教之光，而是政权的权威之光"。

对江户时代的儒学之士，福泽也进行了嘲讽，认为这些人只是想着如何为幕府或各藩所用而丧失了独立精神，即"日本的学者被关进了政府所指定的牢笼中，他们以这一牢笼为自己的世界，并在这个狭小的世界里苦苦挣扎……我还能对这些人有什么要求呢？我还能责怪他们什么呢？既不要奇怪于这些人中间难以产生独立的学术团体，也不要对这些人缺乏一定的见识感到吃惊"。

由此可见，福泽在面对所有的旧文明和旧风俗时，其笔锋非常尖锐辛辣。他将上古未开化时代称为"野蛮的太平"，认为当时的天下是依靠天子一人的恩威获得万民的畏惧服从和仰慕来统治的，即"天子就如同同时拥有打雷与避雷针两种力量"。而与此相反，在近代的文明时代，由于人们智慧的进步，天子一个人的权威已经不再起作用。对此，福泽对守旧皇家汉学家以讽刺的口吻说道："在明治七年的大旱之年，天皇曾设坛求雨，但我们都知道并没有求来雨水。一国君主躬身祈求五谷丰登，但并没有因此而改变化学规律，连学校的儿童都明白，仅仅依靠人类的祈求并不会增加一粒粮食……古今事物皆同此理，也说明了古今人类的智慧水平是不同的。"

比喻与举例

福泽所有文章的另一大特色，如在前述内容里看到的那样，有很多比喻与举例，所以他的文章才那么具有说服力，这一特色在《文明论概略》中得到了充分体现。比如，在第一章"确定议论的标准"的开头部分，福泽提出对所有事物的轻重好坏只有通过比较才能确定时就使用了比喻与举例。他说："有谚语称'腹背有别'、'舍小取大'。在说到人类的身体时，腹部要比背部更为重要，甚至为了保护腹部而不得不牺牲背部。在说到动物时，因为仙鹤相比泥鳅既大又珍贵，所以就可以用泥鳅作为仙鹤的饲料。例如，在日本的封建时代，诸侯、武士无所作为而获得衣食俸禄，然而，在如今的制度之下，那些原本的有产者被推翻并陷入了贫困的境地。如果我们将日本同各藩相比较，那当然是日本比各藩更为重要，废除藩镇就如同牺牲背部来保护腹部，取消诸侯武士的俸禄就如同牺牲泥鳅饲养仙鹤一样。"

而且，这样的写作方法几乎到处可见，比如他讽刺日本人面对强者表现卑微而面对弱者却妄自尊大时说："比如这里有甲乙丙丁等十人，乙面对甲时做出了卑微屈膝的样子，似乎承受了难以忍受的耻辱，但是在面对丙时却表现得趾高气扬、极度傲慢，即前面所遭受的耻辱由后面的快乐来补偿，这样就二者相抵获得了平衡满足，当然，丙也可以从丁那里得到补偿，丁又可以从戊那里求得补偿，以至于这一过程可以无限地持续下去，就如同某人借钱给自己的西邻但同时又向自己的东邻催促还钱一样。"

此外，福泽还不断提醒日本人不要忘记，尽管谋求本国独立的方法各种各样，但不论通过什么途径，最终的目标都是国家的独立。他以其特有的平易浅显的比喻手法说道："就如同下象棋一样，虽然棋路千变万化，但最终目的是守卫自己的主帅和攻击敌方的主帅，如果为了保车而弃帅，那只能说其棋技拙劣低下。"

福泽常常以人类的身体或疾病来类比社会现象。比如，他认为那些对西方文明感到恐惧的国学家和汉学家常常将"国体"挂在嘴边，但是却浅薄地将国体仅仅局限于"皇统论"，其实所谓"国体"应该理解为民族，即国家的自主独立，并比喻称："如果想要维护皇统的延续，就应该为其延续增光出力，但如果不能首先使国体巩固，那么皇统也就难以延续。就如同前述所比喻的那样，如果全身失去了活力，眼睛就会失去光明，如果珍视眼睛，就必须重视身体的健康，只是滴一点眼药水，也不会让眼睛保持明亮。由此来看，西方文明就是巩固我国国体的同时维持我国皇统的唯一手段，所以我们不需要有任何的踌躇犹豫，应该果断坚决地学习汲取西方文明。"

当然，西方文明也并非完满无缺，现实社会中不可能存在完美无缺的东西，因此我们只能学习采纳相对比较进步的文明。对此，福泽说道："在今天的世界上，追求极度发达的文明，就如同去寻找一个完全健康的人，世上人口虽然众多，但是绝对没有身体一点毛病也没有以及从生至死从不患病的人。如果以疾病理论而言，即使看起来非常健康的人，实际上也不过是带有一定疾病的健康体。国家也同人体一样，即使被称为文明的国家，也必定会有许多缺陷。"

在阐述事物的原因时，福泽同样使用了合适的比喻和举例来说明应该通过近因去探究远因。他说："有一个嗜酒者从马上摔下来伤了腰，导致半身不遂，对此应该用什么方法给予治疗呢？如果有医生认为病因在于从马上摔了下来，所以应该在他的腰上贴膏药，用专治跌打损伤的方法即可治愈，那么应该说这名医生肯定是个庸医。其实，从马上摔下只不过是患病的近因，真正的原因是他多年嗜酒缺乏养生，脊椎已经变得脆弱，恰在他即将发病之时，从马上摔下使全身受到冲击，才导致了半身不遂。所以，要对他进行治疗，首先要让他戒酒，使作为造成疾病远因的脆弱脊椎得以恢复。稍微对医学有所了解的人，都能明白他患病的原因并很容易对此进行处置，但是那些谈论社会文明的学者却往往像庸医，沉溺于周边的所见所闻，而不懂得去探究事物的远因，或者被表面现象所欺骗蒙蔽，发表一些无聊的意见，轻率随意地想要做一番大事。这些做法就如同在夜幕即将降临时挥舞大棒一样，从他个人来看实在让人感到可怜，而如果为社会考虑则使人感到担忧。对此，我们必须认真对待。"

此外，为了帮助我们理解眼下面临的问题，福泽同样用能使我们感到切肤之痛的身体和患病的比喻举例提出劝诫："战争对国家经济的冲击就如同一个人受到的刀伤，虽然会有一时的巨大痛苦，但恢复得也很快，而统治者对税收的滥用却如同一个人患上了肺病，会导致国力逐渐衰弱。"无疑这一劝诫完全适合于现代日本。

科学知识的应用

以自然科学的现象或原理来解释人事关系和社会问题，也是福泽常用的一种方法。比如，他用自然科学的例子论述人类智慧与道德所产生的力量，认为人类具有不同的智慧与道德，所以就有可能少数人聚集在一起拥有巨大的力量，而众多人聚集在一起却完全产生不了力量。他说："如果将人类的智慧与道德视为同酒精一样的东西，那么往往会出现令人吃惊的现象，即对某一类人的十个人进行类似蒸馏提炼，可以获得十分的智慧与道德，而对另一类人的一百个人进行同样的提炼，却只能获得三分的智慧与道德。一个国家的舆论，并非来自人的体质（身体），而是来自人们的精神（心智），因此，公众舆论并非由多数人的意见决定，而是由虽然人数少但相对具有更多智慧与道德的人来决定，最终这些人的意见就会成为公众舆论。"

在比较日本人同西方人时，福泽也恰当地使用了自然科学的比喻，认为二者不同，日本人个性软弱，多数人聚在一起形成集团，反而会导致众人的愚昧化。他说："人们的智力或进行的各种议论，其实同按照化学规律变化的物质很相似，如果将苛性苏打（氢氧化钠）与盐酸分离，二者都是腐蚀性很强的物质，甚至可以将金属溶解，但是，如果让二者进行化合反应，就会生成普通食盐，可以供厨房日常使用。而石灰与氯化铵二者都性质温和，但是如果让二者化合生成氨气，就会产生足以使人晕厥的毒性……目前的政府官员都是国内的人才，可以说日本国内的精英大部分都集中在政府里，然而，当他们遇到事情需要处理时，却未必能够运用智慧，所谓众多智者集合在一起而愚昧化，就像腐蚀性很强的氢氧化钠与盐酸化合生成食盐一样。总之，日本人集体行动时，就会表现出同每个人作为个体所具有的智慧才能不相称的愚蠢和笨拙。"在《劝学篇》第四编中，福泽也围绕这一问题说了一句警示人们的话："日本的政府集聚了众多有智慧的人，但却总是在做愚蠢的事。"

此外，福泽还举了其他类似的例子来形容日本社会的权力非均衡状态："在西方社会，同时存在着众多势力，它们彼此保持平衡，就如同将金、银、铜、铁等元素熔化合成一种全新的混合物；而在日本社会，权力的非均衡状态非常严重，各种元素很难形成一种混合物。""如同在日本放置了许多天平，但不论这些天平大小如何，都偏重某一边，从而失去了平衡。或者，将一个三角四面的结晶体打碎，取其千分之一或万分之一并研磨成粉末，每一个体仍然会保持三角四面体的本来形状,如果再将这些粉末合成一小片或一大块,也仍然会保持三角四面体的形状。"福泽常常就是以这种有形的现象来说明无形的道理,以之作为帮助读者加深理解的一项手段,同时也说明福泽对自然科学的规律具有超乎寻常的兴趣与信赖,并可以自如地应用于人事社会问题。

金言警句

福泽文章的魅力之一,是笔调具有韵律感,读来令人感觉酣畅淋漓,容易引起共鸣,就如同听到一位名演员的著名台词一样痛快。这一点,通过前述引用的一些例句就可以明显感觉得到,特别是他作为著名人物常常能够提出一些触动人心或吸引人们关注的口号,这些金言警句给人们留下了深刻印象。在此,再举一两个例句来加以说明。比如,福泽在叙述明治维新主要是由下级武士的努力实现时,为了反对所谓"富人不争"的俗语,指出"热衷于改革巨变者是那些具有智慧而没有钱财的人,看看过去和现在,你就会明白这一点"。后来,福泽在《民情一新》(明治十二年刊)中进一步引申了这一看法,显示出他作为社会先行者的深切忧虑。他说:"有进取精神而希望有所变化的人,是熟知城市状况和拥有智慧的年轻而贫困的人,政府依靠的是富人和中老年人以及农村愚昧的农民,用以维持保守状态。"即使在当今时代,这种说法也是符合实际的,政府采取的对策通常都是保守等待,即"所谓时机已到其实往往为时已晚,比如说开饭的时间就是吃饭的时间,而做饭的时间则必须在此之前"。

13. 其后思想言论的变化

如果考虑到福泽一生的思想言论，大致可以将写作《文明论概略》的时期视为转折点，看到他的巨大变化。应该说，在此之前是一个专门学习西方文明和破坏旧世界的阶段，在此之后则是一个对东西文明慎重进行取舍选择而综合新旧文明的阶段。以我之见，《文明论概略》是福泽结束前一个阶段的最后一部著作。在这里，将取这本书的思想言论同福泽之后著作中的思想言论进行对照，我们可以明显地看到各个方面的变化。

对传统文化的再认识

首先，《文明论概略》秉承巴克尔所说的"怀疑的精神"，对日本的旧事物持怀疑的态度，坚信西方文明的优越性，主张一切事物都要以欧洲文明作为价值判断的标准。如其所言，"本书全篇所论之利害得失，皆以欧洲文明为标准而定，即一切利害得失都是与欧洲文明相对照而言的，希望学者及读者不要误解这一根本精神"。这就最能说明当时的状况。

然而，就在这本书出版一年多后，明治九年七月出版的《劝学篇》第十五编《以怀疑的精神做出取舍》中，其看法却发生了变化。他说："西方文明也并非十全十美，毫无原则地信赖西方文明同样违背了怀疑的精神，会远离真理。应该充分认识日本自古以来的优点，该保存的东西一定要保存。"他开始强调对传统的复归，这在过去是不曾有的。此外，他还说："东西方人民风俗有别，情感各异，在千百年的漫长时间里，他们各自在故土所形成的习惯即使利害分明，也难以立刻趋利避害地加以改变，更何况利害并非那么分明，所以在接受新事物时要慎重考虑，在经过岁月积累和逐渐了解其性质的基础上做出取舍的判断。"

福泽对东西文明的综合论述，其后表现得更加明显。在明治十一年出版的《通俗国权论》中，他也对完全迷信沉醉于西方的人的浅薄看法提出了劝诫："西方文明与日本文明，就如同所谓剑术中的传统刀法与新式刀法的不同，然而，尽管风格不同，也不应草率地对其优劣做出判断。"他着重指出西方文明的弊病，实际上是在主张"尽可能少地舍弃，尽可能多地获取"。

由此看来，福泽在具有难得的"反叛精神"的同时，还有一种常人所缺乏的"平衡精神"。他年轻时以反叛精神激烈地批判封建体制，极力赞赏和学习作为封建体制对立面的西方文明，但在对封建体制的斗争取得成功之后，他又转向对欧美列强肆无忌惮地压迫日本的批判，以及对日本人盲目崇拜西方的批判。也就是说，福泽认为，日本国民盲目崇拜西方的思想不利于日本的独立，同盲目排外的思想不利于国家未来发展一样危险。于是，他与生俱来的平衡精神开始发挥作用，做出了大幅度的转变。当然，这也与他随着年龄增长变得比较成熟有关，在福泽后来的言论中，与其说是存在一种反叛精神的锋芒，其实更为突出的是其平衡精神的柔性特点。

对封建政治的再评价

福泽在写作《文明论概略》时，是以破坏旧制度为目的的，对于日本的历史，也是更倾向于只强调其缺点，对历史上英雄伟人的评价也比较刻薄，例如，认为楠木正成不过是一名不懂审时度势的迂腐武将，足利尊氏和织田信长等人不过是巧妙利用皇室来恣意实现自己野心的奸雄，即使对于像丰臣秀吉这样从一介农民高升至太阁位置的人，也没有笔下留情，认为仅仅是他一人的飞黄腾达，而并非农民整体地位的提高。

总之，在《文明论概略》中，福泽对历史上的英雄都给予了严厉的批评，但是在后来，其评价就变得非常宽容了，尤其是对以北条泰时为代表的北条氏作为执政干预政治的评价，以及对德川家康创建的德川幕府制度的评价，都是如此。在《文明论概略》中，对北条氏的评价是卑劣可恨，即北条氏只不过处在执政的地位，但是却操纵软弱的皇室和将军以谋求所有的权力。然而，在后来的评价中，福泽却笔锋一转，认为北条氏自觉承认自己的陪臣身份，甘愿居于侍从位置的相模守卫这样位卑的官职，并且赞赏其质朴节俭及致力于民政，如在明治二十四年发表的《不必担忧改变》一文中夸奖北条氏"自我处置事务之精巧，为日本自古以来的政治家所罕见"。在明治三十年出版的《福翁百话》中的《史论》一文中，福泽也对赖山阳指责"北条氏是坐享其成窃取源氏政权的窃国者"的说法进行了驳斥并为北条氏辩护："北条氏七代人中明主甚多，其时的社会治安远超足利时代……尤其是北条泰时,无疑是一位智勇兼备的杰出人物,其管理天下、维持治安之功,为后世所称颂。"按照福泽的说法,北条氏执政的时代是日本历史上罕见的社会民生和政治安定的时代。

福泽对德川幕府政治的评价,也同样前后有天壤之别。在《文明论概略》中,福泽将德川幕府的统治视为旧时封建体制所谓"非均衡权力"的象征进行了严厉的批判,但是在后来却完全改变了自己的看法。例如在明治十五年的《时势问答》和明治二十三年的《国会前途》中,他反而赞赏幕府政治:"尽管有人认为幕府政治是一种专制政治,然而,这不过是不了解事实的书生之论,比如,将军虽然拥有强大武力但其身份的神圣程度却不及软弱的天皇,诸侯们尽管有高额俸禄但其官职却低于皇家官员,强大的诸侯没有资格进入幕府内阁,担任幕府老中(官职)的人只限于俸禄在十万石以下的小藩主。此外,一般而言,身份地位高的武士俸禄很少,而俸禄丰厚的武士则身份地位低。商人不论积聚了多少财富,其地位也不可能超过身份低微的低级武士。如此各自的一长一短,就保持了权力的平衡,由此很好地维持了社会秩序。"对于创立江户幕府制度的德川家康,福泽也不惜溢美之词:"他是古今绝无仅有的英雄,没有人可以与他争名。"可见,这些评价与《文明论概略》中的评价有多么大的变化。

以上这些有关北条氏和德川氏的评价,不过都与福泽追求平衡的风格有关,仍然是他"相对的价值判断"的体现。也就是说，此前，当务之急是支持明治时期的新政策和批判根除顽固的封建思想；此后，已经完全掌控政权的萨摩藩和长州藩趋向保守反动，当权者恣意专横、炫耀地位，事态危急，为了警示世人而赞赏北条和德川时代的政治真髓及智慧。由此看来，福泽的历史观论述，除去《福翁百话》中的《史论》等文章，一般都是为了纠正社会弊端，因此难免极端性的褒贬。

关于学者的政治参与

在《文明论概略》中，福泽提到，江户时代步入仕途的儒家学者几乎都不被允许参与实际政治，只得满足于给年轻子弟授课。他对此评价说"这就如同命令他们只能从事皮革手工艺一样，简直卑贱屈辱至极"，以此严厉指责学者的懒惰和专制的教育制度。然而，到了明治十六年出版的《学问之独立》中，他却提出了与此不同的看法，对幕府将学者排斥于政治权力之外的文化教育政策给予无条件支持。他说："让给年轻一代授课的学者参与政治乃国之大害，相信德川时代的制度规则是正确的。"

当然，从中也可以看到福泽根据客观形势变化提出的针对性方法的转变。过去的言论是为了刺激那些对变化的社会动向毫不关心的旧式学者的觉醒，而到了明治一十年代，以具有政治意识的青年学生为先导的自由民权运动之火已经燃遍全国，甚至使人们有发生内乱的担忧。因此，福泽后期的言论主要是为平息当时的政治狂热而提出的。从根本上说，福泽仍然坚持学者的权威和学术的独立，在这一点上始终如一，但如果社会弊端出现变化，治理这一弊端的方法自然也得发生变化。也就是说，福泽并不是那种坚持一种看法的所谓只向患者提供同一种治疗方法的医者，而是能够适应不同患者的病情并关注其健康平衡的临床医生。正如福泽的得意门生镰田荣吉对福泽言论的评价："先生的姿态就像是圆规，一条腿固定中心绝对不动，另一条腿则在自由地画圆。"

天皇制的优劣

福泽对天皇制的看法，前后也大相径庭。在《文明论概略》中，天皇观并没有受到作者太多的关注和重视，尽管福泽基本上是支持明治天皇制的，但其口吻却是消极的，即对国学者的皇国绝对主义进行了反击。如他所说："明治以后，天皇开始亲政，但我国人民在封建时代的数百年间并不知道有天皇的存在，眼下突然就想培育皇室同国民之间的亲近感，岂非太没有道理。"福泽还列举了中世之后皇室的各种弊政，来论证武家政治出现的必然性。他严厉地指责道："保元平治以来的历代天皇，缺乏智慧和道德的事例不胜枚举，即使后世的历史学家百般美化，也难以使他们摆脱恶名……所谓天子，并非管理天下事的主人，只是被武家势力所束缚的奴隶。"对于明治时代的王政复古，福泽也并没有狂热地追捧。也就是说，在写作《文明论概略》的时候，新政府的基础尚未稳固，天皇制的前景还未最终确定，因此福泽对这一制度的期待还未清晰地表达出来。总之，福泽是一位坚定的爱国者，但并不是忠诚的尊王派。

然而，明治十年后，强有力的中央集权国家体制逐渐建立起来，天皇的神圣化和绝对化的进程也出乎意料地加快，福泽的皇室观念适应这一现实变化，也发生了巨大的变化。明治十五年出版的《皇室论》和明治二十一年出版的《尊王论》就是表明其皇室观念的代表性著作。在这些著作中，福泽顺应了国民的感情，清楚地表明了对天皇制存在意义的尊重，不仅认同这一制度，甚至对其大加赞赏。当然，尽管这些言论都是在制定宪法之前出现的，但简言之，福泽对我国皇室制度的设想其实是希望按照英国王室的性质来设计，即最终将天皇排斥于政治之外，使其仅仅成为一种君临天下但并不实际统治的象征性存在，因为只有如此才能够永久保持皇室的尊严神圣。所以，即便明治二十二年颁布的"帝国宪法"规定了天皇在政治上的巨大权力，福泽仍然坚持自己"天皇象征论"的立场。每当政府官员受到议会压力，或者因政府内部派阀纷争而面临困境时，他们总会暗自希望天皇出手相助，福泽对此深恶痛绝，并进行了严厉的批判。福泽有关天皇制度的观点，在昭和新宪法中的天皇制下才得以实现。

总之，福泽的天皇观虽然前后有所不同，但是其晚年的思想，从根本上说仍然不同于那些保守的国家主义者的神秘超现实的天皇观。福泽内心所希望的，或许有功利性的一面，即尊重国民大众信仰天皇的朴素感情，通过对这种情感的引导来强化国民的团结和国家的独立，并以此来维持日本社会的安宁。他的这一内心想法，在其晚年《福翁百话》的《政论》一章中也可以看到,即"如今的文明国家之所以有君主,是因为国民的智愚相当,还未达到比较高的标准"。"就如同爵位一样,其实无异于套在狗脖子上的项圈,在现代文明还未成熟的阶段,重视皇权也是人之常情,君主的存在也不能说毫无意义。"由此可见,福泽真正的看法,不同于共和主义或社会主义,而是考虑到时代大局和民众的水平而主张渐进改变。

从法律中心主义到人情中心主义

在《文明论概略》中,福泽强调了近代文明社会中所谓"规则"或"契约"的重要性:"在古代单纯的野蛮社会,一个仁爱的君主可以依靠道德义气统治万民,即使在今天,家庭成员之间、亲密朋友之间依靠人情也可以顺利相处,然而,在近代复杂的文明社会,道德义气和人情的作用在减弱,感觉稍微有点冷酷的法规或契约在起作用。因为,在现实中,大规模社会里人与人的交往仅仅依靠道德义气和人情已经不再能够让人们感到安心。"这样的内容,主要在《文明论概略》第七章"论应该运用智慧与道德的时间与空间"中有详细的论述,如"不论在日本或中国还是西方,出现善于治国的仁爱君主,都是在远古时代……所谓仁政,只能适用于野蛮不文明的世界,仁君也只有在野蛮愚昧的民众面前才显得尊贵,君主的私德会随着文明的进步逐渐丧失其力量"。"在目前的人类社会,除去家庭成员和亲密朋友之外,政府、公司、商业交易、借贷等各项事务都必须依赖规则,尽管规则的形式显得无情,但是同无规则的弊端相比,其得失不可同日而语。"

总之，福泽的论述本质上是关于社会学中所说的共同体与社会的区别，并且指出，随着从前者到后者的发展，人为的法律规则必然会超过自然的道义人情成为社会的支配性力量。这一观念，对于教导国民认识近代法治社会的根本原则，具有十分重要的意义。

然而，在后来《时事新报》的政治评论或社会评论中，福泽却变得相对于法律更重视人情，如在明治二十年题为《政略》的社论中写道："人类社会就是一个人情社会，而非理性的社会，如果对这一社会的应有形态作出评论，就应该将其称为七分靠情三分靠理、情理相互渗透的调和物。不论何种人事，其大部分的运作都必然受到人情的制约，经世家最应该注意的只是考察这一人情的运作，以及将其摆在桌面上……仔细想想，古今的政治家称得上在统治期间进行了有效治理的人，并不一定是因为明白道理，而只是因为他具有巧妙控制人情的才智，以及可以无言地满足人情的道德和义气。"

这里仅仅举出了上述一个例子，其实类似的言论不胜枚举。正如前面所叙述的那样，福泽对德川幕府的政治也给予了肯定赞扬，认为其作为制度是专制的，但在法律运用方面却出现了很多极具弹性的状况。此外，在明治二十三年撰写的《国会前途》中，他也提出了完全适合于现代政界的一些训诫性语言：朝野政治家过度沉迷于法律争论，一方一遍又一遍地就宪法第几条究竟是什么意思做出说明，让人心里不舒服，另一方则对此做出自己不同的解释，反对对方的说法（过分玩弄宪法论点）。不成熟的低级政治家过于喜爱甚至沉醉于宪法，最后导致双方意见各异……假设在今天的政治社会中，政府同人民都围绕法律条文争论不休，即使有人依据法律勉强取得胜利也只是一时的胜利，仍然会被诉诸国民的常情（受到国民常识的评判），无理者终归无理，最终会被社会抛弃，陷入孤立的境地。

福泽所持观点的所谓官民调和论的基调，毫不夸张地说，其实就是上述尊重人情的态度。他甚至常常用"煞风景"的说法对法理至高无上的社会提出批评，不厌其烦地向当时的政治家和官僚提出忠告，实施政治的要诀在于体察细微的人情。此外，福泽主张皇室的必要性其实也是其人情本位政治理论的一个侧面，即将皇室作为冷酷法理和激烈政治纷争的缓和剂。

《文明论概略》和《劝学篇》并没有涉及宗教的必要性。日本人长期受儒学教育，避免了迷信，宗教观念淡薄，有益于汲取西方的科学文明。然而，众所周知，晚年的福泽却成为热心的宗教鼓吹者，尽管他自己并没有信仰任何传统的宗教，但是为了众生的安身立命，却竭力宣扬所谓"宗教是经世的主要工具"。有关这方面的内容，在这里不再细说，不过可以参考拙作《福泽谕吉入门》中的"宗教论"等，而且他的这些思想不言而喻也是来自其所谓"人类社会就是一个人情社会，而非理性的社会"这一根本精神。

从本国防卫论到东洋政略论

最后，必须介绍一下福泽有关"国权"即国家独立权的主张。福泽最初的外交论是非常乐观的国际协调论，比如在应该被称为其处女作的《唐人往来》等书中，就能发现浓厚的理想主义色彩，以所谓自然法的启蒙思想为基础，信赖国际正义，希望发挥国际法的作用来实现世界和平。

然而，显而易见，现实外交的残酷最终打碎了盲目的乐观，所以在写作《劝学篇》和《文明论概略》时，福泽的论述就变得极为谨慎，强调处于强势地位的西方各国与处于弱势地位的日本是在不平等条约下进行交往的，要求利益的对等只不过是梦想而已。特别是在《文明论概略》第十章"论我国之独立"中，福泽谆谆切切地告诉日本国民，面对白种人的压迫，日本的独立是至关重要的。不过，最终福泽并没有主张对欧美列强的入侵予以防御，自始至终都只是努力唤起国民的警戒心，没有涉及具体的做法。对于充实军备等问题，考虑到资本技术都积贫积弱的日本现状，反而担心会导致国力损失而持谨慎态度，比如，福泽提出的警告："倚重武力的国家，常常不加考虑地一味将金钱用于军备，甚至有的国家为此大举外债而最终导致国家衰败，这或许就是所谓巨舰大炮可以抵御巨舰大炮之敌却难以抵御借贷之敌。"这里充分反映了他的这一看法。

不过，其后不久，随着对日本国力充实的自信的增加，福泽的对外论急速地变得强硬起来，明治十一年出版的《通俗国权论》就是其国权主义活跃期的著作。在这本书中，福泽在过去提倡的消极对外警戒论和本国防卫论的基础上前进了一步，即为了日本的利益，开始露骨地宣扬强权即正义的帝国主义理论。特别是在作为结论的最后一章"对外战争的必然性"中，他将强者为王的人类社会称为"丛林世界"，并大胆地肯定了强者的权利："在眼下的丛林世界，唯一的最后手段就是拼死一搏的动物之力……百卷国际法，不过几门大炮而已；数册友好条约，不过一箱弹药而已。"

进而，福泽在其明治十四年出版的大作《时事小言》的开头，就提出了所谓"内安外争"的口号，竭力主张稳定国内并将国民的精力转到海外。比如，他认为，为了对抗强大的西方各国的压力，日本必须作为盟主，对保守的中国和朝鲜进行改革，以东洋一体化去应对西方，为此，当务之急便是扩充军备，等不及实现富国目标而必须先追求强军目标。这一主张与《文明论概略》的主张相比，已经发生了巨大的变化。

在次年即明治十五年《时事新报》创刊后不久，朝鲜爆发"壬午兵变"，紧接着在明治十七年爆发"甲申政变"，这些也导致福泽对外论的明显变化。这两场政变主要暴露了日中两国的利益对立，福泽由此认为两国的冲突已不可避免，"外争"的当前对手已经从西方国家转变为中国。他提出的所谓"东洋政略论"就体现了这一看法。福泽由此时开始主张日本应该协助弱小的朝鲜独立和讨伐中国，最终在明治十八年三月提出了著名的"脱亚论",即"中国和朝鲜都不足以依靠,日本为了自己的安全独立,必须脱离亚洲,与西方列强联合,共同分割中国"。对此,尽管社会上存在不同意见,但《时事新报》却自始至终主张扩充军备及为此增加税收。其后的日中甲午战争其实就是福泽从十年前开始鼓动国民精神的结果。福泽在日本取得这场战争胜利后的喜悦,阅读过《福翁自传》的读者都应该知道。

福泽的大陆扩张思想和军国主义倾向,在今天看来或许还有值得商榷的地方,但应当视之为,19世纪后半叶,在帝国主义在世界范围内兴起的背景下,作为东亚唯一新兴独立国家的日本所展现出的难以抑制的民族能量和愿望。在日本看来,当时中国和朝鲜的政府腐败堕落,国内局势动荡不安,为了本国的安全和利益,当然不能袖手旁观。今天的世界发展方向和东亚形势已发生巨大变化,以今论古不一定恰当。如果我们观察福泽从《文明论概略》时的本国独立论到晚年的东洋政略论的变化,就会深切感受到,福泽确实体现出了作为明治人使命和宿命的民族主义。

福泽晚年已经觉察到由于日中甲午战争的胜利,日本国民中存在着过热追求外战的危险。他在给密友的信中就写道:"当前社会,存在不少令人烦恼担忧之事,如近来国人狂妄热衷于外战,还出现了有关建立公社与实行共和体制的议论,必须设法尽快扭转这一思潮。"在这里,可以看到福泽作为先觉清醒者对当时社会思潮的忧虑,以及他卓越的平衡思维精神。在同一时期的著作《福翁百话》题为"人事没有绝对的好"的一节中,他又说道:"要说被称作有识之士的学者具有何种责任……如果担心社会思潮流于文弱,就尚武,如果社会思潮过于粗俗,就崇文,如果天下争利严重,就宣扬仁义,如果空谈仁义而忘记衣食之事,就多谈钱财。"这完全表现了福泽言论的基本态度。

14. 延续现代的古典

无疑,《文明论概略》是福泽著作中能够证明其卓越思考力的杰作。他在短短一年的时间里就完成了这样一部充满见识和气魄、文笔极为优美的宏大著述,可谓一位罕见的天才。

在福泽去世十余年后的大正初年,其著作甚至在庆应义塾都渐渐不再有人阅读,如前所述,是早稻田大学的教授田中王堂对福泽进行了重新认识,他熟读福泽早时的著作,写了《福泽谕吉》一书,对福泽作为明治时期伟大启蒙者的功绩给予了极高评价。他说:"明治大业,渐趋就绪,一方面,士族派阀各为私利组成执政党,另一方面,学者们却沉溺于学问的细枝末节而忘记了大局,他们彼此呼应,不断寻找复古的机会。而且,在各自不同的理由之下,福泽的意见被谩骂为粗暴,被嘲笑为生硬。因此,明治十五年以后,福泽的影响日渐减弱,不过他仍然不失当年的豪气和觉悟,即使面对缺乏同情的社会,他仍然致力于拯救国民,为达此目的,他并未提出更为详细的国家论和远离文明的保存国粹学说,而是主张充满生气和更加实用的文明论和民权学说。以今日公平的眼光来看,我国国民如果相信福泽先生的言论，而不是被当时其他评论家的言论所诱惑，那么将会更加正确和明智……世界大势，在于眼下，我国的地位与实力也在于眼下，我们的任务就是要继承福泽的精神衣钵并在实践中继续发扬它，相信这是唯一的发展道路。"在半个多世纪后的今天来看，田中的这一评价仍然非常确切。如果福泽的启蒙精神能够在明治以来一个世纪的日本社会占据主导地位，那么日本社会无疑会完全不同，国民的头脑会更加聪明智慧，或许就不会去经历鲁莽轻率的昭和战争时代。

最近，评论家加藤周一在《日本近代名著》中也列举了《文明论概略》，并说："如果读者能够将19世纪70年代的状况同今天20世纪60年代的状况结合起来阅读该书，那么就会深感汗颜，并愿意认真地追寻这段历史，感受到福泽的观点是多么具有普遍性，其洞察力是多么敏锐。"我自己也深有同感。而且，我同田中王堂一样，坚信在未来的日本，为了防止来自极左或极右的破坏行动，培育健全的文明思想和民族精神，《文明论概略》同《劝学篇》一样，都是国民必读的书籍。

对昭和元禄的启示

在前面部分，我们已经清楚地叙述了《文明论概略》对现代社会的若干启示，最后想要再次强调的，是以第十章为主要内容的所谓"我国独立"的问题。在《文明论概略》中，福泽在评论明治维新后的世态人情时曾经说道："总之，应该说目前是上下贵贱各个阶层都皆大欢喜的时代，除去贫穷之外，没有什么更加折磨身心之事，战死有损，复仇徒劳，出战危险，切腹痛苦，不论做学问还是做官都只是为了金钱，只要有了钱就不需要再努力做任何事，真是钱之所向天下无敌，人品高低也可以用金钱来衡量。以这样的情形同过去那种丝毫没有自由的时代相比，应该说非常轻松愉快。因此可以说，眼下的民众可以卸下沉重的负担，好好休息了。"也就是说，民众从数百年的封建秩序下解放了出来，当时的人心被突然来临的自由平等新空气所吸引而不知所措。读到福泽这样的文字，对于我们这些经历了昭和时代残酷战争的人来说，就仿佛回到了昭和元禄的现代。

目前，就像福泽警告人们的那样："尽管如此，休息是没有任何工作时的状态，在工作结束或者没有工作时，当然可以休息，但是根据我国目前的情况来看，并非没有工作可做，甚至现在的工作比过去更加困难。"从未曾有过的战败中刚刚恢复过来的日本，未来存在着不亚于明治初年的众多难题。今天的日本，虽然暂且具备了一个独立国家的形式，但是从同美国的关系而言，还只是一个不完全独立的国家，就如同福泽时代即明治时期的日本，因为幕末以来的不平等条约而只具半独立国家的性质。将目前不完全的独立状态推进至完全独立，就是未来全体国民的最大课题。

日本民族应该如何生存

目前，世界形势与日本的国力同明治初年相比都发生了巨大变化，也存在着像联合国那样维持世界和平的机构，但国家的利己主义性质却没有丝毫变化，没有哪个善良亲切的大国会为了日本而牺牲自己的利益。我国的独立，最终只能靠我国国民来守护，这个问题的必要性同一百年前相比丝毫未变。显然，日本一旦丧失了独立，受到其他国家的干涉和统治，那么不论统治者是资本主义国家还是共产主义国家，日本人都会失去自由，处于凄惨的境地。如果认为仅仅是主张个人的自由和权利、呼吁和平与反战，和平与自由就可以从天而降，那么用福泽风格的话来说，就是"愚蠢至极，即俗称的所谓好人言论"。

本来，我国是一个四面环海的岛国，同外国没有直接连接的边界线，被外敌入侵的历史也罕见，因此日本人观察周边国际现实的眼光比较迟钝和乐观，认为只要维持现状就自然会延续和平以及保障国家的独立。对于这种指望"偶然性"且保守自私的独立论，福泽曾提出这样的劝诫："所谓独立，是指具有保持独立的实力，而非偶然地具有独立的形式。在锁国状态下没有外国人来日本时的国家独立，并不是真正具备独立的实力，而仅仅是那时还没有同外国人接触，只是偶然具有独立的形式而已。比喻而言，那时的日本就像一座未经受过风雨的房屋，最终只有经受了风雨才能够知道它能否遮风挡雨……我们所说的所谓我国独立，就是指我国国民在同外国人的交往过程中不断经受各种各样的考验，最终与其相比也毫不逊色，就如同经受了暴风雨的房屋一样。"

不言而喻，这些话是福泽在明治初年说给那些依然在做着锁国时代太平梦的保守主义者听的，然而，对于今天那些并不想通过自己努力的和平论者和依靠偶然幸运获得独立的独立论者，也无异于当头一棒。没有国家的完全独立，就不可能有国民的幸福，对此我们当然要有相当的认识。

对于眼下已经放弃武力的日本来说，除去最低限度的自卫能力外，已经不可能依靠强大的军备来维护国家的独立了，因此目前是比福泽所处时代更加困难的时期。那么，不再依靠武力的日本，在如此复杂严酷的世界上，应该怎么做才能够维持永久的独立与和平呢？当然，仅仅依靠所谓"钱之所向天下无敌"的简单轻松的经济大国主义是不可能成功的。

如果福泽生活在现代，他会怎么样呢？或许，他首先会大声疾呼，呼吁国民为了国家大局而团结一致，因为如果国家舆论出现严重分裂，海外势力就会乘虚而入，国家的独立最终也难以维护。其次，只是我自己的浅见而已，应该是在国民中培育理性的才能与智慧，以及提高人们的道德水平，由此在世界上赢得信赖和尊敬，成为一个具有伟大精神的国家。正如《淮南子》所说，"国家不义，虽大必亡"。关于所谓做一个经济动物，国家的长久繁荣最终不能仅仅依靠经济。也就是说，超越军备和经济，只有国民的道德和才能智慧以及国际信用，才是确保日本独立的最大武器。当然，最根本的是要有良好的政治和教育。这些事说起来很容易，但最为困难的是如何去实现。对于已经向世界宣布放弃战争的日本而言，除去努力之外不可能有真正的生存之路。放弃武器依靠道义生存，比之持有武器，要做出更加痛苦的牺牲，但是我们必须意识到，如果不做出这样的牺牲，就不可能有国民的和平与自由。当然，作为19世纪思想家的福泽，并没有涉及如此的言论，但是为了实现他的最大愿望即维护祖国独立，我们这些福泽的子孙后代，必须具备这样的信念。

尽管《文明论概略》十个章节的全部内容并不完全适应于现代社会，但是现代乃至将来的日本人在应对内外的各种问题时，为了使自己成为更聪明的国民，可以从这本书中汲取无尽的教训。即使这本书还不能成为我们的标准，但无疑可以成为一个绝好的基础平台和范本。因此，我向承担日本命运的年轻一代推荐，认真阅读此书。